Erwin Barth von Wehrenalp
Man sollte es nicht für möglich halten

SERIE PIPER
Band 1163

Zu diesem Buch

»Unglaublich, aber wahr« – unter diesem Motto hat Erwin Barth von Wehrenalp Kurioses und Verblüffendes aus Politik und Gesellschaft, Literatur, Wissenschaft und Sport zusammengetragen. Zum Schmunzeln und Kopfschütteln, aber auch zum Nachdenken regt es an, was wir über erstaunlich präzise Zukunftsvisionen und Prophezeiungen erfahren oder über das Leben der *Hunza* in Pakistan, dem »glücklichsten Volk der Welt«, über sportliche Höchstleistungen oder über den Alaska-Vertrag und das Eurotunnel-Projekt. Kaum zu glauben scheinen auch die Umstände, unter denen weltbekannte Autoren ihre Werke publizieren mußten – oder aber die Fachwelt auf die Probe stellten! –, oder ein Experiment mit »falschen Briefmarken«, die merkwürdigen Übereinstimmungen bei zwei Präsidentenmorden... Aus dem fast unerschöpflichen Reservoir unbegreiflicher Ereignisse in der Geschichte hat der Autor mit seiner Sammlung ein unterhaltsames und informatives Buch zum »Schmökern« vorgelegt.

Erwin Barth von Wehrenalp, geboren 1911, arbeitete als Lektor und Dramaturg an verschiedenen Bühnen in Wien und Berlin, bis er 1950 den Econ Verlag gründete, dessen Verleger er bis 1982 war.

Erwin Barth von Wehrenalp

Man sollte es nicht für möglich halten

Unglaubliches aus der Weltgeschichte

Unter besonderer Mitwirkung
von Ulrich Dopatka

Mit 28 Abbildungen

Piper
München Zürich

Für Margreth

ISBN 3-492-11163-7
Juli 1992
R. Piper GmbH & Co. KG, München
Lizenzausgabe mit Genehmigung des Econ Verlags,
Düsseldorf/Wien/New York

Umschlag: Federico Luci,
unter Verwendung einer Illustration zu Jules Vernes Roman
»Die Reise zum Mond«

Foto Umschlagrückseite: Horst Müller
Satz: Dörlemann-Satz, Lemförde
Druck und Bindung: Clausen & Bosse, Leck
Printed in Germany

Inhalt

Danksagung

Ein Autor kann ein so breit angelegtes Thema wie »Man sollte es nicht für möglich halten« nicht allein bewältigen. Er braucht dazu zahlreiche Autoren, Wissenschaftler und Freunde, die ihm Tips, Material und Hinweise auf Unglaubliches geben. Nachstehend finden Sie eine Liste der Menschen, denen ich für Hilfe bei der Abfassung dieses Buches zu großem Dank verpflichtet bin.

Jürgen Abeler
Dr. Lothar Beckel
Walter Betz
Dr. Rudolf Birchner
Dr. Karl Blessing
Prof. Dr. Gisela Bonn
Dipl.-Chem. F. L. Boschke
Chefr. Anton Braun
Dr. Rolf Breitenstein
Ernst Brücher
Werner Büdeler
Helga Caldwell
Chris Carpi
Dr. Karl Corino
Prof. Dr. Peter Drucker
Prof. Dr. H. H. Ellegast
Wolfgang Engelhardt
Prof. Dr. Fritz Fellner
Roland Fleissner
Dr. Heinz Friedrich
Dr. Adolf Frisé
Peter S. Fritz
Dr. Pierre Gerckens
Peter Gutmann
Bodo Harenberg
Eberhard Henze
Prof. Dr. Kurt Herberts
Rainer Heumann
Dr. Claus Jacobi
Prof. Dr. Robert Jungk
Hans Kaspar
Dr. Michael Klett
Prof. Dr. Rolf Knippers
Bruno Kreisky
Dr. Wolfram Langer
Ernst Leonhard
Ferdinand Lips
Dr. Otto Mang
Prof. Dr. Werner Maser
Dr. May Mohl
Dr. Hans Morawa
Dr. Hans Nickel
Hartmut Pamskus
Prof. Dr. Ansgar Paus

Ludek Pavlik
Dr. F. W. Peter
Klaus Piper
Ulrich Frank Planitz
Rudolf Pörtner
Prof. Dr. Manfried Rauchensteiner
Maryse Ritter
Prof. Dr. Ing. Harry O. Ruppe
Botho Prinz zu Sayn-Wittgenstein
Hermann Schäfer
Frank Schefter
Prof. Werner Schmalenbach
Prof. Dr. F. M. Schmölz
Prof. Dr. Otto Schönherr
Prof. Dr. Hermann Schreiber
Dr. Theodor Schuller
Arno Seeger
Wolf Jobst Siedler
Mario Simmel
Friedrich Strasser
Dr. Laurenz Strebl
Dr. Hans Thalberg
Jürgen Thorwald
Michael Tochtermann
Gerald Trageiser
Utz Utermann
Horst Varrelmann
Dr. Hermann Waje
Christian Weinek
Charlotte Zernik
Wilhelm Zundler

Ganz besonderer Dank aber gebührt Herrn Ulrich Dopatka, der verschollene, vergriffene und schwer erhältliche Bücher aus dem In- und Ausland beschaffte und so die nötigen Unterlagen für die Dokumentation besorgte.

Für alles, was das Buch an Wissenswertem enthält, gebühren Anerkennung und Dank den genannten oder ungenannten Beteiligten. Für alles, was es an Fehlern enthält, trägt der Autor allein die Verantwortung.

Unglaublich, aber wahr
Statt eines Vorworts

Es gibt zahlreiche Bücher, in denen über unglaubliche Fakten, Ereignisse und Aussprüche berichtet wird, denen Beispielhaftes auch für dieses Buch entnommen werden konnte. Besonders hervorgehoben werden soll das »Guinness Buch der Rekorde«, in dem nicht nur die kuriosesten, sondern auch die bemerkenswertesten Höchstleistungen der Welt jährlich veröffentlicht werden und das in zahlreiche Sprachen übersetzt wird. In ihm findet der Leser von den Körpermaßen des Menschen bis zu Sportrekorden auch Rekorde aus der Welt der Wirtschaft, der Naturwissenschaft, der Kunst, der Medien und der Unterhaltung usw.

Neben ihm ist Christopher Cerf & Victor Navaskys Werk »The Experts Speak – The Definitive Compendium of Authoritative Misinformation« von besonderer Bedeutung. In ihm sind – vor allem für den englischen Sprachbereich – die widersinnigsten Aussprüche berühmter Experten, angesehener Wissenschaftler und Politiker, aber auch weltberühmter Schriftsteller, Komponisten und Maler sowie bekannter Erfinder und Militärstrategen gesammelt. Es macht bewußt, welchen Irrtümern selbst bedeutende und angesehene Experten erlegen sind, die ihre Zeitgenossen völlig falsch informierten.

Erwähnt seien auch Gyles Brandreths »Book of Mistakes« und das von Nigel Blundell herausgegebene Buch »The World's Greatest Mistakes«. Beide sind in England erschienen. In ihnen werden zum Beispiel neben prächtigen Druckfehlern, unmöglichen Anzeigen, grotesken Trugschlüssen auch »Der Mann, der den Eiffelturm kaufte« und Orson Welles' Hörspiel »The Martians have landed«, das die USA in Panik versetzte, beschrieben.

Nicht minder bemerkenswert sind aber auch das »Journal der unwiederholbaren Experimente – Unwahrscheinliche Untersuchungen und unerfindliche Funde«, das von Dr. George H. Scherr herausgegebene »Das Witzigste aus dem Papierkorb der Wissenschaft, erdacht und verfaßt von hervorragenden Köpfen aus Forschung und Lehre« und »Rowohlts Bunte Liste« von David Wallechinsky und Irving & Amy Wallace, an der u.a. Bing Crosby, Ralf Dahrendorf, Oriana Fallaci, Heinrich Maria Ledig-Rowohlt, Loriot, Henry Miller, Henri Nannen und Orson Welles mitgearbeitet haben. Hier findet der Leser »Zwanzig Persönlichkeiten, die auch im hohen Alter noch außerordentliche Leistungen vollbrachten«, »Acht Häftlinge, denen die Flucht von der Teufelsinsel gelang«, aber auch »Die zehn unfähigsten Generäle der Geschichte«, »Die neun bissigsten Hunderassen« oder auch »Die fünf beliebtesten Künstler aller Zeiten« und die »Grundlegenden Irrtümer von zwölf großen Wissenschaftlern«.

Schon zu Anfang dieses Jahrhunderts sehr beliebt war das Werk von Artur Fürst und Alexander Moszkowski: »Das Buch der 1000 Wunder«. In seinem Geleitwort stellen die Herausgeber fest: »Sein Feld ist die Welt, wie sie sich im großen und kleinen einem erstauntem Auge darbietet ... « und weiter: »Wir weichen dem Unfaßbaren nicht aus, wir versuchen auch nicht, es durch eine vorangestellte formelhafte Regel zu bändigen. Nein, wir erwarten, wie Ibsens Nora, das Wunderbare, und es stellt sich ein, wo immer wir die Peripherie abschreiten. Das Unbegreifliche, hier wird es Ereignis.« Das könnte auch als Motto zu diesem Buch dienen, wobei nur präzisierend festgestellt sei, daß hier nicht nur »die Peripherie abgeschritten«, sondern zu zentralen Fakten unserer Zeit, unseres Lebens, unserer Umwelt und unserer Geschichte vorgestoßen werden soll.

Alle diese Bücher sind informativ, oft auch amüsant und immer lesenswert. Sie sind meist linear angelegt, das heißt, sie bringen unter *einem* Gesichtspunkt zusammengestellte Fakten. In »Man sollte es nicht für möglich halten« wird versucht, aus vielen Bereichen Fallstudien zusammenzutragen, die nicht nur Schmunzeln auslösen, sondern auch nachdenklich stimmen dürften. Ich hoffe vermieden zu haben, was englische Journalisten unlängst höchst einprägsam so formulierten: »Wir sind mit Nachrichten eingedeckt, aber mangelhaft informiert.«

Gewiß gibt es noch zahlreiche ähnliche Werke und eine Unmenge an Tatsachen, die unglaublich, aber wahr sind und die man nicht für möglich hält. Man braucht nur eine Tageszeitung aufzuschlagen oder die Nachrichtensendung einzuschalten, um ihnen fast täglich zu begegnen. Die in diesem Buch gesammelten und an Quellen überprüften Fakten bieten genug bemerkenswerten Stoff für Stunden der kritischen Besinnung, der Überlegung über ihre Folgen und vielleicht sogar für die Nutzanwendung in Politik, Wirtschaft, Wissenschaft und Kultur. Ja, vielleicht auch für den eigenen Alltag des Lesers?

Erwin Barth v. Wehrenalp

I
Aus Geschichte und Gegenwart

Die Potemkinschen Dörfer, die keine waren

In zahlreichen Lexika der Welt hält sich die Legende oder, besser gesagt, das falsche Gerücht von den Potemkinschen Dörfern, die Grigory Alexandrowitsch Potemkin angeblich für die Kaiserin Katharina II. aufbauen ließ, als sie eine Inspektionsreise in den Süden des Landes antrat. Es hätte sich um Scheindörfer, um Trugbilder und Blendwerk gehandelt, die auch nur zum Schein mit gedungenen Leibeigenen, als Bauern verkleidet, bevölkert wurden. Katharina II. soll auch durch herangetriebene Viehherden ein Wohlstand ihres Landes vorgespiegelt worden sein. Auch wäre es keine große Leistung ihres Günstlings Potemkin gewesen, sondern nur sein Versuch, drei Millionen Rubel, die er veruntreut hätte, durch Vorführung dieser – von ihm angeblich errichteten – Dörfer zu vertuschen. Es soll sich in Wahrheit nur um Dörfer aus Pappe mit Gipspalästen gehandelt haben, und Potemkin sei ein Hochstapler gewesen.

Diese Gerüchte hielten sich viele Jahrzehnte, sogar bis in unser Jahrhundert, obwohl sie nie bewiesen wurden und nur als Desinformation dazu dienten, Rußland als aufstrebende Weltmacht zu diffamieren.

Was ist davon Wahrheit, und was ist Legende oder Lüge?

Sicher ist, daß Potemkin viele Jahre der Geliebte Katharinas II., aber auch einer ihrer wichtigsten Mitarbeiter war. Ebenso gewiß ist, daß Potemkin zu seiner Zeit einer der bedeutendsten Staatsmänner und mächtigsten Persönlichkeiten Rußlands war. »Vieles von dem, was er aufgebaut hat, besteht noch heute, weil es eben alles andere als Attrappen waren«, schreibt Gerhard Prause in seinem aufschlußreichen Buch »Niemand hat Kolumbus ausgelacht«, in dem er Fälschungen und Legenden der Geschichte richtigstellt und dem Fürsten Potemkin und seinen wirklichen Aktivitäten ein eigenes Kapitel widmet. Nicht zu bezweifeln ist auch sein Patriotismus, denn die erheblichen Geldmittel, die er von der Kaiserin erhielt, hat er stets mit vollen Händen zur Entwicklung der neuerworbenen Teile Rußlands ausgegeben.

Es war auch Potemkin, der sich um die Niederwerfung eines Aufstandes des Kosakenabenteurers Emelijan Pugatschew besonders verdient gemacht hat. Pugatschew, der sich als der vor 12 Jahren ermordete Zar Peter III. ausgab, trat an die Spitze eines großen Kosaken- und Bauernaufstandes. Er wurde gefangengenommen und 1775 in Moskau hingerichtet. Damit war der gegen Katharina II. gerichtete Aufstand, die schwerste innenpolitische Krise ihrer Herrschaft, gelöst. Der Geburtsort von Pugatschew wurde dem Erdboden gleich gemacht und unter dem neuen Namen Grigory Alexandrowitsch Potemkin an anderer Stelle wieder aufgebaut.

Potemkin führte die entscheidende Reform des russischen Heeres, seine Bewaffnung, Organisation und seinen inneren Aufbau, durch. Er befehligte es und die russische Kriegsmarine im zweiten Türkisch-Russischen Krieg, den Rußland gewann. Er war es auch, der Sewastopol gründete und es in kurzer Zeit zu einem wichtigen Kriegshafen am Schwarzen Meer ausbaute. Hier ließ er die Kaiserin bei ihrem Besuch von 40 Kriegsschiffen, die er vom Stapel laufen ließ, mit Salutschüssen begrüßen. Und der französische Gesandte, Graf Ségur, der Katharina II. ebenso wie Joseph II. bei der Besichtigung Sewastopols begleitete, berichtete von seinem Eindruck: »Es schien uns unfaßlich, daß Fürst Potemkin es möglich gemacht hatte, in einem achthundert Meilen von der Hauptstadt entfernten und erst kürzlich erworbenen Land in zwei Jahren so vieles zu erreichen, eine Stadt zu bauen, eine Flotte zu schaffen, Festungen anzulegen und eine so große Bevölkerung zusammenzubringen: Es war dies ein wahres Wunder an Schaffenskraft.«

So imponierend der Kriegshafen Sewastopol für Katharina II. und ihre Begleitung war, so sehr sahen die Türken in ihm eine Herausforderung, die schließlich im Oktober 1787 zum zweiten Türkisch-Russischen Krieg führte, den – wie erwähnt – die Türken verloren. In ihm bewährten sich übrigens sowohl Potemkins Befestigungsanlagen wie seine Kriegsschiffe. »Die Schiffe waren also durchaus nicht, wie Potemkins Verleumder es behaupteten, aus morschem Holz

ABB. 1: *Grigory Alexandrowitsch Potemkin (1739–1791), Fürst und Staatsmann, ließ Häfen, Städte und Schiffe bauen. Die »Potemkinschen Dörfer« waren die Erfindung eines sächsischen Artikelschreibers.*

QUELLE: *Bildarchiv Preuß. Kulturbesitz*

gebaut, das zersplittern würde, noch ehe die Flotte zum Einsatz käme«, stellt Gerhard Prause in seinem Buch fest.

Auch die Stadt Nikolajew hat Potemkin errichtet, die er mit beachtlichen Werftanlagen ausstattete. Sie wurde von der englischen Lehrerin Maria Guthrie fünf Jahre nach ihrer Gründung besucht. Guthrie schrieb über sie nüchtern und objektiv: »Es gibt auch ein paar schöne öffentliche Gebäude, wie die Admiralität, mit einer langen Reihe von Geschäften, Werkstätten und so weiter, die dazugehören. Man sieht sie am Ufer des Ingul mit seinen Wasser- und Trockendocks. Kurzum, alles Notwendige zum Bau, zur Ausstattung und zur Verproviantisierung von Kriegsschiffen ist vorhanden, von der größten Einheit bis zur Schaluppe ... Die erwähnten öffentlichen Gebäude mit einer hübschen Kirche und sogar einer Anzahl von Privathäusern sind aus feinem, weißem, kalkartigem Stein gebaut ... Die übrigen Häuser bestehen aus Holz. Die Zahl der Einwohner, Matrosen und Soldaten inbegriffen, beläuft sich auf ungefähr 10000.« Heute dürfte Nikolajew weit mehr als 300000 Einwohner haben.

Potemkin gründete auch die Stadt Jekaterinoslaw, das heutige Dnjepropetrowsk, das er sowohl als Industriezentrum wie als Universitätsstadt ausbaute und mit einem Konservatorium und einer Musikakademie ausstattete. Auch eine Kathedrale baute er in der Stadt, die – wie er Katharina schrieb – »in ihrem Bau der Peterskirche in Rom gleichen soll«. Diese Kathedrale weihten Joseph II. und Katharina II. bei ihrem Besuch der neuen Stadt ein.

Auch errichtete Potemkin neben zahlreichen weiteren Ortschaften die Stadt Cherson, in der sogar Schiffe gebaut wurden, die über 90 Kanonen verfügten. Und Katharina urteilte über diese Stadt: »Die Bemühungen des Fürsten Potemkin haben aus diesem Gebiet ein wirklich blühendes Land und eine blühende Stadt gemacht, wo vor dem Frieden nicht eine einzige Hütte stand.« Heute ist Cherson ein wichtiger Handels- und Kriegshafen.

Katharina dankte Potemkin oft für das, was er für sie und Rußland getan hatte. In einem seiner Antwortbriefe schrieb er ihr wohl den wichtigsten Satz, der ihre Beziehung auch kennzeichnete, als er nicht mehr ihr Geliebter war: »Was habt Ihr mir für zahlreiche Auszeichnungen verliehen! ... Doch das Wichtigste von allem ist die Tatsache, daß Übelwollen und Neid mich in Euren Augen nicht herabsetzen konnten und alle Hinterhältigkeit zu keinen Erfolg geführt hat. Das ist es, was auf dieser Welt wirklich selten ist ...«

Wie aber war es lange Zeit möglich, daß die Gerüchte und Legenden um Potemkin nicht nur in Rußland, sondern auch in Europa verbreitet und geglaubt wurden?

Für Rußland ist die Erklärung einfach. Als Günstling der Kaiserin hatte er viele Neider. Hinzu kam, daß er, wie kaum ein anderer Vertrauter Katharinas, durch seine Klugheit und sein diplomatisches Geschick auf die Politik der Zarin beachtlichen Einfluß nehmen konnte. Dies paßte vielen Angehörigen des Hofes keineswegs, insbesondere weil sein Einfluß ungebrochen blieb, selbst als er 1776 seine Liebesbeziehung zu ihr löste.

In Europa entstanden die Potemkin-Legende und alle mit ihr zusammenhängenden Gerüchte durch eine Artikelreihe, die 1797 erst anonym in der Hamburger Zeitschrift »Minerva« erschien. Später wurde bekannt, daß der Verfasser der Artikelreihe der sächsische Diplomat Helbing war, der sie auch in Buchform als Potemkin-Biographie herausgab. Das Buch wurde ins Englische, Französische und in weitere europäische Sprachen übersetzt. So wurden die Potemkin-Lügen auch in Europa verbreitet und sind, wie Prause schrieb, »in verhängnisvoller Weise zu einem Politikum geworden«. Viele Westeuropäer verbanden mit Rußland die Klischeevorstellung der »Potemkinschen Dörfer«. Vielleicht auch Napoleon, der von seinem Gesandten Ségur gewarnt worden war, einen Krieg gegen Rußland zu führen. 1941 wurde die Legende in Deutschland neu aufgewärmt. Man soll allerdings nicht von Pappdörfern, sondern mancherorts von Papp-Panzern, welche die Sowjets einsetzen würden, gesprochen haben.

Des Außenminister Sewards Torheit

Rückblickend ist das Hin und Her um den Kauf Alaskas durch die Vereinigten Staaten von Amerika eine der interessantesten weltpolitischen Transaktionen mit kaum glaublichen Begleiterscheinungen und Folgen. Es begann mit der Lieferung der Russian-American Commercial Company von Eis aus Alaska an die aufstrebende kalifornische Küste Mitte des 19. Jahrhunderts. Das in Alaska für 35 Dollar die Tonne erhältliche Eis wurde in San Franzisko für 75 Dollar verkauft. Die russische Gesellschaft hatte aber alle Arbeit zu erbringen: das Eis in Alaska zu stechen, es nach San Franzisko zu transportieren und sogar die Lagerkosten in der Stadt zu bezahlen. Alle Beteiligten fanden das Geschäft lukrativ, denn von 1852 bis 1859 wurden mehr als 20000 Tonnen Eis von Alaskas Seen nach San Franzisko geliefert.

Am 30. Januar 1854 entwarfen der Vizepräsident der Russian-American Company, Lucien Herman, und Peter Kostromitinov, der russische Vizekonsul in San Franzisko, einen Vertrag, der die Übertragung des Besitzes und der Konzessionen der russischen Gesellschaft, die das alleinige Recht besaß, Alaska als ihr Eigentum zu verwalten, an eine amerikanische Gesellschaft auf drei Jahre vorsah. Der Vertragsentwurf hatte weder ein Datum noch einen Preis. Er sollte von der russischen Gesandtschaft, die von dem Projekt nicht informiert war, genehmigt werden. Rußlands Vertreter in den USA, Edourd de Stoeckl, erhielt den seltsamen Vertrag, der nur einen Verkauf vortäuschen sollte. Kostromitinov wollte das Land bei einer drohenden Attacke Englands während des Krimkriegs auf Alaska, das nur über eine Handvoll Soldaten zur eigenen Verteidigung verfügte, als US-Besitz erklären und es, wenn die Gefahr eines Angriffs nicht mehr bestand, von dem vorgetäuschten Käufer zurückfordern.

Lucien Herman scheint diese Überlegungen verstanden zu haben. Als Amerikaner war ihm die seit 1830 bestehende Feindschaft zwischen Rußland und Großbritannien, als Folge nahöstlicher Rivalitäten, bewußt. Dagegen war die russisch-amerikanische Freundschaft zu jener Zeit so ungetrübt, daß der US-Secretary of State, William L. Marcy, seinem Gesandten in St. Petersburg schreiben konnte: »Zwischen keinen zwei Nationen auf dem Globus sind die Beziehungen des Friedens und der Freundschaft so zuversichtlich von Dauer. Es ist kaum möglich, daß die politischen Bestrebungen des einen mit denen des anderen aufeinander treffen.« Trotzdem lehnten der russische Vertreter de Stoeckl und der amerikanische Staatssekretär den Vertrag ab, weil sie ihn für zu »durchsichtig« ansahen. Die Amerikaner rieten Stoeckl, den »Vertrag« zu vergessen. Der Vertragsentwurf wurde jedoch überflüssig, nachdem die britische Regierung sich entschloß, Alaska nicht anzugreifen, weil die Kosten eines solchen Angriffs sich nicht lohnen würden.

De Stoeckl folgte dem Rat der Amerikaner und vergaß den Vertrag. Damit wären die Gespräche über einen Transfer Alaskas an die USA beendet gewesen, wenn nicht Zeitungen wie der »New York Herald« am 25. Juli 1854 gemeldet hätten, Rußland habe ein Angebot des Verkaufes von Alaska gemacht, und damit Amerikas Interesse an Alaska wieder geweckt hätten.

Als der Krimkrieg durch den Friedensvertrag von Paris 1865 beendet wurde, kam hinzu, daß Rußland in ein finanzielles Dilemma geriet, weil es den Wiederaufbau nach dem Krieg finanzieren mußte. Der Kommandant der russischen Marine, Großfürst Constantine, wußte, was der Krimkrieg gekostet hatte. Ihm unterstand die Verwaltung von Alaska, und er war es, der dem russischen Außenminister Gorchakov am 3. April 1857 schrieb: »Wir würden gut daran tun, einen Vorteil aus dem gegenwärtigen Überfluß an Geld in der Schatzkammer der Vereinigten Staaten zu ziehen und ihnen unsere nordamerikanischen Kolonien verkaufen.«

Inzwischen war das Interesse in den USA an Alaska auch bei den US-Politikern wieder gewachsen, nachdem Marcy 1854 einen Vertrag für die Annexion des Königreichs Hawaii entworfen hatte und die USA die Vorherrschaft im Handel mit den Pazifikstaaten anstrebten. Der russische Vertreter in den USA de Stoeckl wurde vom amerikanischen Außenamt über die vage Möglichkeit eines Kaufes von Alaska angesprochen; der aber erklärte, die Gerüchte über eine Verkaufsabsicht wären falsch. Jedenfalls wurde ihm versichert, daß in den Vereinigten Staaten ein Interesse am Kauf bestünde und wenn die Russen verkaufen wollten, ein Käufer verfügbar wäre.

Großfürst Constantine hatte noch einen persönlichen Grund, den Plan des Verkaufs von Alaska nicht aufzugeben. Er hatte für den Handel mit der Levante 1857 die Russische Dampfschiffahrts-Gesellschaft gegründet, in die über zwei Millionen Rubel investiert werden mußten. Jedenfalls zweifelte er nicht, daß die USA den Wunsch haben müßten, Alaska zu erwerben, um ganz Nordamerika zu beherrschen. Er warnte, daß die USA, falls Alaska nicht zum Verkauf angeboten würde, diese Gebiete besetzen könnten und Rußland sie dann nicht zurückerobern könnte. Diese Warnung veranlaßte die russischen Behörden, über einen Verkauf Alaskas nachzudenken.

Die erste Schätzung des Landes

Baron Ferdinand Wrangell, der Vorsitzende der Russisch-Amerikanischen Gesellschaft, meinte dagegen, daß sowohl die Gesellschaft wie das von ihr verwaltete Land vielversprechend wären und ein Verkauf Rußland um einen lebenswichtigen Standort für seinen Seehandel berauben würde. Er machte auch zwei Schätzungen über den Wert der Gesellschaft und ihres Landes. Die Gesellschaft und ihre Aktien schätzte er auf 3721400 Silberrubel, für das Land setzte er 7442800 Rubel an, was einem Betrag von 5600000 Dollar entsprach. Dies wären 1857 die minimalen Werte. Wenn man aber die zukünftige Wertsteigerung berücksichtige, dann sollte Rußland 20 Millionen Rubel verlangen. Auch verlangte Wrangell einen annehmbaren Profit, wenn seine Gesellschaft aufgelöst werden sollte.

Drei Wochen nach Erhalt dieser Schätzungen schickte Gorchakov ein langes Memorandum an Constantine. In diesem Memorandum willigte der Außenminister in die Schätzung von 7442800 Rubel als

Kaufpreis für das Land ein, meinte aber gleichzeitig, daß auch die 20-Millionen-Rubel-Forderung erhoben werden könnte. Doch sei dies später zu entscheiden. Auch erwähnte das Memorandum die Möglichkeit einer anderen Abmachung, nämlich den Verkauf vier Jahre zu verschieben, bis die Rechte der Gesellschaft abgelaufen wären. So schien Gorchakov dem Wunsch Constantines zu entsprechen, aber gleichzeitig einen Verkauf hinauszuschieben.

1857 kam es zwar nur zu geringfügigen Auseinandersetzungen zwischen den Amerikanern und der Russian-American Company, doch veranlaßten sie die russische Regierung mehrfach, vor Schwierigkeiten mit den Vereinigten Staaten zu warnen. Constantine benutzte diese Warnungen, um Gorchakov zu erinnern, daß sein Vorschlag des Verkaufs von Alaska Schwierigkeiten oder gar Zusammenstöße mit den Amerikanern verhindern und amerikanisches Gold in die russische Schatzkammer bringen würde. Constantine wiederholte, was der Generalgouverneur von Sibirien, Nicholai M. Muraviev, bereits 1853 angeregt hatte: die Amurbasis auszubauen, Rußlands Gewicht im Fernen Osten zu stärken und dafür Alaska aufzugeben.

Gorchakov behielt seine Verzögerungstaktik bei. Er vertrat die Ansicht, daß man mit Entscheidungen warten solle, bis 1862 die Verträge, das heißt, die Rechte und Privilegien der Russisch-Amerikanischen Gesellschaft, abgelaufen wären. Er beauftragte aber gleichzeitig de Stoeckl, Washington vorsichtig die Idee zu unterbreiten, daß Rußland zu günstigen Bedingungen die Kolonien im Norden abtreten könnte. Dies entsprach zwar de Stoeckls Intentionen – er genoß übrigens in Washington großes Ansehen –, aber Gorchakov verweigerte es ihm, selbst aktiv zu werden.

Im Januar 1860 konnte de Stoeckl schließlich seinem Außenminister einen neuen Vorschlag, der auf einer Anregung des Senators William Gwin von Kalifornien beruhte, über den Kauf von Alaska unterbreiten. Gwin vertrat die Ansicht: Es gelte, die Hunderte von Millionen Menschen, die in China und Japan lebten, zu bedenken und die Menschen in der Amurgegend, denen sich die Russen zuwenden könnten; dieser Markt und die Verkehrsmöglichkeiten mit diesen Regionen könnten für das amerikanische Volk von großer Bedeutung sein. Deshalb befürwortete Gwin eine Schiffahrtslinie zwischen San Franzisko und dem nördlichen Asien, eine Kabelverbindung nach Alaska und den Erwerb der russischen Kolonie. Er traf sich in den fünfziger Jahren mehrfach mit dem Vertreter Rußlands. Im Dezember 1859 sagte der US-Senator Gwin dem Russen de Stoeckl, daß er den amerikanischen Präsidenten über seine Idee, Alaska zu erwerben, informiert habe und daß der Präsident bereit sei, die Idee zu übernehmen. Auch erinnerte er den Gesandten, daß Rußland zu weit entfernt wäre, daß die USA als näher gelegenes Land Alaska besser nutzen könnten. Auch wies er darauf hin, daß der Erwerb bisher nur eine reine Idee ohne offiziellen Charakter sei.

De Stoeckl war sich klar, daß St. Petersburg auf reine Ideen nicht reagieren würde. Als John Appleton, ein Assistent des amerikanischen Außenministers, ihm das Interesse des Präsidenten bestätigte, informierte de Stoeckl St. Petersburg über seine Gespräche mit Gwin und Appleton, fügte als persönliche Empfehlung hinzu, Alaska an die USA abzutreten, und sagte, daß fünf Millionen Dollar ein fairer Preis wären. Dieser Bericht belebte in Rußland die Frage der Abtretung neuerlich und kam sogar Zar Alexander zur Kenntnis. Dieser aber entschied nur: »Die Frage muß weiterhin überlegt werden.«

Lieber verkaufen als verlieren

Damals erstellte auch Admiral Andrei A. Popov, der Befehlshaber der russischen Pazifikflotte, ein umfangreiches Memorandum für den russischen Außenminister. In ihm verurteilte er die Aktivitäten der Russian-American Company und verneinte ihren Wert für die russische Wirtschaft. Der Admiral vertrat die Ansicht, daß es nur eine Frage der Zeit wäre, bis die USA ganz Nordamerika besetzen würden, und da Alaska nicht gegen die Amerikaner verteidigt werden könne, sollte es ihnen besser »zur rechten Zeit und freiwillig« verkauft werden.

Gorchakov war von den Argumenten de Stoeckls, Popovs und vor allem Constantines, des Bruders des Zaren, beeindruckt, bezweifelte aber immer noch, daß eine Abtretung Alaskas in Rußlands Interesse läge. Er unterrichtete im April 1860 de Stoeckl über seine Ansicht, beauftragte ihn aber gleichzeitig, die Verhandlungen nicht abzubrechen, daß die USA jedoch mehr als fünf Millionen Dollar bieten müßten.

Dann stoppte der Wahlkampf 1860 und der Sezessionskrieg von 1861 bis 1865 in Amerika alle Verhandlungen. Wesentlich am amerikanischen Bürgerkrieg war, daß Großbritannien die Südstaaten anerkannte, während Rußland sich zum Norden bekannte und die Vereinigten Staaten als ein wichtiges Land des politischen Gleichgewichts in der Welt bezeichnete, dem seine »natürliche Solidarität der Interessen und Sympathie« gelte. Als Rußland eine Kriegserklärung Großbritanniens, das Polen gegen das Zarenreich unterstützte, erwartete, schickte es Kriegsschiffe seiner baltischen Flotte in die sicheren Häfen von New York und San Franzisko. Dies wurde von der US-Bevölkerung als Beweis der Freundschaft für den Norden im Sezessionskrieg angesehen. Auch ehrte Präsident Lincoln die russischen Matrosen durch einen Empfang im Weißen Haus, wofür sich der russische Admiral mit einem großen Ball auf seinem Flaggschiff revanchierte.

Auch nach Beendigung des amerikanischen Bürgerkriegs blieben die amerikanisch-russischen Beziehungen herzlich. Als Karakozov, ein russischer Student, auf den Zaren schoß und ihn verfehlte, beauftragte der amerikanische Außenminister seinen Gesandten in St. Petersburg, Zar Alexander zu gratulieren. Selbst Parallelen zwischen den Attentaten auf Präsident Lincoln und Zar Alexander wurden gezogen. Der Assistant Secretary der Marine, Gustavus V. Fox, erhielt den Auftrag, dem Zaren eine Botschaft der Anerkennung des US-Senats auf einem US-Schiff zu überbringen. Ronald J. Jensen stellt in seinem 1975 erschienenen Buch über den Alaska-Kauf fest, daß nicht nur der russische Adel und die Regierung, sondern alle sozialen Bevölkerungsschichten die Fox-Delegation ehrten. Gorchakov informierte de Stoeckl, daß Fox und seine Begleitung einen ausgezeichneten Eindruck auf den Zaren und Rußland gemacht hätten.

Obwohl seit Juni 1860 zwischen der russischen Regierung und

Washington der Verkauf von Alaska nicht erörtert worden war, wurde de Stoeckl im Februar 1866 daran erinnert, daß in Washington das Interesse an Alaska noch bestand. Dem Präsidenten Andrew Johnson, dem Nachfolger Lincolns, wurde eine Denkschrift übergeben, in der er gebeten wurde, von der russischen Regierung Rechte und Privilegien in Alaska zu erhalten, die es ermöglichten, daß amerikanische Fischkutter in dortigen Häfen ankerten. Die Denkschrift wurde zum Anlaß, de Stoeckl in allgemeiner Form anzusprechen, daß ein grundlegendes Arrangement getroffen werden sollte, um zukünftige Schwierigkeiten zwischen beiden Ländern zu vermeiden.

1866 fuhr de Stoeckl im Oktober nach Rußland. Er wußte damals, daß die Amerikaner zumindest einen wirtschaftlichen Stützpunkt in Alaska haben wollten. Ob diese Tatsache seine Reise veranlaßte, ist nicht bekannt. Doch löste sein Eintreffen in Rußland neue Diskussionen über die Zukunft der russischen Kolonie in Nordamerika aus.

In Rußland war sich auch der neue Finanzminister Michael Reutern inzwischen klar geworden, daß die Privilegien der Russian-American Company vermindert und ausländische Firmen die Häfen geöffnet werden müßten. Einige Direktoren der Gesellschaft drohten, sie aufzulösen, wodurch Rußland die Verwaltung Alaskas mit einem jährlichen Kostenaufwand von 250000 Rubel zu übernehmen hätte. Ein russisches Komitee war der Ansicht, daß sich ein solcher Aufwand nicht lohnen würde, und schlug vor, daß die Russian-American Company Alaska weiter unter Kontrolle der Regierung verwalten solle, ohne eine Monopolstellung in Industrie und Handel zu besitzen. Dies lehnte die Gesellschaft ab und bestand auf ihren alten Rechten. Sie verlangte, daß der Zar und der russische Staatsrat eine Entscheidung träfen.

Kurz vor der Zwangsversteigerung

Wieder vergingen zwei Jahre, in denen Rußland seine Position am Amur ausbaute, den wichtigen Hafen Wladiwostok aufbaute und wichtige Handelsrechte in China erhielt. Jensen urteilte: Um 1866 war Wladiwostok auf dem Weg, Rußlands Pazifikflotten-Hauptquartier zu werden, während Alaska auf seine Zwangsversteigerung wartete.

Als de Stoeckl in Rußland war, suchten ihn Finanzminister Reutern und der Großfürst Constantine auf und fragten ihn, ob die Vereinigten Staaten noch an Alaska interessiert wären. Er bejahte die Frage und sagte, daß er glaube, die USA würden ein Angebot für das Land machen, wenn der Zar zu einem Verkauf bereit wäre.

Anfang Dezember 1866 unterbreitete Constantine seinem Bruder, dem Zaren, die Alaska-Frage. Er und der Finanzminister trugen auch Gorchakov ihre Meinung über die Zukunft Alaskas vor und forderten ihn auf, die Angelegenheit dem Zaren zu unterbreiten. Der Außenminister folgte dieser Aufforderung, entwarf einen Report für den Zaren, in dem er das Argument des Großfürsten für eine sofortige Abtretung Alaskas an den Anfang stellte. In ihm riet er, alle Sorge der Regierung dem Besitz am Amur zuzuwenden, der auch über mehr Reichtümer verfüge als der amerikanische Besitz. Er benutzte die Argumente des Finanzministers, die im wesentlichen finanzieller Art waren. Auch Stoeckls Meinung erwähnte der Außenminister in seinem Report, wobei er insbesondere auf die Gefahr wachsender politischer Spannungen zwischen Washington und Rußland sowie die Unmöglichkeit, Alaska zu verteidigen, hinwies. Er erwähnte schließlich, daß Rußland ein Gegengewicht gegenüber Großbritannien verlieren würde, wenn die guten Beziehungen, die de Stoeckl und er zu den USA aufgebaut hätten, gefährdet würden. Der Außenminister erwähnte zuletzt den Hinweis de Stoeckls, daß die Amerikaner an ihrem Expansionsstreben festhielten und ihm gesagt hätten, daß sie Alaska kaufen wollten, wie sie in der Vergangenheit Louisiana und Kalifornien von Frankreich und Spanien sowie Texas und Teile von Kalifornien erst kürzlich von Mexiko erworben hatten. Diese Ansichten unterbreitete Gorchakov am 12. 12. 1866 dem Zaren, ohne selbst Stellung zu nehmen, weil allein der Zar die Außenpolitik Rußlands bestimmte. Er schlug aber in einem Begleitbrief vor, daß der Zar ein kleines Komitee berufen solle, um geheim das Schicksal Alaskas zu klären. In ihm sollten –

unter Vorsitz des Zaren – Constantine, Reutern und er, eventuell auch de Stoeckl wegen seiner US-Kenntnisse, vertreten sein.

All diese Argumente waren nicht neu. Doch nunmehr hatte die Regierung Kenntnis von den Problemen, die mit der Russian-American Company verbunden waren, und den finanziellen Lasten, die Rußland drohten, wenn es Alaska selbst verwalten müßte.

Der Zar fand die Problematik so dringend, daß er ein Treffen noch für den 16. Dezember um fünf Uhr nachmittags vorschlug. Zu den fünf genannten Persönlichkeiten lud Gorchakov noch als sechsten den Vizeadmiral Krabbe ein, weil seinem Ministerium die Russian-American Company unterstanden hatte.

Über diese Sitzung gibt es kein Protokoll. Vermutet wird, daß alle Beteiligten ihre Ansichten vorgetragen haben, nur Gorchakov scheint seine bisherige Meinung aufgegeben und dem Handel zugestimmt zu haben. Sein Hauptargument war wahrscheinlich, daß zwischen Rußland und Großbritannien eine ständige Rivalität bestehen würde und daß gute Beziehungen zu den Vereinigten Staaten wünschenswert wären. Der Verkauf Alaskas könnte auch ein Schlag gegen die Engländer in Kanada sein.

Das Jawort des Zaren

Der Zar stimmte auf dieser Sitzung einem Verkauf Alaskas zu. Die Beteiligten, insbesondere Gorchakov, meinten nur, daß die Initiative für die Verhandlungen von den Vereinigten Staaten ausgehen müßte, de Stoeckl sollte nach Washington zurückkehren und die Probleme aufgrund seiner Erfahrungen mit den Senatoren und im Kongreß besprechen. Zar Alexander überließ die weiteren Verhandlungen den zuständigen Abteilungen der Regierung, auch den Preis, den Reutern auf mindestens fünf Millionen Dollar festlegte.

Das besondere Interesse des amerikanischen Außenministers William H. Seward galt China und dem Pazifik. Er meinte, daß das Ringen um die Weltmacht in diesen Regionen entschieden werden würde. Trotzdem verfolgte er auch näherliegende Ziele für eine Expansion, zum Beispiel die Einrichtung einer Telegrafenverbindung nach Asien und den Erwerb Alaskas. Zu de Stoeckl hatte er seit Jahren gute Beziehungen unterhalten, ja, sie nannten sich gute Freunde, auch als die früheren Gespräche über den Erwerb Alaskas zu keinem Ergebnis geführt hatten. Seward sah Rußland und Amerika als Partner in einer Zusammenarbeit für die Zivilisation der Welt. Er war lebhaft daran interessiert, den Besitz der Vereinigten Staaten im Pazifik zu erweitern, mußte aber warten, bis der damalige Präsident und die Regierung ihm ihre Zustimmung gaben. Er mußte auch mit einer Opposition im Kongreß rechnen, der in verschiedenen Punkten prinzipiell gegen den Präsidenten eingestellt war. Am 14. März 1867 konnte er de Stoeckl mitteilen, daß der Präsident dem Kauf Alaskas zustimme, daß er aber noch die Zustimmung des Kabinetts einholen müsse.

Bei der nächsten Kabinettsitzung am 23. März 1867 trug Seward seinen Regierungskollegen den Wunsch vor, Alaska und die Aleuteninseln für einen Betrag von 7 Millionen Dollar zu erwerben. Sein Entwurf eines Kaufvertrags fand geringfügige Kritik, doch wurde das Projekt einmütig vom Kabinett der US-Regierung gebilligt. Nun konnte er mit de Stoeckl die Verhandlungen fortführen, der am 25. März das US-Angebot nach St. Petersburg kabelte und das Recht, ein solches Angebot zu unterschreiben, verlangte. Am 29. März erhielt de Stoeckl die Nachricht, daß Zar Alexander bereit war, dem Verkauf mit zwei kleinen Änderungen zuzustimmen. Seward hatte vorgeschlagen, daß der Kaufpreis zehn Monate nach Unterzeichnung des Vertrags gezahlt werde. Der Zar wünschte, den Zeitraum der Zahlung zu verkürzen und sie in London durchzuführen.

De Stoeckl entschloß sich noch am gleichen Abend, die gute Nachricht dem fünf Minuten entfernt wohnenden Seward zu überbringen. Als er den Außenminister traf, schlug er ihm vor, am nächsten Morgen in sein Amt zu kommen, um den Kaufvertrag zu unterschreiben. Seward antwortete ihm: »Warum bis morgen warten, Mr. Stoeckl? Laßt uns den Vertrag heute nacht machen!« Seward versammelte seinen Stab und öffnete sein Büro am Lafayette Square, auch Stoeckl begab sich dorthin. Und so wurde der Vertrag, der die Abtretung Alaskas an die Vereinigten Staaten für eine Zahlung von 7200000 Dollar an Rußland vorsah, am 30. März 1867 um vier Uhr morgens unterschrieben.

ABB. 2: *William Henry Seward (1801–1872), unterzeichnete 1867 als Außenminister der USA den Kaufvertrag für Alaska.*

QUELLE: *Bildarchiv Preuß. Kulturbesitz*

Zähes Ringen um die Ratifikation

Nun aber begann ein hartes Ringen um die Ratifikation des Vertrags durch den Senat und den Kongreß. Seward, der kaum geschlafen hatte, kam bereits vor zehn Uhr morgens ins Kapitol, um den Präsidenten und dem Kabinett den Vertrag zu unterbreiten. Der Senat trat um zehn Uhr zusammen. Ihm wurde eine kurze Botschaft des Präsidenten zur Kenntnis gebracht, die ihn über den Kauf Alaskas unterrichtete und um Zustimmung bat. Auf einen Antrag von Senator Sumner wurde der Vertrag dem Ausschuß für auswärtige Beziehungen übergeben. Jensen urteilt in seinem Buch: »Wenn Seward erwartet hatte, daß der Senat seinem Kauf in einem Tag zustimmen würde, hatte ihn sein politischer Verstand verlassen«, und Jensen fügte hinzu: »Bis Sonnabend morgen hatte niemand im Kongreß von den Verhandlungen gehört, außer Sumner, und er auch nur Stunden zuvor. Im Jahre 1867 zögerte der Kongreß, überhaupt irgendeine Gesetzgebung der Johnson-Administration zu genehmigen.«

Sumner sagte de Stoeckl, daß der Kaufvertrag eine »Torheit« sei und keine Chance habe, bestätigt zu werden; er bat ihn, den Vertrag zurückzuziehen. Seward aber gab nicht nach. Er kämpfte für den Vertrag, mobilisierte die Presse, insbesondere die von seinem Freund Henry J. Raymond herausgegebene »New York Times«, die den Erwerb von Alaska aus strategischen Gründen befürwortete, den Wert der Häfen im Nordpazifik für den wachsenden Handel mit Nordostasien lobte und darauf hinwies, daß schließlich der Kauf den Einfluß Amerikas gegenüber Asien und Europa stärkte. Als bedeutende Zeitung nahm allerdings H. Greenleys »New York Tribune« gegen den Vertrag Stellung. Sie bezeichnete Alaska als ein Gebiet von geringem Wert und nannte die Transaktion eine Verletzung nationaler Interessen zum Nutzen Rußlands. Allerdings schrieb auch die »Tribune« nach einem Monat, daß neue Zahlen dem Kauf von Alaska einen reizvolleren Aspekt gäben.

Seward erhielt auch Zustimmung seitens der Militärs und anderer Persönlichkeiten, obwohl selbst der »Inquirer«, eine der Regierung feindlich gesinnte Zeitung, wörtlich schrieb: »Es scheint nicht die geringste Hoffnung zu bestehen, daß der Senat den Vertrag ratifiziert.« Selbst de Stoeckl glaubte damals, daß die Ratifizierung des Vertrages nicht erfolgen würde. Sumner erwies sich als wichtigster Gegner des Vertrages. Er war grundsätzlich Gegner eines Erwerbs von Gebieten, außer wenn seine Einwohner es selbst wünschten.

Obwohl General Halleck den Wert von Alaska zwischen fünf und zehn Millionen Dollar bezifferte und Professor Spencer Baird von der Smithsonian Institution Sumner informierte, daß die Küsten des Nordpazifiks über große Schwärme von Tieren von wirtschaftlicher Bedeutung verfügten, sagte dieser am 3. April dem Ausschuß für auswärtige Beziehungen, Alaskas Reichtümer bestünden in praktisch nichts außer der Fischerei und Mineralien von nur geringem wirtschaftlichem Wert.

Sumner verlangte mehr Zeit, um über den Vertrag nachzudenken, und tadelte Seward, weil er den Senat nicht früher unterrichtet hatte. Seward glaubte, seine Bestrebungen mit Hilfe des Kongresses durchbringen zu können. Thaddeus Stevens, der Chairman des Ausschusses für die Genehmigung im Kongreß, obwohl ein heftiger Gegner von Präsident Johnson, unterstützte uneingeschränkt die Genehmigung des Vertrages und teilte dies auch de Stoeckl mit. Er bemühte sich, auch bei Freunden im Senat die Genehmigung zu erwirken. Sein Grund: das Verlangen nach weiterem Landerwerb.

Schließlich kam das Wochenende des 6./7. April, an dem Sewards Bemühungen von Erfolg gekrönt wurden. Der Ausschuß für auswärtige Beziehungen akzeptierte mit nur zwei Gegenstimmen den Kaufvertrag. Und am Montag hielt selbst Sumner eine Rede vor dem Senat, in der er alle Vorzüge des Vertrags schilderte. Dabei wies er darauf hin, daß eine republikanische Regierung Alaskas wesentlich wichtiger sei als die Erweiterung des Gebietes der Vereinigten Staaten. Auch erwähnte er die Bedeutung der Freundschaft, ja, der »Entente cordiale« zwischen Rußland und den USA. Seit seiner Ablehnung des Vertrages war Sumner zu einem Experten für Alaska geworden, der die politische und wirtschaftliche Bedeutung des Landes für die Vereinigten Staaten klar erkannte. Am Dienstag, dem 9. April, stimmte der Senat mit 73 zu zwei Stimmen dem Vertrag zu.

De Stoeckl schickte den Vertrag nach St. Petersburg, damit er auch vom Zaren unterschrieben wurde, erklärte dabei, warum er die Zahlung in erst zehn Monaten akzeptiert habe. Er versuchte auch den britischen Gesandten in den Vereinigten Staaten, Sir Frederick Bruce, zu beruhigen, daß der Vertrag gegen niemanden, auch nicht gegen Großbritannien, gerichtet sei.

In Rußland wurde der Vertrag von Gorchakov zustimmend aufgenommen. Der Außenminister billige de Stoeckl für seine Bemühungen 25000 Silberrubel zu, und der Zar veranlaßte, daß noch ein Sonderhonorar von 19000 Dollar hinzukam, was de Stoeckl nach 17jähriger Dienstzeit in Amerika als nicht ganz befriedigend empfand. Auch gab es in Rußland mehrere Nationalisten, die den Vertrag ablehnten, weil sie jeden Verkauf russischen Gebietes an Ausländer als untragbar ansahen und auch mit der Höhe der Kaufpreises nicht einverstanden waren. Die Moskauer Tageszeitung »Narodnii golos« (»Stimme des Volkes«) glaubte andererseits nicht, daß die Amerikaner sieben Millionen Dollar überhaupt für Alaska zahlen würden, weil sie doch gute Geschäftsleute wären. Andere russische Zeitungen nannten den Preis eher zu niedrig als zu hoch.

De Stoeckl trat den Kritikern mit einem Essay entgegen, den er Gorchakov gab, damit er ihn publizieren ließ. In ihm argumentierte er, daß Rußland nur vor der Wahl stand, Alaska zu verkaufen oder es an die aggressiven Amerikaner zu verlieren. Seine Zukunft läge im Bereich des Amur. Es ist nicht bekannt, ob diese Argumente in Rußland veröffentlicht wurden. Sie fanden jedenfalls die Zustimmung des Außenministers und des Zaren.

Am 20. Juni 1867 wurden die Kaufurkunden in Washington offiziell ausgetauscht, und am 18. Oktober wurden – obwohl der Kaufpreis von den USA noch nicht entrichtet worden war – mit einer Flaggenzeremonie in Sitka, der damaligen Metropole Alaskas, das ehemals russische Land den Vereinigten Staaten übertragen.

Der Kongreß will nicht zahlen

Es gab noch einige Schwierigkeiten mit der Zahlung des Kaufpreises durch die Vereinigten Staaten, die zehn Monate nach dem Austausch der Ratifikationsurkunden, also spätestens am 20. April, erfolgen sollte. Bei der Unterzeichnung des Kaufvertrags hatte Seward sogar in Aussicht gestellt, daß die Zahlung vielleicht schon im Dezember 1868 erfolgen könne. Doch de Stoeckl mußte sogar bis Ende Juni warten, bis General Banks das Thema der Geldbewilligung für den Alaskakauf im Kongreß zur Debatte stellen konnte. Banks unterstrich die strategische Bedeutung Alaskas und erklärte: »Die Kontrolle des Pazifiks rückt damit für uns in greifbare Nähe.« Ihm antwortete Cadwallader C. Washburn, ein Millionär aus Wisconsin, der selten das Wort zu außenpolitischen Fragen ergriff. Er schilderte das Land als landwirtschaftlich wertlos, kalt und immerwährend regnerisch. Und er wies darauf hin, daß Seward den Kauf ohne vorherige Zustimmung des Kongresses durchgeführt habe. Er wollte damit Präsident Johnson attackieren und ihm eine politische Niederlage zufügen.

Das Pro und Kontra der Diskussion im Kongreß dauerte zwei Abende. Dann beschäftigten andere Fragen die Abgeordneten, die erst am 7. Juli in einer Abendsitzung das Thema Alaska wieder aufgriffen. Schließlich stimmte das Repräsentantenhaus am 14. Juli mit 113 Jastimmen zu 43 Neinstimmen und 44 Enthaltungen der Zahlung von 7200000 Dollar zu. Nach einer nochmaligen Verzögerung konnte de Stoeckl 16 Monate nach Unterzeichnung des Kaufvertrags Gorchakov telegrafieren, daß der Kampf beendet sei.

Der »Alaskaskandal« fand nicht statt

Viele Jahre später wurde in den Unterlagen von Präsident Johnson ein Memorandum gefunden, in dem ein Gespräch zwischen dem Präsidenten und Seward festgehalten worden ist. Danach hätte de Stoeckl dem Herausgeber des »Daily Morning Chronicle«, J. W. Forney, 300000 Dollar in Gold für dessen Unterstützung gezahlt und Walker und Stanton je 20000 Dollar sowie dem Kongreßabgeordneten Banks 8000 Dollar. Der unbestechliche Thaddeus Stevens hätte als »Schmiergeld« nur 10000 Dollar erhalten. Diese Summen wären direkt oder indirekt gezahlt worden, als im Repräsentantenhaus die Bewilligung der Zahlung verzögert wurde. Eine ähnliche Aussage soll Seward gegenüber dem französischen Gesandten J. Bigelow gemacht haben, derzufolge jedoch Forney nur 20000 Dollar und Stanton nur 10000 Dollar erhalten haben sollen. Spätere Berichte über »den Skandal beim Alaskakauf« stützten sich im wesentlichen auf diese beiden Unterlagen, obwohl ein Untersuchungsausschuß noch andere Zahlen ermittelte, die aber von Jensen in seinem Buch als »spekulativ« bezeichnet werden. Auch betont Jensen, daß de Stoeckl keineswegs die Stimmen der Kongreßmitglieder »gekauft« habe, denn gerade die Empfänger der Gelder waren stets für einen Kauf Alaskas. Sie könnten höchstens die Genehmigung des Kaufvertrags und der Zahlung beschleunigt haben. Jedenfalls scheint der sogenannte »Alaskaskandal« auf schwachen Grundlagen zu stehen. Immerhin schreibt auch Jensen, daß de Stoeckl meinte, Geldzuwendungen wären nötig gewesen, um die Räder des Kongresses zu ölen. Trotz allem entwickelten sich die Beziehungen der beiden Großmächte – nach der erfolgten Zahlung der Kaufsumme – positiv, obwohl beide Staaten sich nunmehr näherliegenden eigenen Interessen zuwandten.

Der 49. Staat

Der Wert Alaskas lag und liegt vielleicht weniger in einem »ersten Schritt nach Asien«. Es ist jedenfalls der größte Bundesstaat der USA, obwohl erst am 3. Januar 1959 als 49. Staat in die Vereinigten Staaten aufgenommen, was sicherlich zu den kaum glaublichen Tatsachen von »Außenminister Sewards Torheit« gehört. Alaska hat zwar eine geringe Bevölkerungsdichte von rund 26 Menschen auf 100 Quadratkilometer, ist aber immerhin mehr als 1,5 Millionen Quadratkilometer groß. Wenn man an den Kaufpreis von fünf Cents für den Hektar denkt, dann kann man heute nur feststellen: Der

Wert der Reichtümer der Region hat den Kaufpreis Hunderte von Malen bezahlt gemacht. Sewards »Ice-Box« erwies sich als reich an Fischen (Salm, Krebsen, Heilbutt und viele andere), Mineralien, Gold, Holz und Wasserkraft. Erhebliche Erdölvorkommen an der Prudhoe Bay werden seit 1977 – nach Fertigstellung der Trans-Alaska-Röhrenleitung – ausgebeutet. Die Bevölkerung stieg von 33426 im Jahre 1880 auf über 400000 Menschen im Jahre 1980, von denen rund ein Drittel in Alaska geboren sind. Auch erwies sich Alaska als attraktives Reiseland, das inzwischen von mehr als 270000 Touristen jährlich besucht wird. Es verfügt über rund 35 Tageszeitungen, 10 Zeitschriften, 50 Radio- und 10 Fernsehstationen.

Nicht vergessen werden sollte, daß Alaska infolge seiner Nähe zu Asien doch auch noch militärische Bedeutung erlangte. 1942 bombardierten die Japaner Dutch Harbor auf der Amaknak-Insel und besetzten bis 1943 die Inseln Attu und Kiska. 1942 wurde der Alaska-Highway, vor allem als militärischer Versorgungsweg, gebaut, da Truppen in der Größenordnung von 152000 Mann in Alaska stationiert waren.

Zwei Präsidentenmorde

Keine zwei bedeutenden politischen Ereignisse zeigen so viele verblüffende Parallelen wie die Ermordung der amerikanischen Präsidenten Abraham Lincoln und John F. Kennedy. Nachdem einige erstaunliche Ähnlichkeiten aufgedeckt worden waren – unter anderem in einem Brief von Friedrich Torberg an einen Redakteur der Süddeutschen Zeitung –, begannen Parallelitätsforscher die Morde, die beteiligten Personen, die Umwelt sowie die Folgen der Attentate zu erkunden. Sie gelangten zu folgenden Ergebnissen:

Beide Präsidenten wurden an einem Freitag vor einem hohen Feiertag ermordet: Lincoln Karfreitag vor Ostern, Kennedy vor dem Erntedankfest. Beide wurden in Gegenwart ihrer Frauen, die neben ihnen saßen, durch Schüsse in den Hinterkopf getötet. Beide hatten drei Kinder, von denen je ein Sohn während ihrer Präsidentschaft starb: William Lincoln und Patrick Kennedy. Bevor sie Präsidenten wurden, starb jedem eine Schwester. Sie wurden in einem 47er Jahr in den Kongreß gewählt und bewarben sich in einem 56er Jahr um die Vizepräsidentschaft ihrer Partei. Sie waren Mitglieder des Repräsentantenhauses, bevor sie Präsident wurden und zitierten gerne Shakespeare und die Bibel. Sie setzen sich für die Lösung der Probleme der schwarzen Bevölkerung ein: Lincoln verkündete 1863 die »Emancipation Proclamation« (die Erklärung der Sklavenbefreiung), Kennedy 1963 die »Civil Rights Message« im Kongreß. Sie benutzten gern einen Schaukelstuhl, Lincoln selbst wenn er ins Theater ging, um sich nach einem harten Arbeitstag zu entspannen, Kennedy, weil er ihn von den ständigen Rückenschmerzen entlastete.

Die Frauen beider Präsidenten waren 24 Jahre alt, als sie heirateten und blieben bei den Attentaten unverletzt, obwohl sie dicht neben ihren Männern saßen. Hingegen wurden die Begleiter der Präsidenten verwundet, Major Rothborne vom Jagdmesser des Lincoln-Mörders, als er sich auf ihn stürzte, Gouverneur Connallys Arm verletzte wahrscheinlich die gleiche Kugel, die Kennedys Genick durchschlagen hatte.

Das Theater, in dem Lincoln ermordet wurde, hieß Ford-Theater. Das Auto, in dem Kennedy fuhr, war ein Ford der Marke Lincoln. Der Sekretär Lincolns hieß Kennedy und riet ihm ab, ins Theater zu gehen. Die Sekretärin Kennedys hieß Lincoln und riet ihm ab, nach Dallas zu fahren.

Die Nachfolger beider Präsidenten hießen Johnson.

Die Attentäter Booth und Oswald waren Südstaatler und – so hieß es jedenfalls – hingen wirren Ideen nach. Booth erschoß Lincoln in einem Theater und lief nach dem Attentat zu einem Lagerhaus. Oswald erschoß Kennedy aus einem Lagerhaus und lief nach dem Attentat zu einem Filmtheater. Beide Attentäter wurden getötet, bevor sie vor ein ordentliches Gericht gestellt werden konnten. Ja, selbst die Mörder der Attentäter weisen Gemeinsamkeiten auf: Jack Ruby wie Boston Corbett galten als gewalttätig; jeder feuerte nur einen Schuß ab, um sein Opfer zu töten. Jeder benutzte einen Colt.

Wichtige Lebensdaten der Beteiligten liegen genau hundert Jahre auseinander: Lincoln wurde 1860 zum Präsidenten gewählt, Kennedy 1960. Der Lincoln-Nachfolger Andrew Johnson wurde 1808 geboren, der Kennedy-Nachfolger Lyndon Johnson 1908.

Die Namen Lincoln und Kennedy bestehen aus je 7, die Namen Andrew Johnson und Lyndon Johnson aus je 13, die Namen der Attentäter John Wilkes Booth und Lee Harvey Oswald aus je 15 Buchstaben.

Jacqueline Kennedy wünschte, daß Kennedy aufgebahrt werde wie Lincoln: im Ostraum des Weißen Hauses auf dem gleichen Katafalk.

Die Vermutung, daß die wahren Hintergründe beider Attentate niemals ganz aufgeklärt werden dürften, mag angesichts dieser und noch mehr Parallelen als nicht abwegig erscheinen.

Ist dies alles nur etwas für Numerologen und Kabbalisten? Jedenfalls ist es so verblüffend, daß man es kaum für möglich halten mag.

ABB. 3: *Verblüffende Parallelen gibt es zwischen dem Mord an dem amerikanischen Präsidenten Abraham Lincoln und der Ermordung des genau 100 Jahre später zum Präsidenten gewählten John F. Kennedy.* QUELLE: *Keystone*

Der Mord im Garten

Indien ist Indira, und Indira ist Indien« war viele Jahre der Wahlslogan für die Tochter Nehrus, mit dem Indira Gandhi zu Recht immer wieder die indischen Parlamentswahlen gewann. Dies gelang ihr bis zu dem 31. Oktober 1984, einem Tag, an dem sich etwas ereignete, was niemand in Indien, ja in der Welt, für möglich gehalten hatte: die Ermordung der indischen Ministerpräsidentin durch ihre eigenen Leibwächter.

Diesen »Mord im Garten« hat die enge Freundin Indira Gandhis, die Schriftstellerin Gisela Bonn, in ihrem beachtenswerten Buch »Die indische Herausforderung« ausführlicher beschrieben, als es sonst irgendwo zu lesen war. Sie schildert, wie die indische Ministerpräsidentin wie immer um sechs Uhr aufgestanden ist, ihre täglichen Yogaübungen gemacht, gelesen, private Post erledigt und einige Akten studiert hat. Es war ein »unvergleichlich schöner Herbstmorgen«, und Indira schien »heiter gestimmt«, als sie ihren »offiziellen Tag« um neun Uhr beginnen wollte.

Wie dies geschehen sollte, berichtet Gisela Bonn eingehend: »Mit einem freundlichen Morgengruß für ihre Begleiter öffnete sie die Tür des bescheidenen Hauses. In einen lichten Sari gehüllt, schritt Indira leichtfüßig auf das kleine Tor in der Hecke zu, die das Grundstück in den Privatgarten Safdarjung Road und den Garten um die offizielle Residenz Akbar Road I trennt, in der sich auch einige Büros befinden. Dort erwartete die Ministerpräsidentin ein britisches Fernsehteam, das von Sharada Prasad, ihrem langjährigen ›Information Adviser‹, begleitet war.

Diskret folgten der schnell ausschreitenden Indira – etwa im Abstand von zwei bis drei Metern – fünf Sicherheitsbeamte und ihr langjähriger persönlicher Assistent R. K. Dhavan.

Es war neun Uhr und acht Minuten. Vor dem kleinen Gartentor

standen die beiden Leibwächter Beant Singh und Satwant Singh, Beant seit zehn Jahren in ihrem Dienst, Satwant seit fünf Monaten. Beant muß sich in diesem Augenblick erinnert haben, daß die Premierministerin erst zwei Monate zuvor in seiner Gegenwart gefragt worden war, ob sie denn den Sikhs trauen könne, und sie, mit einem Lächeln zu ihm hin, antwortete: ›Solange Sikhs wie Beant Singh um mich sind, habe ich sicherlich nichts zu befürchten.‹ Als der höchste Sicherheitsbeamte Indiens ihr im Juli riet, alle Sikhs aus ihrem Stab zu entfernen, reagierte sie ungeduldig: ›Wie können wir dann noch behaupten, wir seien ein säkularer Staat?‹«

Gisela Bonn trifft dann in einem kurzen Absatz folgende grundsätzlichen Feststellungen: »Indira haßte es, eine kugelsichere Weste zu tragen, und lehnte zumeist auch andere außergewöhnliche Sicherheitsmaßnahmen ab. Sie war stolz und mutig – aber sicher auch eine Fatalistin. Sie hatte gelernt, mit dem Unvermeidbaren zu leben. Der Gedanke an den Tod bedrückte sie nicht. Aber daß er ihr in Gestalt eines Mannes begegnen würde, dem sie bedingungslos vertraute, hätte vielleicht auch sie aus dem Gleichgewicht gebracht.«

Und dann schildert Gisela Bonn weiter, was am 31. Oktober 1984 geschah: »Ihr letztes Lächeln, ihr letzter Gruß: ›Namasté‹ galt ihrem Mörder. Als sie (Indira Gandhi) nach indischer Sitte ihre beiden Hände – zusammengelegt wie zu einer Geste der Anbetung oder Verehrung – erhob, feuerte Beant – kaum können wir glauben, daß er zurückgelächelt haben soll – die ersten drei Schüsse. In den Unterleib getroffen, sank die zierliche Frau zu Boden. Satwant Singh feuerte auf die hilflos daliegende Indira aus der automatischen Maschinenpistole die nächsten Kugeln, sieben trafen den Bauch, eine das Herz – und wie viele zerstörten das Gesicht, das später Millionen Menschen voller Trauer und Entsetzen betrachteten? Als die Mörderhände mit den entleerten Pistolen sanken, war Indira wahrscheinlich schon tot.

Die beiden Attentäter wurden entwaffnet und zur Wache gebracht, die ihr Büro am Eingang des Grundstücks hat. Dort stürzte sich Beant Singh auf einen Sicherheitsbeamten und versuchte, ihm eine Maschinenpistole zu entreißen. Beant wurde auf der Stelle erschossen. Satwant Singh zog einen Dolch aus dem Turban. Ehe er

ABB. 4: *Rajiv Gandhi bei der Verbrennungszeremonie zur Beisetzung seiner ermordeten Mutter Indira Gandhi am 3. November 1984.* QUELLE: *dpa*

weiteres Unheil anrichten konnte, wurde er durch die Wachen, die sofort ihre Pistolen zogen, verwundet. Während Beant Singh als Geheimnis mit ins Grab nahm, wer die Drahtzieher hinter ihm waren – seine letzten Worten: ›Ich habe getan, was ich tun mußte, tut ihr, was ihr zu tun wünscht‹, verrieten nichts –, gestand Satwant Singh seinem Arzt, daß er Mitglied einer Verschwörergruppe wäre, deren Anführer ein hochrangiger Offizier sei. Auf ihrer Todesliste stünde auch Rajiv Gandhi.

Kaum hatte Rajivs Frau Sonia die ersten Schüsse gehört, raste sie entsetzt aus dem kleinen Bungalow in den Garten. Ihre gellenden Schreie zerrissen die Luft. ›Mummy, o mein Gott, Mummy!‹ Die beiden Frauen, die Inderin und die Italienerin, hatten einander sehr geliebt.

Die Sicherheitsbeamten trugen, geführt von R. K. Dhavan, den zerfetzten Körper der Premierministerin, deren orangefarbener Sari vollgesogen von Blut war, zu dem kleinen weißen ›Ambassador‹, dem indischen Wagen, den Indira während ihrer ganzen Amtszeit benutzte. Sonia bettete den Kopf der Schwiegermutter in ihrem Schoß. In rasendem Tempo ging es zum Hospital, zum ›All-India Institute of Medical Sciences‹. Im achten Stock war der Operationssaal bereits vorbereitet. Zwölf Ärzte versuchten, ein Wunder zu vollbringen, die leblose Indira wieder zum Leben zu erwecken. Bluttransfusionen, künstliche Lunge und ununterbrochene Herzmassagen nützten nichts mehr. Um 13.45 Uhr veröffentlichte die indische Presseagentur die Nachricht, die nicht nur tiefe Trauer, sondern auch ein furchtbares Blutbad auslösen sollte: ›Indira Gandhi ist tot.‹«

Gisela Bonn berichtet anschließend, wie Indiras Sohn Rajiv von einer Wahlreise nach Delhi zurückkehrte, zum Nachfolger seiner Mutter bestimmt und als neuer Ministerpräsident vereidigt wurde. Sie schildert die Rede, die er über das indische Fernsehen, »sichtlich gealtert«, an das indische Volk hielt, wie er seine Landsleute ermahnte, »keine Rache zu nehmen« und Ruhe und Ordnung zu bewahren. Wörtlich sagte Rajiv: »Nichts würde die Seele unserer geliebten Indira Gandhi mehr verletzen als der Ausbruch von Gewalttätigkeiten.« Und dann zeigt Gisela Bonn, was an kaum Faßbarem wirklich geschah:

»Während Gandhi sprach, herrschte bereits das Chaos. Vom Schmerz um Indira und von der Wut über ihre Ermordung überwältigt, begannen Tausende von Hindus eine blutige Rache an den Sikhs zu nehmen. Die erbarmungslosen Rächer töteten unschuldige Männer, Frauen und Kinder, zündeten in vielen Bezirken der Hauptstadt die Häuser der Sikhs an und verbrannten deren Geschäfte. Die Amokläufer wurden unterstützt oder überspielt von einem grausamen Mob, der sich aus den Slums aufgemacht hatte, um seinen Anteil am blutwütigen Rachefeldzug drastisch zu demonstrieren. Über Neu-Delhi loderten die Flammen, standen schwarzgraue Rauchsäulen. Aus anderen Städten wurden ähnliche Schrekken gemeldet. Die Fanatiker tobten sich in jenem unberechenbaren religiösen Haß aus, den Indira um der Einheit Indiens willen überwinden wollte.«

Mahnende Bilanzen

Der 1889 in Rußland geborene spätere Direktor der Soziologischen Abteilung an der Harvard-Universität, Prof. Dr. Pitrim Aleksandrovich Sorokin, hat in seinem Buch »Die Krise unserer Zeit« 1941 eine Liste der Höhe der Verluste in den Kriegen vom 12. bis zum 20. Jahrhundert (bis 1925) aufgestellt. In ihr sind allerdings die Verluste im Zweiten Weltkrieg noch nicht erfaßt. Auch die Perspektiven der atomaren Vernichtungswaffen wurden von ihm nicht berücksichtigt. Trotzdem sind seine Bilanzzahlen mit ihrer Steigerung bereits eine kaum für möglich gehaltene Mahnung.

Die Kriegsverluste betrugen in Europa auf je eine Million Einwohner nach Sorokin:

Im 12. Jahrhundert	2–2,9 Tsd.
Im 13. Jahrhundert	3–5 Tsd.
Im 14. Jahrhundert	6–9 Tsd.
Im 15. Jahrhundert	8–11 Tsd.
Im 16. Jahrhundert	14–16 Tsd.
Im 17. Jahrhundert	45 Tsd.
Im 18. Jahrhundert	40 Tsd.
Im 19. Jahrhundert	17 Tsd.
Im 20. Jahrhundert (bis 1925)	52 Tsd.

Sorokin, den man einen »Anti-Spengler« genannt hat, machte auch 1937 in seinem Hauptwerk »Social and Cultural Dynamics« eine Vorhersage über die kommende Entwicklung des Abendlandes: »Nach meiner These geht eine der wichtigsten Phasen in der Geschichte des Abendlandes, nämlich die säkulare, jetzt zu Ende, und wir wenden uns ihrem Gegenstück, einer theokratischen Epoche, zu. Eine solche Übergangsperiode ist stets unruhig, grausam, blutig und schmerzhaft. Viele große Werte werden in einer derartigen Krisenperiode weggeworfen und niedergetrampelt. Aber ›Krise‹ bedeutet nicht Verfall und Tod, sondern nur eine scharfe und schmerzliche Wendung im Lebensfortschritt einer Gesellschaft.«

Wie schmerzlich dieser »Lebensfortschritt« wirklich war, mögen die Bilanzen des Schreckens zeigen, die über die Menschenverluste im Ersten und Zweiten Weltkrieg veröffentlicht wurden. (Die Veröffentlichung erfolgte 1986 als »Zahlenmaterial der Deutschen Dienststelle in Berlin der früheren Wehrmachts-Auskunft-Stelle ›WAST‹«):

Erster Weltkrieg

Gefallene deutsche Soldaten	1937000
Vermißte deutsche Soldaten	100000
Gefallene und vermißte Soldaten der übrigen Welt	7200000
Zivilbevölkerung der Welt	500000
Menschenverluste im Ersten Weltkrieg gesamt	9737000

Zweiter Weltkrieg

Gefallene deutsche Soldaten (einschließlich Österreicher)	3100000
Vermißte deutsche Soldaten (einschließlich Österreicher)	1200000
Deutsche Zivilbevölkerung	500000
Durch Vertreibung und Verschleppung starben	2251500
Zivilbevölkerung in Österreich	24300
Deutsche, durch politische, rassische u. religiöse Verfolgung getötet	300000
Deutsche Verluste insgesamt	7375800

Verluste in der Welt

Wehrmacht Italiens	313000
Zivilbevölkerung Italiens	165700
Wehrmacht der westlichen Alliierten (ohne USA)	610000
Zivilbevölkerung der westlichen Alliierten	690000
Wehrmacht der ost- u. südeuropäischen Länder (ohne UdSSR)	1000000

ABB. 5: *Der amerikanische Soldatenfriedhof Arlington bei Washington, einer von vielen in der Welt.* QUELLE: *Ullstein – B. Preker*

Zivilbevölkerung der ost- und westeuropäischen Länder (ohne UdSSR)	8010000
Sowjetische Wehrmacht	13600000
Zivilbevölkerung der Sowjetunion	6700000
Wehrmacht der Vereinigten Staaten	229000
Wehrmacht der übrigen Welt, insbesondere Ostasiens	7600000
Vermißte des Zweiten Weltkrieges, soweit als verstorben anzusehen	3000000
Menschenverluste im Zweiten Weltkrieg insgesamt	55293500
Kriegsbeschädigte des Ersten Weltkrieges	21100000
Kriegsbeschädigte des Zweiten Weltkrieges	35000000

Über 120 Millionen Menschen bezahlten die beiden großen Kriege unseres Jahrhunderts mit Leben oder Gesundheit.

Nicht vergessen werden darf die von Martin Gilbert in seinem Buch »Endlos« im Rowohlt-Verlag 1982 veröffentlichte Liste der ermordeten Juden:

Polen	3000000	Karpaten-Ukraine	60000
Sowjetunion	1000000	Rumänien	40000
Tschechoslowakei	217000	Belgien	24387
Bessarabien	200000	Memelland	8000
Ungarn	200000	Italien	8000
Deutschland	160000	Makedonien	7122
Litauen	135000	Thrazien	4221
Bukowina	124632	Rhodos	1700
Holland	106000	Estland	1000
Nord-Transsil.	105000	Danzig	1000
Frankreich	83000	Norwegen	728
Lettland	80000	Luxemburg	700
Österreich	65000	Libyen	562
Griechenland	65000	Kreta	260
Jugoslawien	60000	Tote insgesamt	5758312

Ergänzen müßte man die Zahl der Menschenverluste in Kriegen und Aufständen nach 1945. Es ist bemerkenswert, aber leider auch wahr, daß es über diese Verluste in unserem Jahrhundert keine dokumentarisch belegbaren Zahlen zu geben scheint. Bekanntgegeben wurde zum Beispiel in dem Hermes Handlexikon »Bewaffnete Konflikte seit 1945« (1983 im Econ-Taschenbuch-Verlag erschienen), daß von Afghanistan bis Zypern 36 Staaten von Kriegen und Konflikten betroffen waren. Auch fehlt in ihm nicht der Hinweis, daß zur Zeit des Erscheinens »etwa 45 Staaten der Erde an bewaffneten Konflikten beteiligt waren, in denen etwa 4 Millionen Soldaten kämpfen und 5 Millionen Menschen bei den Kämpfen ums Lebens gekommen sind«. Es wurden aber auch in anderem Zusammenhang Zahlen von 20 Millionen Toten, allein 4 Millionen in Afrika, genannt.

Dies alles sind mahnende Bilanzen, denen nur wenige Historiker positive Aspekte für den kommenden Gang der Weltgeschichte entgegensetzen. Unter ihnen muß der Engländer Arnold J. Toynbee genannt werden, der die Annahme vertritt, daß die Mächtigen den Massenselbstmord durch einen atomaren Dritten Weltkrieg verhindern dürften. Er hofft auf die Bildung eines Weltstaates und erklärte: »Statt sich der Massenvernichtung durch das Wagnis eines Atomkrieges oder durch Verseuchung der Erde, Luft und Wasser, durch die giftigen Rückstände von Atomen für friedliche Zwecke auszusetzen, werden die Nationen eher noch die souveräne Kontrolle über die Atomenergie von ihren eigenen lokalen Regierungen auf eine neue und neuartige Weltbehörde übertragen.«

Prof. Helmut Swoboda, Gründungsmitglied der österreichischen Gesellschaft für langfristige Entwicklungsforschung, tritt in seinem Knaur Taschenbuch »Propheten und Prognosen« der Erwartung Toynbees, daß die Menschheit Vernunft annehmen würde, mit den Worten entgegen: »Ein eventueller Dritter Weltkrieg wird ja nicht von ›der Menschheit‹ ausgelöst, sondern von einigen wenigen Einzelpersonen, die vielleicht krankhafter Ehrgeiz treibt oder politischer Fanatismus – ganz zu schweigen von der keineswegs völlig ausgeschlossenen Möglichkeit des totalen Zufallskriegs durch technische Versehen.«

Die Überwindung von Feindbildern

Entscheidend dafür, daß die »Mahnenden Bilanzen« der Toten in Kriegen, Terrorzeiten und ideoligisierten Auseinandersetzungen uns zum Mahnzeichen werden und Kriege aus der Geschichte unserer Welt eliminiert werden, ist die Überwindung der Feindbilder. Dieser Aufgabe war 1987 in Salzburg ein Symposium gewidmet, auf dem Prof. Horst-Eberhard Richter, der bekannte Psychoanalytiker und international beachtete Autor zahlreicher Bücher, unter anderem die Fragen stellte: »Wie können wir umzudenken lernen? Wie kann, wer immer nur in den Kategorien von teuflischem Bedrohtwerden zu denken gewohnt ist, eine alternative Welt- und Lebensanschauung erlernen?« Und er nannte als »Prinzipien eines neuen Denkens«:

1. Ungeachtet der Systemgegensätze sind die Völker zur Rettung des Friedens und der Umwelt aufeinander angewiesen und müssen sich als Weltgemeinschaft begreifen.
2. Psychologische Voraussetzungen dafür sind die Vermenschlichung des politischen Gegners bei gleichzeitiger Preisgabe einseitiger Selbstidealisierung.
3. Das Schicksal der wichtigsten Aufgabe der Gegenwart – nämlich der Sicherung des Friedens – darf nicht in die Hände ausschließlich der Politiker gelegt werden ... Wichtig ist die aktive Teilhabe der diversen gesellschaftlichen Gruppen ... der Naturwissenschaftler, der Ärzte, der Vertreter der Kirchen, der Schriftsteller, der Künstler ... besonders der Frauen und Kinder.

Horst-Eberhard Richter zitierte als Kronzeugen für einen »tiefernsten Appell« Edward Thompson, den führenden Kopf der britischen Friedensbewegung, der die Forderung noch schärfer formuliert hat: »Die Staaten und ihre Verantwortlichen spielen zwar eine wichtige Rolle, doch die Völker und deren soziale Bewegungen müssen ihnen vorausgehen!«

Helmut Schmidt, der frühere deutsche Bundeskanzler, erklärte im April 1987: »Der Frieden wird nicht ein für allemal hergestellt, er muß vielmehr immer wieder neu gestiftet werden ... wer von Feindbildern ausgeht, der kann den Frieden nicht stiften.«

II
Kultur und Gesellschaft

Die unglaublich geringe Akzeptanz bedeutender Dichtung

Bereits Karl Marx und Friedrich Engels sowie vor ihnen Leibniz, Klopstock und Lessing, selbst Schopenhauer hatten Schwierigkeiten, ihre Werke von Verlagen herausbringen zu lassen. Leibniz wollte 1716 eine »Societas subscriptoris« – einen Selbstverlag der Autoren – gründen, Klopstock tat dies für seine »Gelehrtenrepublik«, was nach Goethes Worten »eine mißlungene Unternehmung« war, Lessing tat es für sein Hauptwerk, die »Hamburger Dramaturgie«, und erlitt materiellen Schiffbruch, so daß Schopenhauer seine »Vermischten philosophischen Schriften« nicht in einem Selbstverlag – was ihm sein Verleger Brockhaus riet – herausbrachte, sondern das Manuskript liegenließ, »bis es zum posthumum geworden« war, »wo alsdann die Verleger sich darum reißen würden«, wie Hans Widmann in seinem Buch »Der deutsche Buchhandel in Urkunden und Quellen« 1965 feststellte. Karl Marx und Friedrich Engels konnten für die Drucklegung der »Deutschen Ideologie« keinen Verlag finden. Das Manuskript gelangte erst 1932 zum Druck.

Nach Erfindung der Buchdruckerkunst erschienen die ersten gedruckten Bücher in Auflagen von 150 bis 200 Exemplaren. Das »Börsenblatt für den Deutschen Buchhandel« erinnerte 1971 daran, daß es über 2000 Jahre gedauert hat, bis die Gedanken Platons »geistiger Besitz der Menschheit wurden«.

Obwohl Siegfried Unseld mit Recht in seinem Buch »Der Autor und sein Verleger« vermerkte: »Das Buch wird mit Sicherheit noch über Jahrzehnte hinweg seinen festen Platz in unserer Welt haben«, mußte auch er in zahlreichen Beispielen feststellen, wie unglaublich gering die Akzeptanz bedeutender Werke noch in unserem Jahrhundert war und ist.

Die ersten Werke von Joyce und Kafka

So hatte James Joyce – wie T. S. Eliot erklärte – »eines der größten Werke aller europäischer Literaturen«, den »Ulysses«, im November 1905 dem Verleger Grant Richards geschickt, der es zur Drucklegung annahm, aber nicht an den Erfolg glaubte. Das Buch erschien erst 1914 und wurde in diesem Jahr nur in 499 Exemplaren verkauft. Im Februar 1922 erschien nach siebenjähriger Editionsarbeit der »Ulysses« neu. Joyce hatte »manche Episode bis zu neunmal neu geschrieben«. Das Buch wurde von der Öffentlichkeit nicht beachtet, allerdings wurden in Washington und Southampton je 500 Exemplare des Werkes wegen »Obszönität« beschlagnahmt.

Von Franz Kafka erschien im November 1912 sein erstes Buch »Betrachtungen« in einer Auflage von 800 Exemplaren, von denen mit der Verlagsangabe Ernst-Rowohlt-Verlag, Leipzig, nur 300 Exemplare verkauft wurden. Der Rest wurde, da Rowohlt aus dem Verlag ausgeschieden war, 1915 mit dem Verlagsimpressum Kurt-Verlag versehen. Doch dauerte es bis 1924, bis der Rest der Auflage von 800 Exemplaren verkauft werden konnte.

Was Hermann Hesse erlebte

Nicht vergessen sei, daß Hermann Hesses erster Gedichtband »Romantische Lieder« 1899 in einem Dresdner Kommissionsverlag in 600 Exemplaren erschien, wobei Hesse sich mit 175 Mark an den Druckkosten beteiligte und im ersten Jahr nach Erscheinen nur 54 Exemplare verkauft wurden. Sein Honorar betrug 35,10 Mark. Sein zweites Buch »Eine Stunde hinter Mitternacht« erschien 1899 – auf Empfehlung der Frau von Eugen Diederichs – im Leipziger Diederichs-Verlag. Eugen Diederichs schrieb dem Autor: »Daß ich sechshundert (Exemplare) absetze, darauf rechne auch ich nicht, aber ich hoffe, daß es schon durch die Ausstattung allein auffallen wird und der unbekannte Name des Autors dadurch paralysiert wird.« Verkauft wurden im ersten Jahr nur 53 Exemplare, obwohl Rainer Maria Rilke in einer Rezension schrieb: »Die Worte sind wie

ABB. 6: *Hermann Hesse (1877–1962). Seine ersten Bücher erwiesen sich als Ladenhüter.* QUELLE: *Archiv f. Kunst u. Gesch.*

aus Metall gemacht und lesen sich langsam und schwer ... An seinen besten Stellen ist es notwendig und eigenartig ... Seine Liebe ist groß und alle Gefühle darin sind fromm ...« Hesse rezensierte Bücher des Diederichs-Verlages, »um ihm den Verlust zu verringern, den mein armes Buch ihm macht«. Es war erst »nach Jahren« vergriffen. Hesse verbot eine Neuauflage, die erst 1941 »als Dokument« in Zürich erschien.

1900 ließ Hesse ein Manuskript »Notturni« zwanzigmal abschreiben und verkaufte die Handschriften zum Preis von 20 Franken an Freunde. Im Verlag R. Reich in Basel veröffentlichte er Ende 1900 ein nicht im Buchhandel erhältliches, in geringer Auflage gedrucktes Werk »Hinterlassene Schriften und Gedichte von Hermann Lauscher, herausgegeben von Hermann Hesse«, bei dem sich der Verfasser hinter dem Namen Lauscher verbarg. Es war ein auf Basel zugeschnittenes Buch, von dem Hesse schrieb, daß seine »Dichtung der Spekulation des Handels und dem Geschwätz der Presse entzogen« war, das nur von Freunden und Wohlgesinnten gelesen werden sollte. Paul Ilg, ein Schweizer Heimatdichter, der mit Verleger Samuel Fischer keinerlei Verbindung hatte, schickte das Werk an Fischer, das diesen so beeindruckte, daß er Hesse schrieb: »Es würde uns freuen, wenn Sie uns neuere Arbeiten von Ihnen mitteilen wollten.«

Diese von Hesse kaum geplante Verbindung und der Instinkt von Fischer, oder seines Lektors Heimann, sollten zu einer entscheidenden Wende im Leben Hesses führen. Denn Hesse schickte am 9. Mai 1903 seine »kleine Prosadichtung« »Peter Camenzind« an Fischer, der ihm bereits am 18. Mai – also wenige Tage nach Erhalt des Manuskripts – u.a. schrieb: »Ich möchte Ihnen noch rechtzeitig zum Pfingstfest meinen herzlichen Dank für das wundervolle Werk senden ... Ich beglückwünsche Sie zu diesem ersten Buch, es wird mir eine Freude sein, es in meinem Verlag bringen zu dürfen.« Obwohl S. Fischer von »Peter Camenzind« »auch nicht gleich einen buchhändlerischen Erfolg« erwartete, schickte er Hesse am 9. Juni einen Vertrag, der 20 Prozent vom Ladenpreis des verkauften broschierten Exemplars vorsah. Die erste Auflage betrug 1 000 Exemplare. Hesse räumte dem S.-Fischer-Verlag ein Vorkaufsrecht »auf die Buchausgabe seiner in den nächsten fünf Jahren entstehenden Werke« ein.

Als Verleger der »Neuen Rundschau« wollte Fischer den Roman in einer um ein Fünftel gekürzten Fassung den Lesern der Zeitschrift zur Kenntnis bringen. Hesse war damit einverstanden. Er erhielt für den in drei Heften von September bis November 1903 erschienenen Vorabdruck 487,50 Mark. Am 15. Februar 1904 erschien schließlich das Buch »Peter Camenzind« und wurde »wider des Verlegers Erwarten« ein beachtlicher Erfolg. 1906 waren bereits 36 000 Exemplare gedruckt und 1909 sogar 50 000.

Hugo Ball, Hesses Biograph, urteilte über den Erfolg, Hesse »stand jetzt dort, wo er hingehörte: auf dem Forum weithin vernehmbar«. Und Unseld schreibt: »Dieses starke Bewußtsein einer Führung und Würde war es vielleicht gerade, was für Hesse zur Bedingung eines stetigen Sicherschließens wurde. Es ist sehr möglich, daß nur dieser Verlag dem Dichter jenes Gefühl von Sinn in seinem Tun und jenen Zustrom von Erwartung bieten konnte, ohne die Hesses Werk, wie wir es heute kennen, vielleicht nicht vorhanden wäre.«

Von 1906 bis 1908 erschienen Hesses drei Werke »Unterm Rad«, »Diesseits« und »Nachbarn« im S.-Fischer-Verlag. Und es trat das ein, was Fischer in einem Brief an Hesse bereits 1904 nach dem Erfolg des »Camenzind« vermutet hatte: daß ihm »von allen Seiten Anerbietungen gemacht werden, auch daß eine gewisse Art von Verlegern, die ihren verlegerischen Beruf ausschließlich darin sehen, erfolgreiche Autoren mit verlockenden Anerbietungen heimzusuchen, Ihnen das Haus einlaufen und daß Sie auf diese Weise von außen in eine Unruhe versetzt werden, die ebenso aufregend wie gefährlich werden könnte«. In der Tat bewarben sich Albert Langen und Georg Müller um Hesse, der unabhängig bleiben wollte und bei S. Fischer am 1. Februar 1908 durchsetzte, was keinem Autor bisher gelungen war: daß der Autor in einem Nachtrag zum Autorenvertrag sich zwar verpflichtete, drei seiner nächsten Werke S. Fischer zu übertragen, aber ein viertes bei Albert Langen verlegen konnte.

Hesse setzte auch durch, daß Fischer ihm für die eingeräumten Optionsrechte für drei Jahre monatlich 150 Mark zahlte, die auf das Honorar seiner Bücher nicht angerechnet wurden. Am 31. März 1912 verpflichtete sich Hesse in einem zweiten Nachtrag zum Autorenvertrag, die in den nächsten sechs Jahren entstehenden Werke dem S.-Fischer-Verlag zu übertragen. Er erhielt hierfür einen nicht anrechenbaren Betrag von 9000 Mark, der in vierteljährlichen Raten von 375 Mark zu zahlen war.

Hesse blieb dem S.-Fischer-Verlag, auch als dieser von Peter Suhrkamp übernommen wurde, treu. Nur das »Glasperlenspiel« mußte 1943 in Zürich erscheinen, weil die NS-Behörden sowohl die Veröffentlichungsgenehmigung ablehnten wie die Überweisung von Honoraren in die Schweiz. Peter Suhrkamp gab dem Autor die Auslandsrechte zurück, weil er sie von Deutschland aus nicht mehr wahrnehmen konnte. Nach dem Zweiten Weltkrieg gründete Peter Suhrkamp seinen Verlag neu, und Hesse hielt ihm nicht nur die Treue, sondern stundete ihm sogar die Honorare, was Suhrkamp den Aufbau seines Verlags ermöglichte. Es wurde ein bemerkenswerter Verlag, über den Theodor W. Adorno, als Peter Suhrkamp starb, schrieb: »Peter Suhrkamps Leistung war paradox: Unverkäufliches verkaufen, dem den Erfolg finden, der ihn nicht sucht, das Fremde ins Nahe wenden ... Kompromißlos steuerte er hindurch zwischen dem über die ganze Welt sich ausbreitenden Typus des Massenverlags, der das eigene Interesse hinter der Nachfrage des Konsumenten verschanzt ... (er) hat bewiesen, daß heute noch die Spontaneität eines einzelnen gesellschaftlich Unmögliches ermöglichen kann.«

Am 9. August 1962 starb Hermann Hesse als einer der erfolgreichsten Dichter/Schriftsteller der westlichen Welt.

Mit Bertolt Brecht hatten es die Verleger nicht leicht

Brechts erstes Stück »Baal«, das von 1918 bis 1955 in fünf Fassungen geschaffen wurde, übergab Brecht in seiner zweiten Fassung 1919 dem Musarion-Verlag in München, der es umgehend zurückschickte. Auch Lion Feuchtwanger, der es dem Drei-Masken-Verlag, München, anbot, erlebte eine kurzfristige Absage. Der Georg-Müller-Verlag erhielt dann eine wesentlich gekürzte Fassung, die er annahm und in Satz gab. Doch auch dieser Verlag, der in ein gerichtliches Verfahren verwickelt wurde, trat vom Vertrag zurück und »stellte dem Autor den Satz unentgeltlich zur Verfügung«. Die Versuche eines anderen Jugendfreundes von Brecht blieben auch ohne Erfolg. Obwohl der Satz vorhanden war und das Papier von der elterlichen Papierfabrik kostenlos zur Verfügung gestellt wurde, fand sich kein Verleger für das Werk.

Im Sommer 1919 wollte Brecht unter dem Titel »Meine Achillesverse« bei Lampert & Co. erotische, pornographische Gedichte als Privatdruck herausbringen. Der erste Druckbogen wurde gesetzt, dann nicht weiter gearbeitet, der Satz wurde vernichtet, und das Originalmanuskript blieb verschollen. Doch sind später die »Achillesverse« unter dem Titel »Augsburger Sonette« erschienen. Die Fahnenabzüge des ersten Druckbogens befinden sich im Brecht-Archiv und werden als Kostbarkeiten gehütet.

Die »Apfelböck«-Ballade, eine »Musikalie«, die 1921 erscheinen sollte, »wurde noch vor der Auslieferung beschlagnahmt und eingestampft«. Mehr ist mir über das Werk nicht bekannt geworden.

Die Wende für Brecht trat ein, als er 1921 dem Gustav-Kiepenheuer-Verlag in Potsdam das Korrekturexemplar eines Theaterstükkes und das Manuskript von Balladen und Gedichten schickte. Die Sendung des »völlig unbekannten Autors« kam in die Hände des 25jährigen Lektors Hermann Kasack, der später »Autor, Freund und Verlagsmitarbeiter von Peter Suhrkamp« wurde und von der Sendung so fasziniert war, »daß er sofort zu Loerke fuhr«. Es war das vorläufige Manuskript der »Hauspostille«. Kasack setzte bei dem Verleger Gustav Kiepenheuer die Drucklegung der später berühmten Erstausgaben des »Baal« durch: »die erste in einer limitierten Auflage von 800 Exemplaren, die zweite mit einer Zeichnung des nicht genannten Caspar Neher auf dem Umschlag als reguläre Buchausgabe«. Brecht erhielt von Kiepenheuer einen mehrjährigen Vertrag »auf der Basis einer monatlichen Rente, die dann am Ende des Jahres verrechnet wurde«. Obwohl in beiden Ausgaben des »Baal« vom selben Verfasser »Die Hauspostille« angekündigt wurde, erschien 1925 nur »im Auftrag des Verfassers« ein einmaliger, unverkäuflicher Privatdruck unter dem Titel »Bertolt Brechts Taschenpostille« von 25 Exemplaren. 1926 erschien dann doch »Die Hauspostille« im Berliner Propyläen-Verlag. Der Grund des Verlagswechsels

ABB. 7: *Bertolt Brecht (1898–1956), lange Zeit ein Problemfall für seine Verleger.* QUELLE: *Bildarchiv Preuß. Kulturbesitz*

bestand in der Tatsache, daß Kiepenheuer Geld brauchte und die neuen Geldgeber offenbar reaktionär waren und »die Legende vom toten Soldaten« ablehnten. Brecht kündigte den Verlagsvertrag und erhielt die Rechte an den Werken »Baal«, »Leben Eduards des Zweiten« und »Bertolt Brechts Taschenpostille« zurück.

Die beiden Verlage teilten sich bis 1933 in die Veröffentlichung von Brechts Werken. Bei Kiepenheuer erschienen seine »Versuche«, und zwar 1932 das Heft 6 mit 25 Zeichnungen von George Grosz und 1933 das Heft 7 mit dem Beitrag »Mutter«. »Heft 8 gelangte danach über die Korrekturfahnen nicht hinaus.« Im Propyläen-Verlag erschienen die Stücke »Trommeln in der Nacht«, »Im Dickicht der Städte« und »Mann ist Mann«. Dann erschienen die Werke Brechts im Exil, und zwar in Paris, London, Moskau und New York.

1938 gab der von Wieland Herzfelde in London gegründete Publishing Company Malik Verlag die beiden ersten Bände einer auf vier Bände angelegten Gesamtausgabe Brechts in einer Auflage von 2000 Exemplaren heraus. Band 1 enthielt die »Dreigroschenoper«, »Mahagonny«, »Mann ist Mann« und »Die heilige Johanna der Schlachthöfe«; Band 2 umfaßte: »Rundköpfe und Spitzköpfe«, »Die Mutter«, »Der Jasager und Der Neinsager«, »Die Ausnahme und die Regel«, »Die Horatier und die Kuratier«, »Die Maßnahme« und »Die Gewehre der Frau Carrar«. Der Druck erfolgte in Prag, wo Herzfelde lebte. Der Verleger hatte es nicht leicht mit Brecht. Er mußte ihn überzeugen, daß die Ausgabe, nicht wie der Autor wollte, »Versuche« hieß, sondern »Gesamtausgabe« und daß sie nicht in Kleinschreibung gedruckt werden konnte, weil der Verleger überzeugt war, daß Kleinschreibung den Leser von literarischer Produktion fernhalten würde. Der dritte Band wurde mit folgenden Titeln in Band 2 angekündigt: »Deutschland, ein Greuelmärchen«, »Baal«, »Leben König Eduard des Zweiten von England«, »Im Dickicht der Städte« und »Trommeln in der Nacht«. In Band 4 sollten erscheinen: »Die Hauspostille«, »Die drei Soldaten«, Aus dem »Lesebuch für Städtebewohner«, »Lieder, Gedichte, Chöre 1933« und schließlich »Gedichte im Exil«.

Die Bände 3 und 4 sollen, laut Herzfelde, »teilweise schon ausgedruckt« gewesen sein. Sie fielen »den in das Sudetengebiet einmarschierenden Truppen Hitlers in die Hände«. Die Fahnenabzüge wurden von Brecht gerettet und befinden sich im Brecht-Archiv. Herzfelde verkaufte seine Bibliothek und die Restbestände der 1938 erschienenen ersten beiden Bände der »Gesamtausgabe«. Er finanzierte damit seine und seiner Familie Überfahrt nach New York. 1943 gründete er den Aurora-Verlag, New York, einen Selbstverlag der Autoren, zu dem als Besitzer außer Brecht auch Ernst Bloch, Alfred Döblin, Lion Feuchtwanger und Heinrich Mann gehörten. Der Verlag brachte Brechts »Furcht und Elend des Dritten Reiches« neben elf anderen Werken heraus, mußte angeblich 1948 liquidiert werden, um, wie Herzfelde schrieb, ihm das Geld für die Rückreise zu beschaffen. In einer Quellenanmerkung stellt Siegfried Unseld fest: »So ganz kann das nicht stimmen. Im ›Malik-Katalog‹ zeigt der Aufbau-Verlag eine ›Aurora-Bücherei des Aufbau-Verlages‹ an. Herausgeber waren dieselben Autoren wie in New York, also auch Brecht. Herzfelde wird nicht erwähnt. Im Text heißt es: ›. . . Der Aufbau-Verlag Berlin hat die Rechte an sämtlichen Erscheinungen des New Yorker Verlags erworben und gibt sie als Aurora-Bücherei heraus.‹« Wieland Herzfelde kann seine verlegerische Tätigkeit nicht ganz aufgegeben haben, denn Brecht schrieb Suhrkamp, er stehe bei W. H. im Wort wegen der Gesamtausgabe. 1951 erschienen im Aufbau-Verlag Brechts »Hundert Gedichte«. Man weiß, daß Herzfelde mit Brecht die Auswahl getroffen hat und das von ihm gezeichnete Nachwort schrieb. Als Auswählender oder Herausgeber wird er jedoch nicht genannt.

Im Oktober 1945 nahm Brecht den Kontakt zu Suhrkamp wieder auf, der ihm als erster aus Deutschland wieder geschrieben und dessen Wohnung er einen Tag nach dem Reichstagsbrand verlassen hatte, um seine Flucht per Bahn, bei der ihn Suhrkamp begleitete, anzutreten.

Es gab weitere Probleme und Schwierigkeiten. Brecht bat Suhrkamp, »keine größere Arbeit . . . alt oder neu aufzuführen«, ohne daß er dazu Stellung nehmen kann, denn »alles braucht Änderung«. Hinzu kam, daß alte Verleger Rechte geltend machten, die Brecht nicht anerkannte. Suhrkamp bat Brecht, daß er »die intellektuelle Kontrolle« über die Aufführungen übertragen erhält, auf die Honorare wollte er verzichten. Jedenfalls gab es für die »Dreigroschenoper« einen alten Vertrag mit Felix Bloch Erben, mit dem Reiss-Verlag für »Mutter Courage«, die dieser seiner deutschen Vertretung, dem Zinnen-Verlag Kurt Desch in München, übertragen hatte, wozu auch noch die Werke »Galilei« und »Der Gute Mensch von Sezuan« gehörten. Schließlich meldete sich auch der Aufbau-Verlag in Ost-Berlin, der »die Produktion des früheren Malik-Verlages, jetzigen Aurora-Verlages, New York, als eine Abteilung bei sich aufgenommen hat und damit auch das Verlagsrecht für Ihre Werke in Deutschland«. Doch erfolgte eine Rechteeinigung in einem Brief Brechts vom 21. Mai 1950 aus Berlin. In ihm schrieb der Autor: »Lieber Suhrkamp, natürlich möchte ich unter allen Umständen in dem Verlag sein, den Sie leiten.«

Bertolt Brecht starb am 14. August 1956. Er erlebte die Gesamtausgabe seiner Werke nicht mehr, einer Gesamtausgabe, die »eine möglichst vollständige Vorlage eines Ganzen sein sollte«. Suhrkamp schrieb den treffenden Satz nach Brechts Tod: »Von der internationalen Kritik wird Brecht durchweg als der bedeutendste zeitgenössische Dramatiker bezeichnet.« Der beachtlichen Akzeptanz seiner Werke – nach dem schweren Start – seien einige Zahlen aus den sechziger und siebziger Jahren hinzugefügt: Die »Gesammelten Werke« von 1967 erzielten in den ersten drei Jahren eine Auflage von 100000 Exemplaren, 1977 waren es bereits 132000. »Mutter Courage« erreichte in der Edition Suhrkamp bis 1978 eine Auflage von 1,37 Millionen Exemplaren. Brechts Werke fanden unzählige Nachdrucke in Schulbüchern, in manchen Jahren war er der meistgespielte Dramatiker unserer Zeit. In seiner Brecht-Biographie stellte Gerhard Seidel 1975 fest, daß die internationale Brecht-Literatur »selbst von Spezialisten nicht mehr zu überschauen« ist. Brecht wird zu Recht – was Max Frisch bereits 1955 schrieb – als Klassiker bezeichnet. Und Unseld schrieb dazu: »Das Klassische in Brecht zu sehen heißt nicht, ihn in ein Museum zu stellen, sondern ihn in seiner Entwicklung und seiner Wirkung zu begreifen.«

Rainer Maria Rilkes Beziehung zu seinem Verlag

Rilkes erstes Gedicht »Die Schleppe ist nun Mode« erschien am 10. September 1891 in der Wiener Zeitschrift »Das Interessante Blatt«. Der Dichter war damals 15 Jahre alt und schrieb seiner Mutter stolz, er sei nun »ganz Literat«. Er schrieb weiter Gedichte, Erzählungen und die dramatischen Szenen »Der Thurm«. Aus den Jahren 1891/92 sind 14 der frühesten Erzählungen erhalten. Weder die Gedichte noch die Erzählungen wurden publiziert. Dem Verlag J. G. Cotta in Stuttgart bot Rilke im Januar 1893 das Gedichtbuch »Leben und Lieder« an. Cotta lehnte die Herausgabe ab. Das Buch bestand aus 130 Briefen und Briefgedichten, die leider bis heute verschollen geblieben sind.

Gewidmet war das Gedichtbuch Valerie von David-Rhonfeld. Durch ihre Mutter, die Schwester des tschechischen Dichters Julius Zeyer, lernte Rilke die neuen Zeitschriften »Das deutsche Dichterheim, Wien« und »Jung Deutschlands Musen-Almanach« kennen. In dem Almanach, der von dem G. L. Kattentidtverlag in Straßburg herausgegeben wird, erschien Rilkes Gedichtfolge »Lautenlieder 1–6«. Im gleichen Verlag kam sein »erstes selbständig gedrucktes Werk« mit dem Titel »Leben und Lieder« und dem Untertitel »Bilder und Tagebuchblätter« von René Maria Rilke heraus, für das vermutet wird, daß der Autor zur Drucklegung Zahlungen geleistet hat. Dieses Werk wurde niemals nachgedruckt, auch nicht in seinen sechsbändigen »Gesammelten Werken«. Es gibt nur noch sieben Exemplare, und Unseld vermutet, daß die Auflage eingestampft worden ist.

Im Prager Verlag H. Dominicus erschien 1895, als Rilke 20 Jahre alt wurde, der Gedichtband »Larenopfer«. In ihm wurden auf Anzeigenseiten der Band »Leben und Lieder« genannt sowie ein drittes Werk Rilkes »Wegwarten«: »Lieder, dem Volke geschenkt von René Maria Rilke. Frei. Erscheint ein- bis zweimal jährlich. Selbstverlag des Verfassers, Prag«. Diese Publikation war ein Heft, das der Autor an Krankenhäuser, Volks- und Handwerkervereine verschenkte. Im Jahre 1896 sind im Januar, April und Oktober drei Hefte erschienen. Im gleichen Jahr übernahm Rilke die Redaktion der Zeitschrift »Jung

Deutschland und Jung Österreich«, die aus »Mangel an Abonnenten« bald ihr Erscheinen einstellte.

Von 1897 bis 1902 erschienen in verschiedenen Verlagen drei Gedichtbände, ein Novellen- und Skizzenband und ein Drama in zwei Akten, über die außer den Titeln und den Verlagen keine Einzelheiten bekannt sind. Bedeutsam für Rilke wurde eine Verbindung zum Axel-Juncker-Verlag in Berlin, bei dem er die Werke »Die Letzten« und das »Buch der Bilder« herausgab und bei dem schließlich 1906 das bereits 1899 verfaßte und 1904 in der Zeitschrift »Deutsche Arbeit, Prag« als Vorabdruck erschienene Werk »Die Weise von Liebe und Tod des Cornets Christoph Rilke« von Rainer Maria Rilke herausgebracht wurde.

Der Berliner Verleger Julius Bard hatte 1903 von Rilke eine illustrierte Auguste-Rodin-Monographie veröffentlicht, mit der selbst der Autor nicht zufrieden war. Auch hatte der von R. A. Schröder und A. W. Heymel gegründete Insel-Verlag schon 1900 zwei Werke von Rilke verlegt, sein erstes Prosawerk »Vom lieben Gott und Anderes« und das früher im Berliner Verlag G. H. Meyer erschienene Buch »Mir zur Feier«. Obwohl zu den zwei – erst 21 Jahre alten – Gründern des Insel-Verlages der erfahrene Dichter Otto Julius Bierbaum als Verleger hinzukam, setzte sich der Insel-Verlag, von dem Unseld feststellte, daß er »der blühendste Verlag für deutsche Gegenwartsliteratur« hätte werden können, anfänglich nicht durch. Der Grund: Die Verleger »erkannten den Rang einzelner Autoren, aber pflegten nicht den Umgang mit diesen Autoren und sicherten nicht die Kontinuität«. So wurde 1901 Rilkes Angebot des Buches »Gedichte« vom Insel-Verlag abgelehnt. Es erschien 1902 bei Axel Juncker. Für die »Geschichten vom lieben Gott« hat der Autor vom Insel-Verlag sogar nur einmal eine Abrechnung über 50 Mark erhalten. Als 1904 Heymel eine neue Insel-Verlag GmbH in Leipzig gründete und Rudolf von Pöllnitz die Geschäftsleitung übertrug, war es Pöllnitz' Verdienst, Rilke eine zweite Auflage der »Geschichten vom lieben Gott« vorzuschlagen. Dieser neuerliche Kontakt veranlaßte den Autor zu überlegen, »einen zweiten Teil zu den ›Geschichten‹ hinzuzuschreiben«. Dazu kam es aber nicht. Pöllnitz veranlaßte aber Rilke, dem Insel-Verlag »Das Stundenbuch« anzukündigen, mit der Anmerkung: »Doch kann von diesem erst in einem oder zwei Jahren die Rede sein.« Der Geschäftsführer starb 1904. Trotzdem bot Rilke am 13. April 1905 das Manuskript des »Stundenbuches« dem Insel-Verlag an. Er erhielt vom Verlag eine positive Antwort und schickte ihm am 16. Mai das »vollständige und druckfertige Manuskript«. Dies wurde für Rilke und den Insel-Verlag von schicksalhafter Bedeutung.

Der neue Geschäftsführer C. E. Poeschel, der Rilke positiv geantwortet hatte, betreute die Herstellung des »Stundenbuches«, die er mit dem Autor besprach und abklärte. Entscheidend aber war, daß Anton Kippenberg am 1. Juli 1905 mit Poeschel die Leitung des Insel-Verlages übernahm. Das »Stundenbuch« erschien 1905, und Kippenberg erwähnte in einer Rede sein Erscheinen als eines der vier bedeutendsten Ereignisse im Verlag. Und Kippenberg war es, der Ende 1906 in einem Brief an Hugo von Hofmannsthal als Zielsetzung des Insel-Verlages schrieb: »Der Weltliteratur im Goetheschen Sinne zu dienen, dem Gehalt des Buches die Form anzupassen, den Sinn für Buchkunst und auch für Buchluxus immer mehr zu heben und von der zeitgenössischen Literatur wenig, aber dafür nach Möglichkeit das Dauer Versprechende zu bringen . . .«

Der Anfang der Beziehungen zwischen Kippenberg und Rilke war wesentlich geschäftlicher Natur. So schrieb Kippenberg 1906 dem Autor, daß von dem »Stundenbuch« einschließlich der Freiexemplare nur 280 Exemplare »ausgegeben« wurden. Ein Jahr später, als sich Kippenberg von Poeschel getrennt hatte, wurde Rilke mitgeteilt, daß er 473,25 Mark für eine zweite Auflage des »Stundenbuches« zu erhalten hatte. Als sich Kippenberg bei Rilke beschwerte, daß er »neue Bücher einer anderen Firma zum Verlag übergeben« habe, antwortete der Dichter – offenbar zur Verblüffung des Verlegers – u.a.: »Ich bin . . . gewiß, daß es für meine Arbeit von recht wesentlicher Bedeutung sein wird, ob die so sympathisch eingeleitete Verbindung mit Ihrem Verlage zu Fortsetzung und Dauer sich wird entwickeln dürfen.« Rilke betonte außerdem, daß er seine Bücher »endlich einheitlich unterbringen« möchte, und er klärte Kippenberg auf, daß er nicht »neue Bücher an einen anderen Verlag« gegeben habe, daß es sich um eine »etwas vermehrte« zweite Auflage vom »Buch der Bilder« handele, das der Insel-Verlag abgelehnt hatte.

Autor und Verleger, beide etwa dreißig Jahre alt, fanden sich dank des »Mißverständnisses« und des offenherzigen Briefes des Dichters zu einer »förderlichen Arbeitsbeziehung«. Sie bewirkte eine wachsende Offenheit und Freundlichkeit bei einer bleibenden Distanziertheit. So hat Kippenberg in den ersten Jahren der Zusammenarbeit die Erfahrung machen müssen, »daß ein bedeutender Autor sich von außen her auch nicht durch die wohlwollende Anregung beeinflussen« läßt.

Trotzdem hat sich Kippenberg bis zum Jahre 1910, als der »Malte« erschien, immer wieder bemüht, die in anderen Verlagen erschienenen Werke Rilkes für den Insel-Verlag zu erwerben. Es war eine langwierige Arbeit, die dazu führte, daß von 1907 bis 1910 elf deutsche Arbeiten und eine Übersetzung von Rilke im Insel-Verlag herauskamen. Seine Lebenshaltungskosten konnte Rilke trotzdem nicht durch den Erlös aus dem Verkauf seiner Bücher decken. Er mußte Lesungen gegen Honorar halten. In einem Brief vom 11. März 1908 schrieb Rilke an Kippenberg: »Ich bin mir bewußt, daß ein lyrisches Werk, geschäftlich gesprochen, als eine schwankende Sicherstellung anzusehen ist, auf die hin jede vorausgreifende Vereinbarung etwas Waghalsiges haben mag.« Gleichzeitig wies er darauf hin, daß er sich »mit aller Sorgfalt eine intensive Arbeitszeit zu sichern wünsche«. Kippenberg beantwortete den Brief mit der Zusage, Rilke ab April 1908 vierteljährlich 500 Mark als Akonto künftiger Honorare auf ein Jahr zu zahlen. Dieses Angebot wurde gemacht, ohne daß Kippenberg wußte, daß auch Samuel Fischer Rilke einen »finanziellen Beistand« angeboten hatte. Rilke unterrichtete Fischer, daß er dem Angebot des Insel-Verlags »zustimmen müsse«. Fischer hielt trotzdem sein Angebot aufrecht und erhielt das Vorabdruckskapitel für das Februarheft 1909 der »Aufzeichnungen des Malte Laurids Brigge«. Das Werk erschien am 1. Juni 1910 im Insel-Verlag.

Rilke aber hatte 1908 immer noch »Sorgen des äußeren Lebens«, was er Kippenberg zu Silvester mitteilte, der ihm einen Scheck über 1000 Francs schickte, »deren Sie zur Deckung des letztjährigen Defizits bedürfen«. Auch sagte er ihm zu, daß die versprochenen 500 Mark vierteljährlich ein weiteres Jahr gezahlt würden.

Am 2. Oktober 1911 erhöhte er diese Zahlung auf monatlich 500 Mark.

Die Jahre 1911 und 1912 standen im Zeichen der Bemühungen Kippenbergs, die bei Juncker erschienenen Werke Rilkes, das »Buch der Bilder« und den »Cornet«, für den Insel-Verlag zu erwerben. Im Januar 1912 gab Juncker für eine Zahlung von 400 Mark den »Cornet« auf, der als erster Band der späteren Insel-Bücherei erschien und im Jahr des Erscheinens eine Auflage von 22000 und bis 1962 eine Auflage von über einer Million Exemplaren erreichte.

1912/1913 schrieb Rilke »noch die ersten zwei Elegien« und das »Marienleben«. Dann folgten zehn Jahre des Schweigens, »die zehn Jahre, in denen er nach seinen eigenen Worten im seelischen Leidland wohnte«. In ihnen sind zwar herrliche Gedichte entstanden, auch ein Aufsatz in den »Weissen Blättern« des Kurt-Wolff-Verlages und schließlich auch Teile und Fragmente der »Elegien«, die er nicht weiter schreiben wollte und doch Anfang Februar 1922 in Tagen »ungeheueren Gehorsams im Geiste« vollendete. Es waren die weltberühmt gewordenen »Duineser Elegien«, zu denen sich im gleichen Februar die »Sonette an Orpheus« gesellten.

Siegfried Unseld, aus dessen Buch »Der Autor und sein Verleger« hier zitiert wurde und dem auch das Faktische der hier gemachten Angaben zu danken ist, hat wie wenige Verleger die Probleme der Schreibenden wie des Verlegers aufgezeigt. Er hat auch auf die Bedeutung von Frau Katharina Kippenberg, der »Herrin der Insel«, hingewiesen. Sie war für Rilke »eine Art Resonanzboden« und hat viel dazu beigetragen, daß der Dichter aus dem Militärdienst entlassen und dem Kriegsarchiv überstellt wurde. Dort arbeitete er mit Stefan Zweig, Alfred Polgar und Franz Theodor Csokor. Dank seiner Entlassung aus dem Militärdienst konnte er der Insel-Bücherei und dem Insel-Almanach während des Ersten Weltkriegs die Drucklegung englischer und französischer Literatur empfehlen. Empfehlungen, denen der Verlag folgte: Literatur des »Feindes« im Krieg zu verlegen – auch ein Faktum, das man heute nicht für möglich halten dürfte.

Und heute?

Diese unglaubliche Akzeptanz bedeutender Dichter und ihrer Werke ist nicht auf die Erwähnten und auf vergangene Zeiten beschränkt. Neben den Kapiteln über Hesse, Brecht und Rilke und deren Verleger enthält Unselds Buch auch ein eigenes Kapitel, in dem er auf das Schicksal des u.a. von Hugo von Hofmannsthal sehr bewunderten Dichters Robert Walser hinweist und daran erinnert, daß noch am 24. November 1972 in einer Glosse der »Frankfurter Allgemeinen Zeitung« unter der Überschrift »Verdrängung« stand: »In den heutigen Debatten über Literatur gehört Rilke zu den Namen, die man so sorgfältig zu vermeiden sucht, um nicht in den Ruf des Altmodischen und Uniformierten zu geraten.« Offensichtlich »scheint jede Epoche nicht nur durch ihre Ideale gekennzeichnet, sondern auch durch ihre Verdrängungen, wobei Rilke nur ein Name für viele ist«, stellt die FAZ weiter treffend fest.

Ganz ähnlich ging es der bedeutenden österreichischen Schriftstellerin Marlen Haushofer noch vor wenigen Jahren. Ihre erste, 1952 erschienene Erzählung erhielt zwar den »Staatlichen Förderpreis«, und vier Jahre später wurde ihr der Preis des Theodor-Körner-Stiftungsfonds verliehen. 1963 erhielt sie sogar den Arthur-Schnitzler-Preis. Doch ihr im gleichen Jahr im Verlag Sigbert Mohn erschienener Roman »Die Wand« fand kaum Beachtung. Die Kritiken waren an zwei Händen abzuzählen, und selbst als der Düsseldorfer Claassen-Verlag 1968 den Roman neu herausbrachte, wurden nur 2626 Exemplare verkauft. Ein ähnliches Schicksal erlebten ihr Roman »Die Mansarde«, der Erzählungsband »Schreckliche Treue« und der Roman »Himmel der nirgendwo endet«. Allerdings begannen sich Buchgemeinschaften, finnische, polnische, italienische und rumänische Verleger für die Werke von Marlen Haushofer zu interessieren und sie zu erwerben. Ihr großer Durchbruch aber vollzog sich unter einer neuen Leitung des Claassen-Verlages erst nach 1983. »Die Wand« erlebte eine Auflage von 24500, eine Taschenbuchausgabe von 139000 Exemplaren, einen Filmvertrag, eine Schulausgabe und weitere Übersetzungen in Frankreich, Holland und Schweden, und auch ihre übrigen Werke waren mit einem Male anerkannt und erfolgreich.

Der unverkäufliche Bestseller

Nachdem der 25jährige Thomas Mann seinem Verleger Samuel Fischer im August 1900 das Manuskript des Familienromans »Buddenbrooks« zur Veröffentlichung übergeben hatte, schrieb er seinem Bruder Heinrich am 24. Oktober: »Des literarischen Erfolges bin ich sicher; der buchhändlerische wird wohl gleich Null sein und der pekuniäre für mich ebenfalls, obgleich Mama mir neulich strenge Weisung gegeben hat, 1000 Mark zu verlangen.« Zwei Tage später, am 26. Oktober, schrieb der Verleger dem Autor, daß er mit der Lektüre des Werkes »bis zur Hälfte gekommen« sei. Und er erklärte höflich, aber bestimmt: »Glauben Sie, daß es Ihnen möglich ist, Ihr Werk um die Hälfte zu kürzen, so finden Sie mich im Prinzip sehr geneigt, Ihr Buch zu verlegen. Ein Roman von 65 ausgedruckten Bogen ist für unser heutiges Leben fast eine Unmöglichkeit: ich glaube nicht, daß sich viele Menschen finden, die Zeit und Concentrationslust haben, um ein Romanwerk von diesem Umfang in sich aufzunehmen. Ich weiß, daß ich Ihnen eine ungeheuerliche Zumutung stelle und daß das vielleicht für Sie bedeutet, das Buch ganz neu zu schreiben, allein als Verleger kann ich mich zu dieser Frage nicht anders stellen.«

Thomas Manns mit Bleistift geschriebener langer Antwortbrief ist verlorengegangen. Aus einem Brief an seinen Bruder Heinrich vom 2. November 1900 ist aber bekannt, daß er das Ansinnen der Kürzung für »ein Bubenstück von einer Zumutung« hielt, andererseits selbst feststellte: »Die traurige Sache ist ja die, daß der Roman über 1000 Seiten bekommen wird, nur in 2 Bänden erscheinen kann, 8 bis 10 Mark kosten und also unter den heutigen Umständen recht, recht unverkäuflich sein wird.« Er aber bestand darauf, daß der Roman so erschien, wie er verfaßt war, und schrieb: »Vom künstlerischen Gewissen nicht zu reden, fühle ich einfach nicht die Kraft, noch einmal die Feder daran zu setzen.« Er hatte das Manuskript »mit äußerster Anstrengung zu Ende geschrieben« und wollte »nun endlich Ruhe davor haben«, um sich »mit anderen Dingen beschäftigen zu können«. Und er teilte dem Bruder mit: »In meinem ausführlichen Antwortschreiben an Fischer habe ich mich dann auch entschieden geweigert, das Buch zusammenzustreichen, mich aber im übrigen sehr nachgiebig und resigniert gezeigt. Ich bin, wie die Dinge liegen, bereit, jeden Contract zu unterschreiben, der auch nur den Anschein wahrt, als ob ich die Arbeit dreier Jahre nicht einfach verschenkte ... Zwischen langwierig und langweilig ist doch noch ein Unterschied! Ein zweibändiger Roman ist doch auch heute noch keine unbedingte Unmöglichkeit! ... Es wäre sehr traurig, wenn ich mit dem Buche sitzenbliebe; ich fühle schon jetzt, wie mich das am Weiterproduzieren hindern würde.«

Zwei Monate vergingen, bis Thomas Mann am 8. Januar wieder bedrückt an den Bruder schrieb: »Fischer schweigt, wie gesagt, und wenn ich mahne, bekomme ich wahrscheinlich den Wechselbalg sofort wieder ins Haus. Wenn nun niemand das Buch haben will? Ich glaube, ich würde Bankbeamter. Ich habe manchmal solche Anwandlungen.«

Als ihm eines Tages Korfiz Holm, der Lektor des Münchner Langen-Verlages, auf einer Gesellschaft sagte, daß Langen nichts gegen einen zweibändigen Roman einzuwenden hätte und ihm auch in pekuniären Fragen »zur Seite stehen würde«, hat er Fischer gemahnt. Wahrscheinlich beeindruckt von Thomas Manns klarer Haltung, schrieb Fischer schließlich am 4. Februar nach einer Entschuldigung über die »Verzögerung in der Behandlung Ihrer Angelegenheit« den entscheidenden Satz: »Ich möchte Sie heute nur beruhigen, ich bin durchaus geneigt, Ihr Buch trotz des Umfangs zu verlegen, und denke nicht daran, Sie fallenzulassen.« Der Verleger glaubte, daß es sogar ein dreibändiges Werk werden würde.

Hatte Fischer von der möglichen Abwanderung seines Autors zum Langen-Verlag gehört? Gaben ihm die bereits in seinem Verlag erschienenen wesentlichen und doch kürzeren Arbeiten des Dichters die Hoffnung, daß er von seinem Autor künftig auch weitere nicht so umfangreiche Manuskripte erhalten würde? Letzteres dürfte – bei dem im deutschen Verlagswesen wichtigen Prinzip der Autorenpflege – die Hauptrolle gespielt haben. Jedenfalls schrieb Thomas Mann am 13. Februar tief erleichtert seinem Bruder Heinrich: »Ich werde mich fotografieren lassen, die Rechte in der Frackweste und die Linke auf die drei Bände gestützt; dann kann ich eigentlich getrost in die Grube fahren. Nein, es ist wirklich gut, daß das Buch nun doch ans Licht kommen wird. Es ist so viel Demonstratives darin, daß ich, namentlich für die werte Kollegenschaft, erst eigentlich ein Profil bekommen werde ...«

Moritz Heimann, der Lektor des S.-Fischer-Verlages, hat nach der ersten Lektüre des Manuskriptes ein eher negatives Urteil abgegeben. Peter de Mendelssohn urteilte in seinem Werk »S. Fischer und sein Verlag« über das Gutachten des Lektors: »Er erkannte offenbar seine neuartigen epischen Qualitäten nicht und scheint das Buch für abwegig, wenn nicht für glattweg mißlungen gehalten zu haben. Die letzten Sätze verraten überdies, daß er mangelnde Anteilnahme des Lesers befürchtete und sich keinen buchhändlerischen Erfolg versprach.« Dies macht auch S. Fischers Brief vom 26. Oktober verständlich. Nach der zweiten Lektüre, die der Verleger verlangt hatte, revidierte Heimann sein Urteil fast vollkommen und schrieb: »Es ist eine hervorragende Arbeit, redlich, positiv und reich. Ich bewundere es, daß der Zug zum Satirischen und Grotesken die große epische Form nicht nur nicht stört, sondern sogar unterstützt.« Er riet zu »gewissen Kürzungen«, die der Verleger dem Autor gegenüber aber nicht zur Vertragsbedingung machte, sondern anheimstellte, ob er ihnen »nähertreten« wollte. Dies tat Thomas Mann unverzüglich, denn der Verlag bekam das ihm am 1. April gesandte Manuskript bereits am 17. April mit allen Revisionen zurück.

Den Verlagsvertrag empfand der Autor als »gar nicht so ganz übel«. Er sah zwar eine 20prozentige Beteilung am Ladenpreis vor, die damals allgemein für prominente Autoren üblich war. Die erste Abrechnung und Zahlung sollte aber erst ein Jahr nach Erscheinen am 1. September 1902 erfolgen. Und Thomas Mann meinte dazu gegenüber seinem Bruder: »Ist die Auflage verkauft, so bekomme ich allerdings 2 Mille, denn der Ladenpreis muß doch wohl 10 Mark betragen. Aber wer sagt mir, daß auch nur 100 Exemplare verkauft werden? – Übrigens habe ich es nicht besser und nicht einmal so gut erwartet . . .« Der Vertrag wurde auf fünf Jahre abgeschlossen und sollte dann jeweils um fünf Jahre verlängert werden.

Und es verkauft sich doch

Obwohl das schwer lesbare, handgeschriebene Manuskript erst am 17. April im Verlag ankam, erhielt Thomas Mann bereits am 25. Mai die ersten Fahnenabzüge. Anfang Oktober, vier Monate nach seinem 26. Geburtstag, erhielt der Autor das zweibändige, elfhundert Seiten umfassende und 12 Mark kostende Werk. Die Erstauflage betrug 1000 Exemplare.

Die Kritik nahm das Werk recht unterschiedlich auf. Während der Kritiker des »Berliner Tageblatt« fast hellsichtig über die »Buddenbrooks« urteilte: »Es wird wachsen mit der Zeit und noch von vielen Generationen gelesen werden«, stellte Thomas Mann später fest: »Die Kritik verglich den Roman mit einem im Sand mahlenden Lastwagen!« Gehässig urteilte Eduard Engel, noch viele Jahre später, in seiner Literaturgeschichte: »In den zwei dicken Bänden mit ihren mehr als tausend Seiten werden uns die wertlosen Geschicke wertloser Menschen in wertlosem Gerede vorgeführt. Thomas Mann kann rundheraus nicht Deutsch, seine Muttersprache versagt ihm für die einfachsten Ausdrücke.«

Die ersten tausend Exemplare wurden im Laufe eines Jahres verkauft. Das war nicht schlecht, aber weder für den Autor noch für den Verleger befriedigend. Das zweibändige Werk war zu unhandlich und auch zu teuer. Der ähnlich lange Bauernroman von Gustav Frenssen »Jörg Uhl« kam weit billiger in einem Band heraus und war außerordentlich erfolgreich. All dies erkannte Samuel Fischer. Er zog die nötige Konsequenz und druckte die zweite Auflage auf dünnerem Papier in einem Band in 2000 Exemplaren. Der Schutzumschlag wurde attraktiver gestaltet, ja, die Ausgabe wurde ein ausstattungsgeschichtlich »außerordentliches Ereignis und Beispiel« genannt.

Nunmehr folgte eine Auflage nach der anderen in kürzesten Abständen. 1903 wurde bereits das zehnte Tausend überschritten;

1906 das 37. Tausend und 1911 das 60. Tausend erreicht. Das hundertste Tausend wurde verlegt, als der Erste Weltkrieg zu Ende war. Die erste Übersetzung erschien bereits 1903 in Dänemark, der eine schwedische Ausgabe 1904 folgte. Eine russische und eine holländische Ausgabe erschienen 1911. In England und in den USA kamen Übersetzungen 1924 und in Frankreich sogar erst 1932 heraus. Die erste Verfilmung der Buddenbrooks wurde 1923 von dem deutschen Regisseur Gerhard Lamprecht durchgeführt, der durch seine realistischen Milieuschilderungen berühmt wurde.

1927, also fast ein Vierteljahrhundert nach der Erstausgabe des Werkes, hatte die Auflage bereits 185000 Exemplare erreicht. Damals veröffentlichte Thomas Mann im »Berliner Tageblatt«, der »Neuen Zürcher Zeitung« und im »Prager Tagblatt« einen Aufsatz »Romane der Welt«. In ihm machte er den Plan des Berliner Verlegers Adelbert Droemer bekannt, eine Buchreihe »gediegener Unterhaltungsliteratur« in seinem Verlag Th. Knaur Nachf. herauszubringen. Wöchentlich sollte ein Band erscheinen. Herausgeber der Reihe wurden Thomas Mann und der deutsch-amerikanische Schriftsteller H. G. Scheffauer, der überdies die deutschsprachigen Rechte amerikanischer Schriftsteller vertrat. Am 1. April 1927 erschien der erste Band, ein Roman von Hugh Walpole, für den Thomas Mann ein Vorwort schrieb. In ihm bekannte er sich zu dem damals sensationellen Unternehmen, gute Romane in Massenauflagen zu dem Preis von 2,85 Mark herauszubringen. Er meinte, das Unternehmen sei »jenem Geist massenfreundlicher Großzügigkeit entsprungen, der soviel Anrecht auf die Zeit und das Leben hat wie der Geist der Verfeinerung und Vertiefung – der vielleicht *mehr* Anrecht auf sie hat, wenn wir gerecht und freimütig sein wollen – Rümpfen wir nicht esoterisch die Nase!« Die Reihe wurde vom »geistigen Deutschland« abgelehnt und zum Teil heftig kritisiert. Insbesondere wurde bemängelt, daß unter den ersten 18 Bänden kein deutscher Autor – wie ursprünglich versprochen – vertreten war. Der wesentliche Grund hierfür aber war: Die deutschen Verlage, die über die Rechte geeigneter Romane verfügten, wollten dem Billigpreis-Unternehmen keine Lizenzen erteilen. Trotzdem erschienen »Die Romane der Welt« mit großem Erfolg bis zum Jahr 1935.

Fischer will kein »Ramschgeschäft«

Für Thomas Mann und die »Buddenbrooks« aber sollte die Verbindung zu Adelbert Droemer zu neuerlichen Auseinandersetzungen mit S. Fischer führen. Droemer wollte in einer weiteren Reihe »klassischer Werke« als »einzig lebenden Klassiker« die Buddenbrooks herausbringen. Er bot ein Garantiehonorar von 100 000 Mark, eine Auflage von einer Million Exemplaren zu einem Preis von 2,85 Mark. Und Thomas Mann bat Fischer »um Erlaubnis für diese Extratour«. Fischer lehnte ab. Selbst als sein Schwiegersohn Gottfried Bermann Fischer ihn bedrängte, die Lizenz zu erteilen oder eine billige Ausgabe selbst herauszubringen, weigerte sich Fischer, ein solches »Ramschgeschäft« zu machen. Sein Argument war: Es würde den Buchhandel in seinen Grundfesten erschüttern. Selbst als Thomas Mann ihn in Berlin besuchte, gelang es ihm nicht, ihn umzustimmen. So schrieb ihm der Dichter am 15. September 1929 einen langen Brief, in dem er feststellte: »Die Zeit hat sich geändert und mit ihr meine Stellung in ihr ... Ein Buch, das seine Lebensfähigkeit ein Menschenalter lang bewährt hat, wird auch fortfahren zu leben nach Ablauf einer derartigen Veranstaltung.«

Bermann Fischer mobilisierte eine Reihe maßgeblicher Buchhändler, die meinten, der Fischer-Verlag sollte eine Volksausgabe zu 2,85 Mark selbst herausbringen. Da gab der Verleger – offenbar vom Votum des Buchhandels beeindruckt – nach und schrieb Thomas Mann, daß er ihm nicht – wie von Droemer angeboten – 100 000, sondern 125 000 Mark als Vorschuß zahlen würde und daß er hoffe, 100 000 Exemplare bereits »bis Ende Oktober fertigstellen zu können«. Der Verlag erhielt überdies das Recht: »bis zu einer Million Exemplare einer solchen Volksausgabe selbst herauszubringen oder gegen Entrichtung des vereinbarten Honorars von zehn Pfennig an Sie oder an eine andere Firma im Lizenzwege zu vergeben«. Garantiert hat der Verlag eine Mindestauflage von 400 000 Exemplaren, obwohl er erst 100 000 drucken wollte. Vor, aber besonders nach der offiziellen Bekanntgabe der geplanten Volksausgabe, ergoß sich ein wahrer Strom von Bestellungen auf den Verlag. Am 7. November, dem Erscheinungstag der Ausgabe, reichte die auf 150 000 Exem-

ABB. 8: *Titelbild der »Buddenbrooks« aus dem Jahre 1930, ein Jahr später waren 1 Million Exemplare verkauft.* QUELLE: *Bildarchiv Preuß. Kulturbesitz*

plare erhöhte Auflage bereits nicht aus. Die Bestellungen mußten rationiert werden. Trotzdem fürchtete Fischer, daß der Buchhandel wegen des »Schleuderpreises« den Verlag angreifen würde, insbesondere weil im »Börsenblatt« ein kritischer Artikel zu dem Thema »Volksausgaben« erschien. So bat er den Autor, ihm doch beizustehen. Thomas Mann schickte ihm einen umfassenden Brief für den »Börsenverein des deutschen Buchhandels« zur Weiterleitung an das »Börsenblatt«. In ihm machte er klar: »Es ist ein sozial nicht wünschenswerter Zustand, daß bei uns zu Lande weite, wirtschaftlich bescheidener gestellte Kreise kaum die Möglichkeit haben, das Buch eines zeitgenössischen Autors kennenzulernen und fast durchweg auf die frei gewordene und darum erschwingliche Literatur angewiesen sind.«

Der Brief wurde vom Verlag nie abgeschickt. Er war überflüssig geworden. Der Buchhandel verkaufte zur eigenen Zufriedenheit in solchen Mengen, daß im November zwei weitere Auflagen zu je 50000 Exemplaren und im Dezember gar neun zusätzliche Auflagen zu je 50000 Exemplaren gedruckt werden mußten. In Leipzig gab es sechs Rotationsmaschinen, die monatelang nur die Volksausgabe der »Buddenbrooks« druckten. Als dies nicht ausreichte, wurden von den Druckplatten Matern hergestellt, von denen weniger beschäftigte Druckereien in der Provinz das Buch herstellen mußten. Friedrich Hermann, der damalige Leiter der Herstellungsabteilung des Verlages, erklärte Jahre später: »Mir ist heute noch unklar, wie ich das geschafft habe.« Ende Dezember wurde das 651. bis 700. Tausend an den Buchhandel ausgeliefert. Ein Jahr später wurde die Million überschritten und 1932 die phantastische Zahl von 1165000 Exemplaren erreicht.

Mitten in diesen Absatzboom platzte am 12. November die Nachricht, daß Thomas Mann der Nobelpreis für Literatur verliehen wurde. Somit ist auch die gelegentlich auftauchende Behauptung falsch, die Nobelpreisverleihung habe den Verlag veranlaßt, die Volksausgabe herauszubringen. Es war eine glückliche Koinzidenz der Ereignisse, wie sie bei außergewöhnlichen Erfolgen Pate stehen muß. Bemerkenswert ist überdies der Text der Verleihungsurkunde: »Thomas Mann, Inhaber des literarischen Nobelpreises 1929, insbesondere für seinen großen Roman ›Buddenbrooks‹, der im Laufe der Jahre immer mehr gefestigte Anerkennung gefunden hat als ein klassisches Werk der Gegenwart.«

Auf 6 Millionen Bücherborden

All dies, angereichert um viele wissenswerte Details, ist weitgehend in der bereits erwähnten, fast 1500 Seiten umfassenden Monographie »S. Fischer und sein Verlag« von Peter de Mendelssohn nachzulesen. Es ist eine der wichtigsten Quellen der deutschen Buchhandelsgeschichte, in die der Verfasser eine Such- und Schreibarbeit von nahezu zehn Jahren investiert hat. Manche Einzelheiten sind auch in anderen Schriften über Thomas Mann und über die »Buddenbrooks« zu finden.

Und wie steht es heute um die Erfolgsbilanz des einst vom Verleger beinahe abgelehnten Werkes?

25 Auslandsausgaben sind von Ägypten bis in die USA erschienen. Darunter befinden sich auch Ausgaben in Ländern wie Brasilien, Bulgarien, Chile, Griechenland, Indien, Israel, Japan, Jugoslawien, Kuba, Lettland, Litauen, Polen, Rumänien, Sowjetunion, Südafrika, Tschechoslowakei, Türkei und Ungarn. Es heißt, daß auf 6 Millionen Bücherborden der Welt von Grönland bis Haiti die »Buddenbrooks« in einer ausländischen Ausgabe stehen.

Eine elfteilige Fernsehverfilmung des Romans wurde für zwölfeinhalb Millionen Mark von dem Regisseur Franz Peter Wirth 1979 hergestellt und mit steigenden Einschaltquoten in Deutschland von 43 bis 48 Prozent der Seher beachtet. Die Verfilmung wurde außerdem in zwölf Ländern ausgestrahlt, in Australien ebenso wie in Polen und Südafrika. Die positiv, aber auch kritisch beurteilte Fernsehserie hat jedenfalls auch den Absatz des Buches noch einmal erheblich gefördert. Insgesamt wurden seit Erscheinen der ersten 1000 Exemplare als gebundene Ausgabe im deutschen Sprachgebiet über 1500000 Exemplare des Romans als Hardcoverausgabe, weitere über 500000 Taschenbuchausgaben und über eine Million Buchclubausgaben verkauft, das heißt, daß mehr als drei Millionen Exemplare der »Buddenbrooks« allein in deutscher Sprache ihre Leser fanden. Und dies, obwohl das Werk von 1933 bis 1945 in Deutschland nicht erscheinen durfte. Dabei hatte der Autor von seinem Werk selbst befürchtet, daß es »recht, recht unverkäuflich sein wird« ...

Siegfried Lenz schrieb 1986 in der FAZ-Zeitungsserie »Romane von gestern – heute gelesen« über die »Buddenbrooks«: »Es ist wohl schon so, daß man dieses welthaltige Erzählwerk als Leser nur annäherungsweise ausmessen kann. Doch ist das nicht schon genug? Und spricht es nicht für sich, daß man nach der Lektüre der Buddenbrooks sogleich beschließt, den Roman irgendwann ganz gewiß wiederzulesen?«

Und Samuel Fischer hatte Thomas Mann einst geschrieben: »Ein Roman von 65 ausgedruckten Bogen ist für unser heutiges Leben fast eine Unmöglichkeit.«

Das Musil-Experiment der Zeitschrift »Pardon«

Im Mai 1968 veröffentlichte die Zeitschrift »Pardon« ein literarisches Experiment, das sie mit dem »bedeutendsten deutsch schreibenden Romancier dieser Jahrhunderthälfte« (»Times Literary Supplement« über Robert Musil) anstellte. Sie wollte – nach eigenen Angaben – »mit Hilfe der Robert-Musil-Aktion Verlage, Literaturwissenschaftler und Schriftsteller einem Test« unterziehen. Sie wollte erfahren: »Wie aufmerksam Manuskripte unbekannter Autoren in den Verlagshäusern gelesen werden, ob Lektoren und Experten fähig sind, von einem kürzeren Text (8 Schreibmaschinenseiten) auf Entstehungszeit und Autor des Werkes zu schließen, welche Noten unsere Prüflinge heute einem Roman geben, der nach Erscheinen der Gesamtausgabe 1952 höchstes Lob erntete und ein beachtlicher Erfolg war.«

»Pardon« benutzte dazu ein Test-Manuskript aus dem unvollendeten 1632-Seiten-Roman »Der Mann ohne Eigenschaften« des österreichischen Schriftstellers Robert Musil. Es handelte sich um eine erotische Szene (S. 620–624 der Rowohlt-Dünndruckausgabe von 1952), »in der Musil die anschwellende Hysterie des Mädchens Gerda detailliert schildert und ein Stück Reflexion über eine Jugendfreundschaft«. Gekoppelt wurden beide Szenen durch einen Satz, der nicht von Musil stammt: »Jürgen trat nachdenklich ans Fenster.« Um die Aufgabe nicht allzu einfach zu machen, wurden die Namen geändert. Doch meinte die Zeitschrift: »Erkennbar blieb Musil trotzdem: schon an seinen einmaligen Satzkonstruktionen, mit denen sich der unfreiwillige Musil-Kritiker Robert Neumann nach Erhalt des Textauszugs eingehend befassen sollte.« Als Verfasser wurde ein Bob Hansen, freier Schriftsteller, z.Z. tech. Abteilungsleiter in 6452 Steinheim/M. angegeben.

Das Manuskript wurde an 32 deutsche, österreichische und

Schweizer Verlage geschickt und an 14 Literaturwiss
Kritiker und Schriftsteller. Die Antworten, die »Bob Hansen« erhielt, waren zahlenmäßig beachtlich. Nur von 11 Adressaten trafen keine Antworten ein. »Per Vordruck reagierten drei Verlage und der von ›Hansen‹ um ein Urteil gebetene ›Zeit‹- Feuilletonist Rudolf Walter Leonhardt. Die Münchner Dependance des Scherz-Verlages begnügte sich damit, auf der Antwortkarte den Satz anzukreuzen: ›Leider ist das Manuskript für unser Programm nicht geeignet.‹« Immerhin konnte die »Pardon«-Redaktion feststellen, daß »drei Verlage jene abwägende Vorsicht zeigten, die ›Hansen‹-Musil von allen Adressaten erwartet hatte.« Der Lektor des Wiener Zsolnay-Verlages und der Ost-Berliner Aufbau-Verlag, der auch im Namen des Rütten & Loening-Verlages antwortete, lehnte es ab, aus so wenigen Seiten sowie ohne ein Exposé einen ganzen Roman zu beurteilen. Auch der West-Berliner Germanistik-Professor Dr. Peter Wapnewski lehnte es ab, ein Urteil abzugeben, da damit eine »viel zu große Verantwortung für ein Menschenleben und seine Entwicklung« verbunden sei. Der Schriftsteller Ernst Herhaus schickte das Manuskript »ungelesen« zurück, da er für ein Votum nicht »die Verantwortung« übernehmen könne.

Die Mehrzahl der Urteile aber war ablehnend, ja, zum Teil sogar vernichtend. Lektor Peter Stehlin aus dem Schweizer Walter-Verlag schrieb zum Beispiel: »Die Thematik ist etwas eng, die Erfahrung, aus der Sie schreiben, ist es vielleicht auch ... Einige Stellen sind zudem, für meinen Geschmack, peinlich.« Der Lektor des Suhrkamp-Verlags Urs Widmer meinte gar: »Ich fürchte leider, daß das, was Sie schreiben, mit unseren Vorstellungen von Literatur nicht ganz übereinstimmt.« Selbst der Verlagsleiter des Biederstein-Verlages in München, Gustav End, urteilte hart, als er dem Autor schrieb: »Sie sollten noch eine Reihe guter Romane aus Vergangenheit und Gegenwart lesen, bevor Sie mit Schreibübungen beginnen.«

Mit der schönen Überschrift »Wenn das Ernst Rowohlt wüßte ...« stellte »Pardon« auch noch fest: »Einige Verlage begründen ihr Desinteresse mit verlagspolitischen Erwägungen: die Deutsche Verlagsanstalt in Stuttgart, Josef Melzer in Darmstadt, der Gala-Verlag in Hamburg, Molden in Wien, Droemer-Knaur in München und auch das von Otto F. Walter geleitete Luchterhand-Lektorat. Mit ›ganz verlagstechnischen Überlegungen‹ untermauert auch der Rowohlt-Verlag die Rücksendung des Probekapitels.« Und »Pardon« kommentiert diese Ablehnung mit dem Hinweis: »Rowohlts von offenbar mehreren Lektoren (›unseren Lektoren‹) getroffene Entscheidung darf als größter Erfolg der Musil-Aktion bezeichnet werden: Schließlich hatte Ernst Rowohlt die Arbeit am ›Mann ohne Eigenschaften‹ fast ein Jahrzehnt lang honoriert, bevor er 1931 den ersten Band herausbrachte; 1952 erschien bei Rowohlt – mehrmals aufgelegt – die große von Adolf Frisé edierte Ausgabe des Werkes.

Es wäre aber ungerecht, nicht auch zu vermerken, daß trotz grundsätzlicher Ablehnung auch ein geringer Teil der Lektoren bzw. Verlage dem Autor zumindest »Begabung« attestierten. So schrieb Wolfgang Schwerbrock vom Hamburger Claassen-Verlag, »daß der Autor trotz einige schwerer sprachlicher Schwächen so ganz unbegabt nicht ist«. Der Propyläen-Verlag in Berlin vermerkte, daß der Ausschnitt »psychologisches Feingefühl und Beobachtungsgabe verraten«. Magistra Artium Gisela Kramer vom Rainer-Wunderlich-Verlag in Tübingen urteilte sogar: »Das einzelne Kapitel Ihres Romans . . . zeigt, daß Sie sehr wohl in der Lage sind, Atmosphäre zu schaffen, daß Sie schreiben können und daß Sie sich selbst bei diesem so häufig beschriebenen Gegenstand meist vor Klischees retten können.« Trotzdem lehnte Frau Kramer ab, weil »dieses Thema etwas zu häufig behandelt wird . . .« Lob erhielt »Bob Hansen« schließlich noch von dem Hamburger Merlin-Verlag und dem Erotika-Verleger Karl Schustek aus Hanau, die beide aber das Werk nicht weiter prüfen wollten.

Den richtigen Instinkt für die Bedeutung der Textprobe hatten allerdings nur zwei Schriftsteller, der konservative »Welt«-Mitarbeiter Rudolf Krämer-Badoni, der urteilte: »Ich habe den Eindruck, daß Sie mit der Idee, die hinter dem Kapitel steht, Erfolg haben können«, und der Schriftsteller Robert Neumann, der sich intensiv mit der Textprobe auseinandersetzte und zu dem Gesamturteil kam: »Jedenfalls wäre es schade, wenn Sie bei einer so eindeutigen Begabung die Flinte vorzeitig ins Korn würfen.«

Und welche Bedeutung erlangte der Roman Musils wirklich?

ABB. 9: *Robert Musil (1880–1942). Eine anonym versandte Probe seines Hauptwerkes »Der Mann ohne Eigenschaften« erntete harte Kritik.*

QUELLE: *Bildarchiv Preuß. Kulturbesitz*

Er erreichte bis Mitte August 1986 in seiner deutschsprachigen Ausgabe eine Auflage von 392867 Exemplaren und 19 fremdsprachige Ausgaben, darunter alle Weltsprachen sowie auch eine Reihe slawischer und skandinavischer Sprachen.

Ernst Rowohlt und Cheflektor Paul Mayer hielten auch in den Krisenjahren 1929 bis 1931 an dem mit Musil geschlossenen Vertrag fest, der es Musil ermöglichen sollte, durch regelmäßige monatliche Zahlungen »sich sorglos der langen Arbeit an dem umfangreichen Werk hinzugeben«. Dies, obwohl Rowohlt damals in Zahlungsschwierigkeiten war und in einer »Auffanggesellschaft«, in der der Ullstein-Verlag die Mehrheit hatte, von einem Ullstein-Finanzmann kontrolliert wurde, der nicht verstand, warum sich Rowohlt auf den Vertrag, der »auf absehbare Zeit keinen materiellen Erfolg versprach«, eingelassen hatte. Paul Mayer erklärte dem Finanzmann die literarische Bedeutung Robert Musils. Darauf – und zur Ehre des Finanzmannes sei es festgehalten – erklärte er dem Cheflektor: »Ich ziehe mein Veto gegen Robert Musil und den Roman ›Der Mann ohne Eigenschaften‹ zurück. Die Besessenheit, mit der Rowohlt und Sie an Ihrem Autor hängen, imponiert mir ... Ich werde mich darum kümmern, daß die Finanzierung dieses Vorhabens gesichert wird!«

Der Welterfolg des Romans gab ihm, Rowohlt und Paul Mayer recht.

Der Schabernack einer Bestsellerautorin

Doris Lessing, in Südafrika aufgewachsene Engländerin, Verfasserin zahlreicher Romane mit einer weltweiten Auflage von über zehn Millionen Exemplaren, u.a. des »Goldenen Notizbuch« und des fünfbändigen Romanzyklus »Kinder der Gewalt«, 64 Jahre alt, war es satt, als »größte Schriftstellerin der Welt« etikettiert und abgestempelt zu werden. Sie wollte »ein kleines Experiment« machen, die Selbstgängelungsmechanik des Kulturbetriebs aufdecken, in dem unbekannte Autoren angeblich keine Chance hätten. Sie wollte von den Verlegern, den Kritikern, aber auch von ihren Lesern »völlig unabhängig« beurteilt werden. Das bedeutete: Sie wollte ein oder zwei Manuskripte anbieten und als Bücher herausbringen, ohne daß mit ihnen der berühmte Name Doris Lessing assoziiert wurde. So entschloß sie sich, den Roman »Das Tagebuch der Jane Somers« und als zweites Buch »Die Liebesgeschichte der Jane Somers« unter dem Pseudonym Jane Somers ihren Verlagen durch ihren Agenten anzubieten. Auch sollte es den Büchern, wenn sie erschienen, genauso ergehen wie jedem Neuling. Nicht nur dic Reaktion ihrer Verleger wollte sie erkunden, sondern auch feststellen, wie die Kritiker den Roman aufnehmen und wie sich der Absatz im Buchhandel sowie der Verkauf der Übersetzungsrechte entwikkeln würde.

1983 bot ihr Agent das Manuskript ihren englischen Verlegern Jonathan Cape und dem Taschenbuchverlag Granada, der Hunderttausende ihrer Taschenbücher verkauft hatte, unter dem Titel: »The Diary of a Good Neighbour« an. Beide Verlage lehnten das Manuskript mit der Begründung, es sei zu negativ, deprimierend, ja, unbrauchbar, ab, weil es den augenblicklichen Leserinteressen nicht entspräche. Nur eine Verlagslektorin bei dem Verlag Michael Joseph fand das Manuskript hervorragend und lesenswert. Bei dem Verlag hatte Doris Lessing auch ihren ersten Roman veröffentlicht, und die Lektorin empfahl das Manuskript, weil es an Doris Lessing erinnere. Die beiden deutschen Doris-Lessing-Verlage reagierten unterschiedlich. Der S.-Fischer-Verlag schickte das Manuskript mit einem vervielfältigten Absagebrief ohne zusätzlichen Kommentar zurück. Eine Lektorin des Klett-Cotta-Verlages empfahl den Erwerb, weil sie überzeugt war, daß »kein Autor bisher den Mut gehabt hat, ein Tabuthema wie das Alter literarisch zu verarbeiten«, und weil für sie »die literarische Qualität nie in Frage stand«. Klett-Cotta erwarb also das Jane-Somers-Manuskript, dessen Doris-Lessing-Stil auch der amerikanische Verleger Bob Gottlieb sofort erkannt haben will.

Obwohl »Das Tagebuch der Jane Somers« ein sehr menschliches, von hohem sozialem Verantwortungsgefühl getragenes Buch ist, das sich mit der Gebrechlichkeit, Hinfälligkeit und dem langsamen Sterben alter Menschen befaßt und von Leuten handelt, die im allgemeinen in unserer auf Aufbauleistung und Sportlichkeit eingestellten Welt kaum wahrgenommen werden, war die Reaktion der Kritiker bemerkenswert dünn. 19 prominente britische Kritiker haben das Buch zur Besprechung erhalten, aber nur zwei reagierten auf die Vorausexemplare mit wohlwollenden Empfehlungen. Die 17 anderen Rezensenten nahmen es ebensowenig wie die großen britischen Zeitungen zur Kenntnis. Ja, die bekannten Kritiker gaben das Buch der namenlosen Autorin weniger renommierten Mitarbeiterinnen zur Besprechung.

Die geringe Publizität, mehr noch aber die Unbekanntheit der Autorin, Jane Somers, dürfte dazu beigetragen haben, daß anfänglich nur 2000 Exemplare des Buches verkauft wurden. Jedenfalls veröffentlichten die »Nürnberger Nachrichten« den Fall unter der Überschrift »Ein bitterer Test«. Die Zeitung stellte im September 1984 fest: »Die harte Konkurrenzschlacht der Verlage wird mit großen Namen geschlagen, und Kritiker wetzen sich lieber an Erfolgsautoren, als daß sie im Heuhaufen nach der Nadel suchen.« Ob dies wirklich zutrifft, sei dahingestellt. Es kann ja nicht vergessen werden, daß verschiedene Verlage in England, der Bundesrepublik Deutschland, Frankreich und Holland das Manuskript erworben und herausgebracht haben. Gewiß ist es auch zutreffend, daß im Verlagswesen »nichts erfolg-

ABB. 10: *Die englische Autorin Doris Lessing machte sich mit einer anonymen Veröffentlichung vom »Ballast des Berühmtseins« frei.* QUELLE: *Keystone*

reicher ist als der Erfolg« und daß Anfänger es meist schwer haben, wenn ihr Manuskript nicht von einer bemerkenswerten Idee getragen ist und ihr Stil die Verleger oder ihre Lektoren fasziniert.

Doris Lessing hat jedenfalls mit ihrem »kleinen Experiment« erreicht, was sie erreichen wollte. Sie behauptete – nachdem das Pseudonym gelüftet war –, daß sie unter dem Pseudonym wahrer schreiben könne als je zuvor. Wörtlich erklärte sie: »Und es kam tatsächlich so, daß ich als Jane Somers auf eine Weise schrieb, wie Doris Lessing es nicht konnte ... Jane Somers war unbelastet, von einer gewissen Nüchternheit, ähnlich einem Gewissen, über das Doris Lessing nicht hinwegkommt, egal wie sie schreibt und in welchem Stil ... Jane Somers wird mir fehlen.« Und sie bekennt auch später: »Bücher schreiben ist für mich keine große Freude. Aber das hat Spaß gemacht.« Der Satz wird verständlich, wenn man sich vergegenwärtigt, daß Doris Lessing sich darüber ärgerte oder wunderte, »daß Leute, die vorgeben, Sachverständige für meine Bücher zu sein und Doktorarbeiten darüber schreiben, meine Bücher nicht erkennen, wenn sie unter einem anderen Namen erscheinen«, wie sie selbst sagte. Sie hat sich jedenfalls vom Ballast des Berühmtseins mit ihrem »kleinen Experiment« frei gemacht.

Nachdem das Pseudonym von Doris Lessing nach Erscheinen des ersten Bandes mit Erscheinen des zweiten Bandes gelüftet wurde, stiegen auch die Verkaufsauflagen. Die Publizität, die ihr kleines Experiment erfuhr, war beachtlich. Dabei hätte die Literaturwelt den »Schabernack« der Autorin durchschauen können, denn das »Tagebuch der Jane Somers« wurde mit der Anmerkung »Erstlingsroman einer bekannten Journalistin, die unter Pseudonym schreibt« angekündigt. Auch der Stil des Werkes hätte zu denken geben können.

In Frankreich erinnerte sich der Buchhandel, daß der angesehene Verlag Calmann-Lévy die Ablehnung eines Buches des jungen Robert Neumann mit dem stolzen Argument »Wir haben schon Balzac abgelehnt« begründete – ein Trost für alle Autoren, die wie Jane Somers von Verlagen abgelehnt wurden.

Sicher aber hatte auch das »Börsenblatt des Deutschen Buchhandels« recht, wenn es das »Tagebuch der Jane Somers« im Frühherbst 1984 »eines der wichtigsten Bücher dieses Jahres« nannte.

Chris Carpi stellt die Post auf die Probe

Chris Carpi, in Giubiasco (Tessin) geboren, war 34 Jahre alt, als ihm eine Idee kam. Er hatte, was Friedensreich Hundertwasser, der bekannte österreichische Maler, schrieb – als er drei Marken für Senegal entwarf –, gewiß nicht gelesen. Hundertwasser bekannte damals: »Tatsächlich haben die Briefmarken in mir den Wunsch geweckt, Maler zu werden. Ich wollte so kleine Bilder machen, so bunt, so voll Leben, so schön wie die Briefmarken, und damit die Welt erobern ... Sie sind wie Kultobjekte, wie Ikonen.« Chris Carpi *war bereits* ein erfolgreicher Maler, er hatte auf 16 Ausstellungen, auf Biennalen und in Galerien ausgestellt; die aus seinem Astronomiestudium entstandenen Bilder hängen in Privatsammlungen der Schweiz, Italiens, Frankreichs, Argentiniens und der USA. Sie wurden mit drei- bis zehntausend Schweizer Franken verkauft. Und nun hatte Carpi die Idee, einmal die Post auf die Probe zu stellen.

So malte er meisterliche Briefmarken mit den Köpfen von Ronald Reagan, Margaret Thatcher – The Star, Sandro Pertini – Il Presidente und mit seinem eigenen Bildnis. Er frankierte damit Briefe, die er bei verschiedenen Postämtern in Bern, Lausanne, Locarno und Lugano aufgab, an Adressaten in der Schweiz, aber auch in Italien, in Paris und in Stuttgart. Alle Briefe – es waren 25 – wurden von der Schweizer PTT ohne Beanstandung abgestempelt und den Adressaten in den verschiedenen Städten und Ländern ebenso anstandslos zugestellt. Nur die Stuttgarter Post verlangte von den Empfängern »Nachporto, weil nicht korrekt frankiert!« Sogar manche Empfänger der Briefe merkten erst, daß es sich nicht um normale Freimarken auf ihren Briefen handelte, sondern um kleine Kunstwerke, als sie die Briefe öffneten und in ihnen einen Zettel fanden, auf dem stand: »Achtung auf die Briefmarken!«

Die Schweizer Postverwaltung stellte erst fest, was sie betördert hatte, als die Züricher Galerie Arrigo vom 26. November bis 31. Dezember 1983 eine Ausstellung »Arte postale – Gestempelte Kunst« mit Carpis Marken veranstaltete und die Presse die regulär gestempelten Marken abbildete. In zahlreichen Zeitungen der Schweiz erschienen Artikel mit Überschriften wie »PTT in Alarm«, »PTT ohne Sinn für Humor«, »Schweizer Briefmarken-Raritäten« usw. Sogar die angesehene »Neue Zürcher Zeitung« (NZZ) widmete in ihrer Rubrik »Philatelie« dem Fall eine Spitzenmeldung und schrieb: »Der junge Tessiner Chris Carpi hat sich als ›Briefmarkenschöpfer‹ versucht – übrigens mit fast mehr Talent als verschiedene ›offizielle‹ Markenentwerfer – und Schweizer ›Sonderpostmarken‹ eigener Art zu Papier gebracht.« Und sie urteilte weiter: »In Darstellung und Farben sehen die meisten der Schöpfungen im Kleinformat 3 mal 2 Zentimeter echten Briefmarken täuschend ähnlich, und getäuscht wurden – es ist zwar kaum zu glauben – immer wieder einheimische Postbeamte, die Umschläge mit solchen ›Marken‹ arglos stempelten und ohne Nachporto expedierten.«

Daraufhin erhob die PTT Klage gegen den eigenwilligen Künstler. Carpi drohte eine Buße bis zu 40000 Schweizer Franken oder – im schlimmsten Falle – eine Bestrafung mit drei Monaten Haft. Dazu erklärte Carpi in einem Interview der »Südschweiz«: »Ich bin kein Fälscher. Die Kunstwerke, die ich geschaffen habe, kosten mich sehr viel mehr als die Wertzeichen der PTT. Wenn ich diese mit dem Gedanken geschaffen hätte, die PTT zu schädigen, würde ich sie nicht ausgestellt haben.« Die PTT hat die in Zürich ausgestellten Briefe beschlagnahmen lassen. An die bei den Empfängern eingetroffenen Briefe kam sie aber nicht heran. Für Sammler werden sie wahrscheinlich nur den Wert von künstlerischen »Kuriositäten« haben. Dieser Wert kann aber recht hoch sein. Jedenfalls hat die »Aktion« Carpis eigene Bilder im Preis schon fast verdoppelt.

Und nun das Ende der kaum zu glaubenden Geschichte: Der zuständige Staatsanwalt verfügte über ausreichenden Humor. Er hob die Beschlagnahme der Umschläge mit den »falschen« Briefmarken auf und wies die Klage der PTT ab. Die PTT verzichtete darauf, den Fall vor das nächsthöhere Gericht zu bringen. Chris Carpi erklärte vergnügt: »Die Kunst hat über die Bürokratie gesiegt!«

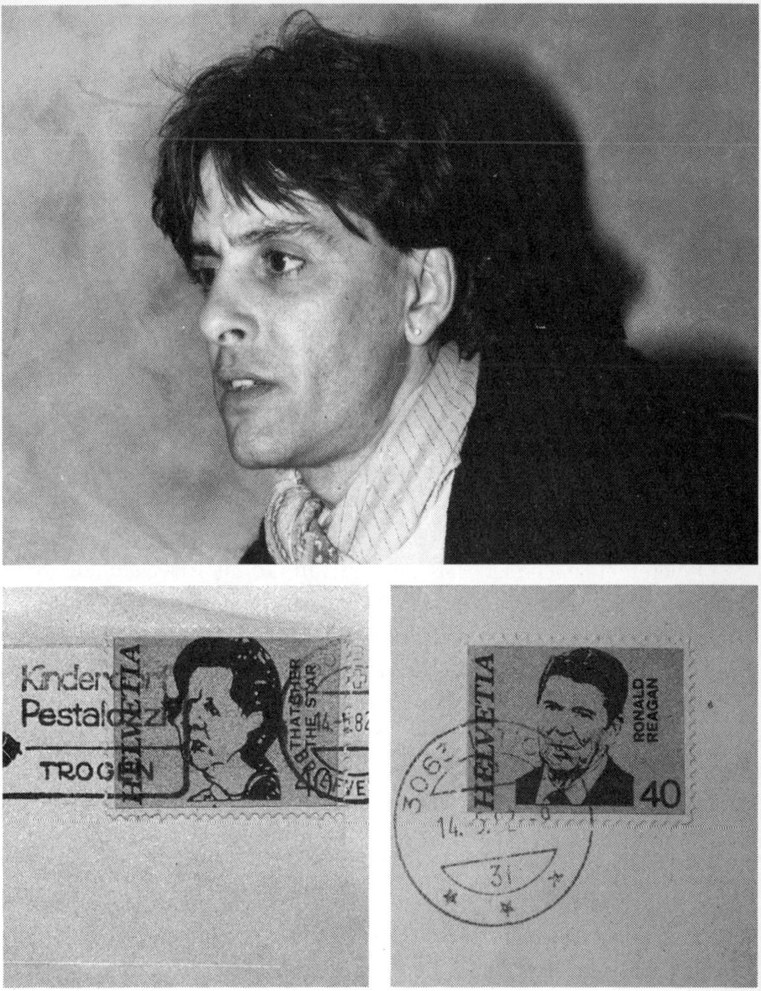

ABB. 11: *Der Tessiner Maler Chris Carpi und zwei seiner »hausgemachten« Briefmarken.*
QUELLE: *Archiv v. Wehrenalp*

Die Explosion auf dem Kunstmarkt

Drei bemerkenswerten Tatsachen ist es zu danken, daß die Christie-Abendauktion vom 10. November 1987 und die Sotheby-Gala-Auktion vom 11. November 1987, die beide knapp einen Monat nach dem 19. Oktober, dem Schwarzen Montag der New Yorker Börse, stattfanden, es verdienen, über den Tag, das Jahr hinaus festgehalten zu werden. Diese Tatsachen stimmen nachdenklich und verdienen in der Geschichte der Malerei einen bleibenden Platz.

Die erste Tatsache ist, daß Vincent van Goghs Iris-Gemälde (81 mal 71 Zentimeter, ein Beet mit blauen und weißen Schwertlilien) den bis dahin höchsten Auktionspreis von 53,9 Millionen Dollar (89,74 Millionen DM) erzielte. Das Bietgefecht dauerte nur 1½ Minuten. Der Maler hatte das Bild, als er – wie so oft – knapp an Mitteln war, im Garten des Hospitals von Saint Remy 1889 geschaffen. Es war das dritte Bild von van Gogh, das 1987 beachtliche Erlöse erzielte. Das erste waren die »Sonnenblumen«, die in London im April für 72 Millionen DM nach Japan verkauft wurden. Das zweite war »Die Brücke von Trinquetaille«, die immerhin noch 37,6 Millionen DM erzielte. Bemerkenswert ist auch, daß vierzig Jahre zuvor, also 1947, eine amerikanische Galerie das Iris-Gemälde für nur 84 000 Dollar von dem damaligen Besitzer erworben hatte.

Die zweite Tatsache ist, welche erstaunlichen Verkaufsergebnisse auf beiden Auktionen für Impressionisten und Moderne erreicht werden konnten. In der Sotheby-Auktion wurde in etwas mehr als zwei Stunden ein Umsatz von 110 Millionen Dollar (183 Millionen DM) erzielt. An ihm waren unter anderem beteiligt Bilder von Claude Monet, die zum Teil fast das Dopelte des Schätzpreises einbrachten, zum Beispiel eine Antibes-Landschaft 2,53 Millionen Dollar (4,2 Millionen DM), der »Blühende Garten« sogar 5,83 Millionen

Dollar (9,7 Millionen DM), die »Chrysanthemenflut« 2,42 Millionen Dollar (4,03 Millionen DM). Ein Mädchenkopf von Renoir wurde für 2,53 Millionen Dollar (4,03 Millionen DM) zugeschlagen, obwohl das Bild nur 42 × 33 Zentimeter groß ist. Das Pastellbild von Degas »Drei Tänzerinnen« wurde mit 1,43 Millionen Dollar (2,38 Millionen DM) bezahlt.

Von Georges Braque wurde ein Landschaftsbild für 1,485 Millionen Dollar (2,47 Millionen DM) verkauft, für sein Bild »Die Violine« wurden sogar 3,3 Millionen Dollar (5,49 Millionen DM) geboten. Selbst Werke von Pablo Picasso, die auf dieser Auktion weniger gefragt waren, erzielten zum Teil hervorragende Preise. Dazu gehört das Bild »Frau in Grau«, das mit 1,375 Millionen Dollar (2,29 Millionen DM) erheblich mehr als den Schätzpreis erbrachte.

Das »Selbstbildnis mit weißer Mütze« des Expressionisten Max Beckmann, das 1981 für 60000 Dollar (damals 1,52 Millionen DM) den Käufer wechselte, wurde jetzt für 1,54 Millionen Dollar (2,56 Millionen DM) verkauft. Unter den Plastiken erreichte Alberto Giacomettis »Frau von Venedig VIII« den beachtlichen Verkaufserlös von 962500 Dollar.

Die Erlöse der Christie-Auktion

Obwohl auf der Christie-Abendauktion Preisrückgänge verzeichnet wurden, eine brauntonige Landschaft von van Gogh sogar keinen Käufer fand, erbrachte auch diese Abendauktion einen Ertrag von 37,56 Millionen Dollar (62,3 Millionen DM). Auf ihr wurden Millionen-Dollar-Beträge gezahlt für: Monets Flußlandschaft 1,43 Millionen Dollar (2,37 Millionen DM), sein Seerosenbild 3,3 Millionen Dollar (5,48 Millionen DM), Renoirs »Mädchen mit Blumenkorb« 5,28 Millionen Dollar (8,76 Millionen DM), Gauguins Bildnis eines Tahitianers 2,09 Millionen Dollar (3,47 Millionen DM), Toulouse-Lautrecs »Geiger Dancla« 1,265 Millionen Dollar (2,09 Millionen DM) und andere.

Auch für Expressionisten wurden auf dieser Auktion Millionen Dollar bezahlt, unter anderem für Kandinskys Murnau-Landschaften 2,42 Millionen Dollar (4,02 Millionen DM), Chagalls bunten Blumenstrauß mit Figuren 1,54 Millionen Dollar (2,56 Millionen DM) und Modiglianis Bildnis der Madame Survage 1,21 Millionen Dollar (2 Millionen DM).

Auf den Auktionen wurde mehrfach von Experten die Meinung geäußert, daß solche Preise für Kunstwerke höchstens noch ein Jahr lang erzielt werden könnten. Doch wagte niemand, für diese Ansicht Wetten abzuschließen. Sicher ist jedenfalls, daß keiner der Maler zu seinen Lebzeiten sich vorgestellt haben dürfte, was seine Bildern 1987 an Millionenbeträgen erzielen würden.

Die dritte Tatsache ist, daß nur wenige Amerikaner, Museen und Privatpersonen sich an diesen Kaufauktionen beteiligt haben. Das Hauptkontingent der Käufer waren Japaner und Europäer, wobei insbesondere japanische Händler eine beachtliche Rolle spielten. Dies wurde auch vom Kunstmarkt des »Handelsblatts« – dem die Fakten entnommen sind – als bemerkenswert erwähnt.

Stetig steigende Preise

Wesentlich ist aber auch, sich zu vergegenwärtigen, welche Preise berühmte Maler Ende des vorigen Jahrhunderts auf Auktionen erzielten und wie sich die Preise ab 1900 entwickelten und schließlich in den achtziger Jahren unseres Jahrhunderts explodierten. 1895 erzielten die »Zwei Vasen mit Chrysanthemen« von Claude Monet nur 675 Dollar, und 1902 erbrachte »Der Raucher« von Edouard Manet 3100 Dollar, ein Bild, das 1965 für 450000 Dollar in New York versteigert wurde. Allerdings erbrachte 1906 das Portrait der Petronella Buys von Rembrandt bereits 20600 Dollar, während es 1980 den stolzen Betrag von 990000 Dollar erzielte.

Im Jahre 1912 wurde ein Blumenstilleben von Jan Brueghel dem Älteren unter der falschen Malerbezeichnung Jan van Os für nur 45 Dollar verkauft, während 1979 auf einer Sotheby-Parke-Bernet-Auktion 451000 Dollar dafür gezahlt wurden. Claude Monets »Vergnügungsboote in Argenteuil« erbrachte zusammen mit 24 weiteren Monets im Kriegsjahr 1917 auf einer Auktion der American Art

ABB. 12: *Auf dieser Versteigerung bei Christie's (30. 11. 1987) wurde ein Bild des französischen Malers Edgar Degas für 22,4 Millionen DM versteigert.*

QUELLE: *dpa*

Association nur 4500 Dollar, während die Sammlung 1981 ebenfalls in New York 1,43 Millionen Dollar erzielte. Und 1918 wurde das »Stilleben mit Spielkarten« für sage und schreibe 32,50 Dollar ersteigert. In den zwanziger Jahren stiegen die Preise an. So erzielte Edgar Degas »Madame René Degas«, ein Ölgemälde, das 1921 im Katalog nur als »Portrait einer Frau in Weiß« angekündigt worden war, immerhin 17000 Dollar und Paul Cézannes »Stilleben mit Äpfeln« 1922 sogar 21000 Dollar. Ein Bild von Jean Baptiste Camille Corot wurde 1925 allerdings für nur 17600 Dollar verkauft. Maßgeblich dafür dürfte ein Spruch sein, der in den USA kursierte: »Corot malte 4000 Bilder, von denen sich 20000 in Amerika befinden.«

In den fünfziger Jahren zogen die Preise deutlich an. So erbrachte 1956 das berühmte Bild von William Turner »Staffa, Fingal's Cave« 47000 Dollar und 1958 Camile Pissaros »Landschaft bei Pontoise. Die Auvers-Straße« 62500 Dollar, was 1980 auf einer New Yorker Auktion mit 528000 Dollar allerdings weit überboten wurde.

Erhebliche Preise erzielten 1959 »Die Töchter von Durand-Ruel«, ein Bild Pierre-Auguste Renoirs mit 255000 Dollar und 1961 das Ölgemälde von Jean-Honoré Fragonard »Ein junges Mädchen lesend« mit 875000 Dollar, weil das Bild ganz besonders beliebt war. Für Rekordpreise verkauft wurden 1967 Camille Corots »Junge Frau in rotem Leibchen eine Mandoline haltend«, das 310000 Dollar brachte, und 1968 Renoirs »Die Künstlerbrücke in Paris«, für die sogar 1,55 Millionen Dollar gezahlt wurden.

Das Werk »100 Years of Collecting in America. The Story of Sotheby Parke Bernet«, dem die Zahlen für dieses Jahrhundert entnommen sind, zeigt auch, welche Explosion die Preise für Gemälde in den achtziger Jahren unseres Jahrhunderts erlebten. Bereits 1980 zahlte die Ishibashi Foundation, Tokio, 3,3 Millionen Dollar für das Pablo-Picasso-Ölgemälde »Saltimbanque, sitzend mit gekreuzten Armen«. Im gleichen Jahr wurden für William Turners »Juliet und ihr Kindermädchen« sogar 7,04 Millionen Dollar, der bis dahin höchste Betrag auf einer Sotheby-Parke-Bernet-Auktion, ausgegeben. 1981 brachte Pablo Picassos »Yo Picasso«, das er 1901 gemalt hatte, 5,83 Millionen Dollar und 1983 Edgar Degas »L'Attente« immerhin 3,74 Millionen Dollar.

Das Phänomen Zensur

Vom 1. Juni bis Mitte Oktober 1984 veranstaltete die »New York Public Library« eine Ausstellung »Censorship: 500 Years of Conflict«. Von William Zeisel herausgegeben, erschien unter dem gleichen Titel eine reich illustrierte Schrift von über 140 großformatigen Seiten, in der Arthur Schlesinger Jr. in seiner Einleitung feststellt: »Zu fast allen Zeiten der Menschheitsgeschichte haben die jeweiligen Machthaber, gestützt auf die angesehensten religiösen und philosophischen Traditionen, das Recht auf Zensur ausgeübt – auf Kosten des Rechtes auf freie Meinungsäußerung ... Erst in den letzten fünf Jahrhunderten sind endlich die machtvollen Ansprüche des Rechtes auf freien Ausdruck gegen das Recht auf Zensur durch die Herrschenden verwirklicht worden.«

Diese Feststellung dürfte für die Vereinigten Staaten zutreffen, generalisieren sollte man sie nicht. Richtig ist sicherlich, daß in der Antike, in Griechenland und im römischen Reich die Zensur der Machthaber – zum Teil gegen das aufstrebende Christentum, später seitens der Christen gegen das Heidentum – eine beachtliche Rolle gespielt hat.

Schlesinger Jr. hat selbst darauf hingewiesen, daß Mark Twains »Die Abenteuer des Huckleberry Finn« noch im März 1885 von den Regalen der »Concord Public Library« verbannt wurde, weil das Buch »sich mit einer Abfolge von Abenteuern auf niedrigstem moralischem Niveau befaßt. Es ist in einer rohen Umgangssprache geschrieben, und auf allen seinen Seiten finden sich Beispiele für den systematischen Gebrauch schlechter Grammatik ... Das Buch ist frivol und respektlos, es ist Kitsch im höchsten Grade.«

Allerdings konnte Mark Twain, als er von der Aktion in der Concord Public Library erfuhr, bemerken: »Dies wird sicher zum Verkauf von 25 000 Exemplaren führen.« Womit schon damals bewiesen ist, daß der amerikanische Philosoph und Dichter R. W. Emerson recht hatte mit seiner Feststellung: »Jedes verbrannte Buch erhellt die Welt; jedes unterdrückte oder gestrichene Wort hallt wider auf Erden.«

Büchervernichtung und Zensur in der Antike

Eine der wohl umfassendsten Schilderungen der Büchervernichtung und Zensur in der Antike verfaßte Wolfgang Speyer mit seinem 1981 erschienenen Buch »Büchervernichtung und Zensur des Geistes bei Heiden, Juden und Christen«. Er geht von der Erkenntnis aus, daß »die Bedeutung des Buches für das geistige Leben stieg, als vom späten 5. Jahrhundert v. Chr. an ausgehend von Athen ein ausgebildetes Buchwesen mit Buchhandel und Bibliotheken aufkam und seit dem 3. Jahrhundert v. Chr. das gesamte geistige Leben der hellenistischen Welt prägte«. Vergessen sei aber nicht, daß damals das Buchwesen sich in beschriebenen Tontafeln, Rollen und Kodizes aus Papyrus und später Pergament vollzog. Trotzdem konnte Speyer feststellen: »Nicht selten diente die Vernichtung von Literatur auch nur der Erhaltung staatlicher und kirchlicher Macht.«

Verfolgt und vernichtet wurden in der Antike vor allem religiöse, philosophische, politische und trotz ihrer geringen Verbreitung auch erotische Schriften, die überwiegend von Minderheiten stammten. Dazu gehörten, wie A. v. Harnack 1893 schrieb, »in der frühen Kaiserzeit die Schriften der Christen, nach dem Sieg des Christentums unter Konstantin und seinen christlichen Nachfolgern die Bücher der Heiden und der sogenannten Häretiker, also der Gegner der Großkirche, im christlichen Mittelalter bestimmte Schriften der Juden, vornehmlich der Talmud«.

Allerdings gilt es auch zu bekennen, daß über die Büchervernichtung in der Antike recht wenig bekannt ist und wir deshalb nur in einzelnen Fällen wissen, ob die Büchervernichtung nicht auch als »Sühneopfer an die für beleidigt gehaltene Gottheit« zu werten ist. Auch gilt es mit Petrarca zuzugeben, daß die antike Literatur große Einbußen durch jene Völker erlitten hat – insbesondere die Germanen –, »die den Werken des Geistes zunächst fremd und verständnislos, ablehnend oder gleichgültig gegenüberstanden«.

Erhebliche Verluste an Inschriften und Aufzeichnungen traten in der Antike durch Kriege und Aufstände ein. So wurde bei einem Aufstand in Ägypten 2200 v. Chr. das Staatsarchiv in Memphis zerstört, auch hat angeblich Nebukadnezar 587 v. Chr. bei der Einnahme Jerusalems das Gesetz der Juden verbrannt und um 494 v. Chr., als die Perser Milet stürmten, die dortige Archivbibliothek zerstört. Als Aemilius Paullus über Perseus siegte, entführte er »große Büchermengen« von Makedonien nach Rom. Das gleiche tat Lukullus, als er Mithridates besiegte. Auch das Archiv von Heraclea soll 90–88 v. Chr. ein Opfer des Krieges geworden sein. Als um 48/47 v. Chr. Cäsar Alexandrien eroberte, wurden die Bücherschätze des Museion »ein Raub der Flammen«. 69 n. Chr. erstürmten die Truppen des Vitellius das Kapitol, wobei 3000 Bronzetafeln mit den Beschlüssen des Senats und des Volkes im Jupitertempel vernichtet wurden. 475 n. Chr. ist die öffentliche kaiserliche Bibliothek von Konstantinopel mit 120000 Bänden das Opfer eines Brandes geworden, bei dem auch eine 120 Fuß lange Rolle, die mit goldenen Buchstaben beschrieben war und die Ilias und die Odyssee enthielt, verbrannte. Dies sind nur die wenigen verbürgten Brandopfer. Umstritten sind weitere Vernichtungen durch Brände, die als »wahrscheinlich« bezeichnet wurden, hier aber nicht aufgeführt sein sollen.

Zielstrebig wurden jedenfalls auch Papyrusrollen und Pergamentkodizes verbrannt, wenn ein Verfasser als Feind der religiös-politischen Gemeinschaft angesehen wurde. Der Sinn war, sich von der fluchbringenden Schrift loszusagen und den Zorn der Gottheit von sich abzulenken. Vielfach war demnach in der Antike die individuelle Büchervernichtung nicht Ausfluß staatlicher Willkür oder gar Tyrannei, sondern Ausdruck religiöser Gefühle. So ist auch das Dekret Kaiser Theodosius II. zu verstehen, das 448 n. Chr. die Verbrennung der Schriften des Christengegners Porphyrios verfügte, ebenso wie die Verbrennung der heidnischen »Zauberbücher« eine Folge religiöser Haltung war.

Ton- oder Steintafeln wurden zerbrochen und in Stücke geschlagen, da sie ja nicht verbrannt werden konnten. Nach dem Konzil von

Nizäa 325 n. Chr. wurden Offenbarungsschriften, die als falsche Auslegungen gewertet wurden, zerrissen. Schließlich befürchteten manche Menschen in der Antike, daß ein Verbrennen oder Zerreißen einer Schrift, auf der sich ein Gottesname befand – sei die Schrift selbst auch die eines Häretikers –, Gottes Zorn auslösen könnte. Sie haben dann solche Bücher durch Wasser vernichtet, vor allem durch fließendes Wasser, wodurch sie sich von dem Werk befreiten, ohne es antasten zu müssen.

Die seit dem 6. Jahrhundert »rein militärisch ausgerichtete Kultur der Spartaner hat das freie Denken und Reden der Philosophen und Rhetoren zurückgewiesen«. Sie sollen zum Beispiel »die Dichtungen des Archilochos aus ihrem Staat verbannt haben, weil sie diese Lieder für allzuwenig schamvoll und züchtig hielten«. Für dieses »früheste Zeugnis einer staatlichen Zensur aus Gründen der Jugenderziehung« gibt es allerdings bis heute keinen dokumentarischen Beweis.

Beweise gibt es jedoch für in Athen geführte Prozesse gegen Gottesleugner, das heißt den Kampf der alten Polis gegen den neuen Geist der Aufklärung. Cicero berichtet über den Prozeß der Athener gegen Protagoras, der »wegen seines Zweifels am Dasein der Götter mit Verbannung bestraft und seine Schriften öffentlich auf der Agora verbrannt« wurden. Ende des 5. Jahrhunderts verbrannten die Athener seine Schrift »Über die Götter«.

Bekannt und dokumentiert ist auch ein Erlaß aus den Jahren 145/144 v. Chr. gegen die Gelehrten und Künstler in der Hochburg des griechischen Geistes, Alexandrien. Die von ihm Betroffenen hatten gegen die Herrschenden Partei ergriffen und mußten Alexandrien verlassen. Sie konnten aber ihr Wissen auch weiterhin verbreiten, weil sie in der hellenistischen Staatenwelt bereitwillige Aufnahme gefunden haben.

»Im Rom der freien Republik wurden Schriften vor allem aus religiösen und religiös-politischen Gründen vernichtet«, schreibt Speyer. Doch weist er auch darauf hin, daß »politische Krisen und Hungerrevolten vielfach Weissagungen und Offenbarungen hervorriefen, die den Regierenden so gefährlich schienen, daß sie ihre Vernichtung anordneten«.

Trotzdem war die Freiheit der Rede und Schrift in der römischen Republik »noch relativ groß«. Dies änderte sich erst in der Kaiserzeit von Augustus bis zum 3. Jahrhundert n. Chr. Jede Kritik am römischen Staat wurde zu einer Kritik am Princeps, das heißt dem Kaiser. Sie wurde als Majestätsbeleidigung angesehen. Speyer urteilt: »Tyrannische Herrscher haben auf diese Weise verantwortungsbewußte Geschichtsschreiber, Redner, Dichter und Literaten mit dem Tode oder mit Verbannung bestraft und ihre Schriften ins Feuer werfen lassen.« Doch waren diese als Schmähschriften bezeichneten Äußerungen, die oft mit gefälschtem Verfassernamen bekannt wurden, die einzige Möglichkeit, am Staat bzw. dem Kaiser Kritik zu üben.

Auch wird vermutet, daß Ovid vom Kaiser verurteilt wurde und nicht nur die »Ars amatoria«, sondern wahrscheinlich alle bis zum Jahr 8 n. Chr. von ihm herausgegebenen Gedichte aus den öffentlichen Bibliotheken Roms entfernt wurden. Die private Lektüre seiner Gedichte scheint nicht verboten gewesen zu sein.

Von Kaiser Caligula ist bekannt, daß er Vergil und Livius ablehnte und am liebsten ihre Werke aus den Bibliotheken verbannt hätte. Er verkündete, daß er es durchsetzen werde, »daß die Rechtsgelehrten nichts außer seinen Worten als rechtliche Bescheide geben könnten«. Er ließ seinen Rhetor den Feuertod erleiden und einen Stoiker hinrichten.

62 n. Chr. verfügte Nero, daß Gallus Fabricius Veiento Italien verlassen müsse, weil er in einer Schmähschrift Senatoren und Priesterschaft angegriffen habe. Die Schmähschrift wurde auf Neros Geheiß verbrannt. Und Tacitus bemerkte dazu, »daß dieses Werk nur solange gesucht und gelesen wurde, wie es unter Gefahren erworben wurde; später habe die Aufhebung der Zensur es in Vergessenheit geraten lassen«.

Bis Kaiser Konstantin I. (der Große 285–337 n. Chr.) die Macht in Rom antrat, wurde die christliche Religion als »ein den Staat gefährdender Irrglauben« angesehen, der auszurotten sei. Kaiser Diokletian hat 297 n. Chr. ein Gesetz gegen die Manichäer erlassen, das für ihre Führer und ihre Schriften den Feuertod bzw. die Verbrennung verfügte. Sechs Jahre später erließ er gegen die Christen das erste christenfeindliche Edikt, das ähnlich wie das Gesetz gegen die Manichäer lautete. Es blieb zwar nur wenige Jahre in Kraft, hatte aber verheerende Folgen für die Christenheit, weil ihre heiligen Schriften und liturgischen Bücher bis nach Nordafrika verfolgt und zum Teil mitten auf Marktplätzen verbrannt wurden.

Speyer erinnert auch daran, daß sogar noch um 300 n. Chr. in Rom ein Senatsbeschluß gefaßt wurde, »jene Schriften Ciceros zu vernichten, durch die die christliche Religion bestätigt und das Ansehen der alten Überlieferung geschmälert wird«.

Auch Kaiser Julian, der 361 kurz den Kaiserthron bestieg, bemühte sich, das Christentum aus dem öffentlichen Leben zu verbannen. Er tat dies weniger aus Haß gegen das Christentum, sondern wohl mehr, um die Spannungen »zwischen der antiken religiösen Anschauungsweise und der Weltflucht vieler damaliger Christen« abzubauen.

Speyer weist schließlich darauf hin, daß auch im Alten Orient, in Israel und im Frühjudentum ebenso wie später bei den Christen eine »Bücherverbrennung« stattgefunden hat. »Nach der Auffassung und dem Willen der Rabbiner in der Zeit nach 70 n. Chr. sollten die Apokalypsen und Patriarchenschriften nicht nur gemieden, sondern wie alle Ketzerschriften durch Feuer vernichtet werden.«

Nicht vergessen werden soll aber, daß Bücherverbrennungen selbst in China stattgefunden haben. Der Kaiser Ch'in Chi-huang erließ – nachdem er das Feudalreich der Chou zerstört hatte – 231 v. Chr. einen Befehl, die Bücher der konfuzianischen Opposition zu verbrennen. Er vernichtete damit praktisch die ganze chinesische Wissenschaft der damaligen Zeit.

Im Namen des Christentums

Nachdem die christliche Kirche – wie erwähnt – unter Kaiser Konstantin zur staatserhaltenden Macht wurde, begann die Büchervernichtung und Zensur auch von seiten der Christenheit, wobei vor allem die Vernichtung der Schriften der Häretiker gefordert wurde. Speyer behauptet dazu: »So führt vom 4. Jahrhundert eine gerade Linie zur Inquisition des Mittelalters und zum Ketzergericht mit öffentlicher Verbrennung der häretischen Schriften im Namen des christlichen Kaisers oder Königs.« Doch blieb ein »Sturm auf die heidnischen Schriften« lange Zeit aus, weil »viele der Gebildeten auf die ästhetischen Werte ihrer ererbten Literatur und Kunst weiterhin Wert legten«.

Vernichtet wurden nach Konstantin I. nicht nur christenfeindliche Schriften, sondern auch sakrale Gegenstände, Götterbilder, Rituale sowie Orakelbücher. Kaiser Jovianus ließ eine ganze Bibliothek verbrennen, nur weil sein Vorgänger sie in einem Tempel zu Ehren Trajans geschaffen hatte. Auch sogenannte »laszive Literatur« wurde vernichtet, einfach weil die Menschen der Antike ein anderes Verhältnis zum Geschlechtlichen besaßen als die Christen.

Unter der Herrschaft des römischen Kaiser Flavius Valens fand um 371/372 »eine der größten Büchervernichtungen in Verbindung mit Hinrichtungen vieler angesehener Männer« statt, die wahrscheinlich nicht aus religiösen Gründen erfolgte. Es wird angenommen, daß sie eine Folge der Furcht des Kaisers vor einer Verschwörung war. Bei den von ihm Verdächtigten ließ der Kaiser Haussuchungen durchführen, weil sie mit Zauberbüchern »magische Praktiken angewendet haben sollten, um den Namen des kaiserlichen Nachfolgers zu erfahren«. Deshalb wurden vor allem Zauberbücher aufgespürt und verbrannt. Wozu Speyer anmerkte: »Dabei wurden aber weit mehr Schriften aus dem Bereich der freien Künste und des Rechts als aus dem der Magie vernichtet.« Wenn hier religiöse Gründe auszuschließen sind, dann ist das Vorgehen von Kaiser Valens ein klassisches Beispiel von Machtmißbrauch.

Verbrannt wurden jedenfalls außer häretischen Schriften der vorarianischen Zeit auch die Bücher des Mani, das heißt die manichäischen Schriften, von denen »nur ein Bruchteil üriggeblieben« ist. Das gleiche gilt für die Schriften der Apollinaristen, der Eutychianer und der Monophysiten, wobei vor allem gegen die gegen das Konzil von Chalkedon (451 n. Chr.) gerichteten Stellungnahmen vorgegangen wurde. Besitzer solcher Bücher mußten in die Verbannung gehen. Kaiser Justinian verfügte sogar, daß Christen die Bücher des Severos von Antiochien zu verbrennen haben, und wer sie abschreibe, dem müsse die Hand abgeschlagen werden.

Die Zensurmaßnahmen richteten sich auch – nachdem lange Zeit die jüdischen Geheimschriften von den Christen verehrt wurden – ab Ende des 2. Jahrhunderts gegen jüdische Apokalypsen, gegen jede Art von Geheimlehre und Prophetie. Doch erst im Hochmittelalter begann die Verfolgung des Talmud, seine Beschlagnahme und Verbrennung, selbst einzelner Exemplare. Sie dauerte bis in die Neuzeit. Dazu vermerkt Speyer in einer Fußnote, daß Johannes Reuchlin sich in einem Gutachten für Kaiser Maximilian über das jüdische Schrifttum mit »vielen Argumenten« gegen die Verfolgung des Talmud ausgesprochen hat.

Bezeugt ist jedenfalls, daß während der diokletianischen Verfolgung christlicher Bücher auch Kritik erfolgte. Dies geschah mit dem Argument, »die Schriften seien schon weithin verbreitet«. Optatus von Mileve wies in einem Buch sogar darauf hin, »daß weder Moses wegen seiner Zertrümmerung der Gesetzestafeln noch die Juden wegen ihres Verlustes der Bundeslade mit den Tafeln, noch auch Baruch oder König Jojakim von Gott bestraft worden seien«.

Als die Heiden Ciceros »De natura deorum« verbrennen wollten, ist von Arnobius die wörtliche Stellungnahme überliefert: »Denn Schriften vernichten und die zum öffentlichen Gebrauch freigegebene Lektüre unterdrücken zu wollen heißt nicht, die Götter zu verteidigen, sondern das Zeugnis der Wahrheit zu fürchten.« Trotzdem muß Speyer in seiner Schlußbetrachtung anmerken: »Das Thema der Verbrennung häretischer Schriften behielt bis ins 18. Jahrhundert seine Anziehungskraft.«

Ausführlich berichtet Heinrich Lackmann in dem Heft »Die kirchliche Bücherzensur nach geltendem kanonischen Recht« bereits 1962 unvoreingenommen, »ohne jede apologetische Absicht«, wie bereits vor der Erfindung der Buchdruckerkunst, das heißt im Jahre 1342, zum Beispiel in Paris auf Grund einer Universitätsverordnung die »Librarii und Stationari« verpflichtet waren, nur »exemplaria vera et correcta« anzubieten. Sie durften sogar Abschriften der handschriftlichen Vorlesungen der Professoren nicht selbst benutzen noch weitergeben, »solange sie nicht der Universität zur Approbation vorgelegen haben«. 24 Jahre später wurden von den Kommissarien Urbans V. die »Statuta papalia« verfügt, die für die Theologische Fakultät der Pariser Universität Ähnliches vorsahen. 1398 traf dies auch für die Theologische Fakultät der Universität Köln zu. »Ähnliche Zensurvorschriften finden sich seit dem 14. Jahrhundert an fast allen Universitäten«, berichtet Bianco in »Die alte Kölner Universität«. Es war – wie Lackmann meint – eine »mehr interne«, keine »kirchliche Zensur«, jedenfalls in ihrem ersten Stadium, eine »Selbsthilfeaktion der Universitätslehrer«, die sich gegen unbefugte Vervielfältigung und den Verkauf an Studenten schützen wollten. Er vermerkte: »Zu einer wirklichen Vorzensur konnte es natürlich erst nach Erfindung der Buchdruckerkunst kommen.«

Auch diese »wirkliche Vorzensur« wurde von den Druckern nicht gleich ernsthaft befolgt. Deshalb hat wohl Papst Innozenz VIII. am 17. November 1487 eine Bulle »an die ganze christliche Welt« gerichtet, mit der die Vorzensur den Ortsbischöfen übertragen wurde. »Bei Strafe der Exkommunikation und einer Geldbuße wird das Drukken, Binden und Lesen von Büchern, die nicht vorher die bischöfliche Approbation erhalten haben, verboten.« »Als erster päpstlicher Zensurerlaß« wird allerdings die erst am 3. Mai 1515 erlassene Bulle Leos X. »Inter sollicitudines« bezeichnet. In ihr wird auf die Gefahren hingewiesen, »die Glauben und Sitte durch die Verbreitung schädlicher Schriften drohen«. Dies sei vor allem durch die Übersetzung aus dem Griechischen, Arabischen, Chaldäischen, also dem christlichen Glauben fremdem Geistesgut, der Fall.

Waren dies zuerst nur gelegentliche Zensurmaßnahmen, so entwickelte sich eine scharfe Bücherzensur, nach der durch Luther ausgelösten Reformationsbewegung, die mit einer Optimierung der Buchdruckerkunst einherging. Als Auswirkung des Trienter Konzils verkündete Papst Pius V. am 24. März 1564 einen neuen Index mit einem Katalog verbotener Bücher. Mit ihm wurde auch in zehn »Regulae« die Vorzensur, insbesondere für die Herausgabe der Bibel, geregelt und welche Bücher einen Approbationsvermerk erhalten mußten. Dieser Index und seine »Regulae« galten weitgehend, mit wenigen Zusätzen und Änderungen, bis Papst Leo XIII. am 24. Januar 1897 die tridentinische Büchergesetzgebung aufhob und ablöste. Der Papst hob damals die allgemeine Vorzensur für alle

Schriften auf und beschränkte die Zensur auf Bücher und Schriften, die Fragen des Glaubens und der Sitte behandelten.

Lackmann gibt auch einen Überblick über die Zahl der Indizierungen, die weit geringer ist, als in der Allgemeinheit angenommen wird. Für das 18. Jahrhundert nennt er etwa 2500 Indizierungen, im 19. Jahrhundert waren es nur 1300 und bis 1962 im 20. Jahrhundert nur noch etwa 180. Allerdings zählt er vom 16. Juni 1950 bis 5. Januar 1960 36 Indizierungen auf, darunter Curzio Malapartes »La pelle« (»Die Haut«), 1949 in Mailand erschienen, weil er zu den Romanschriftstellern gehöre, die »offen laszive und obszöne Dinge erzählen«. Hierzu merkt Lackmann an: »Dem Verbot ist ein Monitum angefügt, in dem der unabsehbare Schaden beklagt wird, der den Gläubigen aus der Lektüre solcher Werke erwächst, wenn sie ohne Beachtung des sittlichen Wertes ihres Inhalts mit hemmungsloser Gier gelesen werden.« Auch wird darauf hingewiesen, daß die Jugend zu schützen, die Lektüre solcher Literatur zu meiden und die Verbreitung dieses Schrifttums nicht zuzulassen sei. – André Gides 1952 erschienener Roman »Opera Omnia« wurde am 24. Mai 1952, also nach Gides Tod, indiziert. Lackmann meint, daß dafür »das völlige Fehlen moralischer Grundsätze und ein stark blasphemischer Zug« ausschlaggebend gewesen sei. Den gleichen Grund sieht er für die Indizierung der Schriften Miguel de Unamunos, weil sie »an vielen Stellen gegen Glauben und Sitte verstießen«. Wobei bemerkenswert ist, daß sein 1913 in Madrid erschienenes Werk »Del sentimento tragico de la vida» erst am 30. Januar 1957 auf dem Index erschien.

Am 12. Juli 1956 wurden auch zwei Werke von Simone de Beauvoir auf den Index gesetzt: »Le deuxieme sexe«, das 1949 in Paris erschienen war, und der Roman »Les mandarins«, der 1954 erschien. Als Grund nennt Anna Salomonsen in der Zeitschrift »Hochland« 1960: »Als Gefährtin Jean Paul Sartres dem existenziellen Atheismus zugewandt, verficht sie die These, daß es das Wesen der Frau gar nicht gebe. Dieses sei vielmehr eine Fiktion, das Produkt einer vom Manne bestimmten Kultur und Zivilisation.«

Die in den fünfziger Jahren und Anfang der sechziger Jahre geübte Indizierungspraxis beurteilt Lackmann: »Mit einiger Sicherheit kann man erkennen, daß das Hl. Offizium die neueren Diskussionen innerhalb der katholischen Theologie und der praktischen Seelensorge aufmerksam beobachtet, durch seine Entscheidungen aber auch feindliche Einflüsse abzuwehren und bedenkliche Fehlentwicklungen zu unterbinden sucht. Durch die Verurteilung weitverbreiteter Schriften bekannter Autoren (exempla docent) will es den Gläubigen zugleich das allgemeine Verbot unsittlicher Literatur einschärfen.« Beachtlich ist sein weiterer Kommentar: »Bemerkenswert ist auch, daß das Hl. Offizium bei der Indizierung von Veröffentlichungen auf dem nordamerikanischen Kontinent zurückhaltend ist; man schätzt offensichtlich den Nutzen, den eine Indizierung dort einbringen würde, nicht höher ein als den zu befürchtenden Schaden.« Die Folgerung daraus: »Man wird kaum darüber hinwegsehen können, daß die heutige Geltung der Büchergesetze allzusehr auf die Länder des alten Europas beschränkt ist und daß eine der neuen Zeit angepaßte Gestalt der mannigfach differenzierten Gegebenheiten in einzelnen hochzivilisierten oder weniger entwickelten Ländern verschiedener Kulturkreise gerecht werden muß. Man wird wohl den begonnenen Weg weitergehen müssen, das heißt, einige grundsätzliche Richtlinien zentral von der päpstlichen Kurie aus zu erlassen, aber die konkrete Ausgestaltung des Rechts (regional) den Bistümern oder Kirchenprovinzen zu übertragen.« Diesen Gedanken vertritt auch M. Küng in seinem Buch: »Konzil und Wiedervereinigung«.

Auch Goethe wurde zensiert

Goethes Verhältnis zur Zensur war ambivalent. Er war immer wieder ein Opfer der Zensur – worüber selbst in Deutschland viel zuwenig bekannt ist –, andererseits war er selbst ein Mitglied des Geheimen Consiliums, das auch ein Zensurorgan der Weimarer Regierung war. Er hat sogar 1799 für Sachsen-Weimar ein Zensurgesetz entworfen, das allerdings nicht einmal beraten wurde, sondern in den Akten verschwand. In ihm vertrat er die Meinung, »daß nichts gedruckt werden solle, was den bestehenden Gesetzen und Ordnungen zuwider sei«. Doch meinte er auch, daß eine Zensur »mehr pädagogisch als legislatorisch« wirken solle.

Hier sei jedoch in Einzelheiten nur auf die Eingriffe der Zensur bei Goethes Werken hingewiesen, denn diese Fakten sollten weder vergessen werden, noch sollten wir sie für möglich halten. Doch sei auch festgehalten, daß zu Goethes Jugendzeit sogenannte »anstößige« Bücher auf den Märkten von Henkern verbrannt wurden. Darüber schrieb Goethe später in seinen Lebenserinnerungen: »Es hatte etwas Fürchterliches, eine Strafe an einem leblosen Wesen ausgeübt zu sehen. Die Ballen platzten im Feuer und wurden durch Ofengabeln auseinandergeschürt und mit den Flammen mehr in Berührung gebracht. Es dauerte nicht lange, so flogen die angebrannten Blätter in der Luft herum, und die Menge haschte gierig danach.« Er wies auch darauf hin, was sich bei vielen Zensurmaßnahmen zu allen Zeiten ereignete: »Auch ruhten wir nicht, bis wir ein Exemplar auftrieben, und es waren nicht wenige, die sich das verbotene Vergnügen gleichfalls zu verschaffen gewußt. Ja, wenn es dem Autor um Publizität zu tun war, so hätte er selbst nicht besser dafür sorgen können.«

Zum ersten Mal kam Goethe mit 21 Jahren mit der Zensur in Konflikt. Sie betraf seine der juristischen Fakultät eingereichte Doktorarbeit »De Legilatoribus« – die verlorengegangen ist. Sie wurde von der Fakultät abgelehnt, weil sie »zu gefährlich« sei, denn sie behandelte die Streitfrage zwischen Staat und Kirche. Ein Straßburger Professor der Theologie schrieb damals über Goethe: »H. Göthe hat eine Rolle hier gespielt, die ihn als einen überwitzigen Halbgelehrten und einen wahnsinnigen Religions-Verächter nicht eben nur verdächtig, sondern ziemlich bekannt gemacht.« Goethe urteilte selbst über die Dissertation: »Ich zeigte, daß alle öffentlichen Religionen durch Heerführer, Könige und mächtige Männer eingeführt worden, ja, daß dieses sogar der Fall mit der christlichen sei.«

Goethe nahm die Ablehnung nicht sehr ernst, denn er bestand seine Lizenziatenprüfung und wurde vom Frankfurter Magistrat in den Advokatenstand aufgenommen.

Die zweite Begegnung mit der Zensur war bedeutsamer. Sie betraf eine seiner wichtigsten Jugendschriften: »Die Leiden des jungen Werthers«, die 1774 anonym bei der Weygandschen Buchhandlung in Leipzig erschienen ist und, wie es hieß, ein »Wertherfieber« auslöste. Anonym wurde die Schrift wohl verlegt, entweder aus Rücksicht auf den Wetzlarer Freundeskreis oder weil der Jurist Goethe nicht wollte, daß sich die Gerichte mit dem »Werther« befassen, und ihn auch nicht belangen konnten, solange er nicht als Verfasser in Erscheinung trat.

Auf Veranlassung des Leipziger Theologie- und Philologie-Professors D. J. Ernesti beantragte der Leipziger Bücherkommissar D. C. A. Bel am 30. Januar 1775 das Verbot des »Werther«. Er schrieb in seinem Antrag: »Ob es nun gleich mit dem Verbot, da das Buch bereits so sehr verbreitet ist, etwas zu spät zu seyn scheint; so will ich doch, meines Orts, dem petito der Herren Theologen gerne deferrieren, und Eu. Wohlgeboren überlassen, den Debit des Buches, etwa bey 10 Thl. Strafe, allen Buchdruckern und Buchhändlern, bis auf weitere Verordnung, per patentes, untersagen zu lassen.« Der Verleger Weygand hatte bereits eine zweite Auflage herausgebracht. Er konnte aber nach dem Verbot erst nach 12 Jahren eine dritte Auflage drucken. Um den Nachdruckern außerhalb Sachsens wenigstens etwas entgegenzusetzen, ließ Weygand von der ersten Auflage zwei und von der zweiten vier »verstohlene Neudrucke« herstellen. Jedenfalls konnte Heinrich Hubert Houben, der das wohl umfassendste Buch über Goethes Zensur 1932 unter dem Titel »Der polizeiwidrige Goethe« veröffentlicht hat, in seinem Werk – auf das sich diese Betrachtung stützt – feststellen: »Als das Leipziger Verbot ... bekannt wurde – stieg das Aufsehen, das Goethes Roman ohne Hilfe der Polizei schon gemacht hatte, zur Sensation.« Und er bemerkt weiter: »Die literarischen und gelehrten Zeitschriften, die bisher das Büchlein als belanglose Belletristik beiseite gelegt hatten, brachten nun schleunigst langatmige Rezensionen, und die Für- und Gegenschriften, Nachahmungen, Fortsetzungen, Ergänzungen, Dramatisierungen, kritischen Broschüren usw. schossen wie Pilze aus der Erde ... Vor allem wetzten die Gegner ihr Messer, Leipzigs Theologen hatten ihnen Mut gemacht, und ein wahrer Kreuzzug gegen das gefährliche Buch setzte ein.« In den »Freywilligen Beyträgen zu den Hamburgischen Nachrichten aus dem Reiche der Gelehrsamkeit« schrieb ihr Herausgeber Christian Ziegra unter anderem über Goethes Roman: »Welcher Jüngling kann eine solche verfluchungswürdige Schrift lesen, ohne ein Pestgeschwür davon in seiner Seele zurückzubehalten ... Censur hindert den Druck solcher Lockspeise des Satans.« In der gleichen Zeitschrift machte der Hauptpastor J. M. Goeze den Dichter »für die furchtbaren Folgen, die sein Buch haben werde«, verantwortlich. Der Hauptpastor schrieb sogar: »Wer dieses Buch lobt, empfiehlt Gift als Arznei.« Goeze ließ aber notwendige Erinnerungen über die ›Leiden des jungen Werther‹« drucken und verbreiten. Doch hatte Goeze mit seinen Angriffen weder bei den »Obrigkeiten« noch bei den Rezensenten den gewünschten Erfolg. Immerhin hat außer Sachsen auch Bayern das Werk »beargwöhnt, zudem vielfach bemängelt«, aber nicht verboten. Nur wurde im Jahre 1794 den Münchner Buchhändlern befohlen, »keine Liebesromane mehr zu verkaufen«, weil sie für die Jugend »außerst schädlich und verderblich seien«. In Österreich wurde im Wiener Katalog verbotener Bücher der »Werther« bereits 1776 genannt, lange bevor Kaiser Franz 1806 ein Generalverbot für »schwärmerische Liebesromane« erließ. In Dänemark verurteilte die Kopenhagener Theologische Fakultät den »Werther«, und die Kopenhagener Polizei erklärte 1776 den Roman zu einem »gefährlichen Buch«. Die gleiche Einstellung hatten die Behörden bis 1814 in Norwegen.

In Italien erschien 1782 eine Auflage mit dem fingierten Verlagsort Poschia in Graubünden, eine zweite Auflage erschien 1783 mit dem wohl auch fingierten Verlagsort Paris und 1788 in Florenz. Die ausländischen Verlagsorte wurden benutzt, um die Zensur zu umgehen, was »diesseits und jenseits der Alpen bei bedenklichen Drucksachen allgemein üblich war«, schreibt Houben.

Ob die Angriffe gegen den »Werther« Goethe mitveranlaßt haben, Frankfurt zu verlassen und der Einladung des Erbprinzen von Sachsen-Weimar zu folgen, wird vermutet, ist aber nicht dokumentarisch bewiesen. Sicher ist nur, daß Goethe nun »größere Vorsicht bei der Veröffentlichung seiner Manuskripte« übte. Houben weist darauf hin: »Er verbarg nicht nur so manche Stachelverse, die ihm gegen die Rezensenten des ›Werther‹ in die Feder kamen, so sorgfältig in seinem Pult, daß sie nie wieder auftauchten, er verheimlichte auch anderes, was schlimmer erscheinen konnte als alles, worüber sich Goeze beim ›Werther‹ erbost hatte.« Dazu gehörte auch eines seiner erhabensten Gedichte: »Prometheus«. Der »Prometheus« erschien erst im letzten Band der ersten Ausgabe von Goethes Schriften – 16 Jahre nach seiner Entstehung. Dieses Faktum als Folge von Zensur und Denunziation ist fast nur in Fachkreisen bekannt. Das gleiche gilt für die Tatsache, daß ein Breslauer Zensor für das »erhabenste Gedicht«, das im Anhang eines Buches von Jacobi aufgenommen werden sollte, die Streichung verlangte, daß aber der Verleger – offenbar ohne Wissen des Zensors – auf einem nicht mitpaginierten Sonderblatt das Gedicht drucken ließ und es lose dem Buch beilegte. So kam der »Prometheus« – wie Houben berichtet – »als Zensurflüchtling zuerst an die Öffentlichkeit«.

Auch Goethes 1767/69 entstandenes Lustspiel »Die Mitschuldigen« wurde als »unsittliches Stück« angesehen, weil es als wirklichkeitsnahe Gegenwartsschilderung »hinter die Kulissen der ehrsamen Bürgerhäuser« jener Zeit leuchtete. In Wien wurde es durch August von Kotzebue für das Burgtheater angenommen. Als Kotzebue seine Stellung aufgab und ein Schauspielerausschuß, dem auch der Hamletdarsteller Brockmann angehörte, die Leitung des Burgtheaters übernahm, lehnte Brockmann das Stück als »zu niedrig« ab, worauf es am 30. Januar 1799, dem Tag, an dem es seine Premiere haben sollte, um 12 Uhr mittags abgesetzt wurde. Auch eine Bearbeitung des bekannten österreichischen Dramaturgen Joseph Schreyvogel konnte keine Gnade bei der Zensurbehörde finden. Die Aufführung am Burgtheater wurde ausdrücklich verboten. Sittliche Bedenken verhinderten in Mannheim »und anderwärts« die Aufführung der »Mitschuldigen«. In Weimar wurde das Lustspiel zwar seit 1776 gespielt, jedoch nur auf dem herzoglichen Liebhabertheater.

Goethe bot »Die Mitschuldigen« dem Leipziger Buchhändler Fleischer zum Verlag an. Doch dieser lehnte 1769 ab, es zu drucken. Erst 1787 erschien es im Leipziger Verlag Göschen in der ersten Sammlung von Goethes Schriften in einer vom Autor geänderten Fassung, bei der »allzu Derbes und Kräftiges gestrichen« worden war. Die erste öffentliche Vorstellung in Weimar fand erst am 16. Januar 1805 statt, nachdem Goethe selbst 1804 »einige Härten« noch zusätzlich gemildert hatte. Doch erregte auch diese Neubearbeitung Anstoß, was den Verfasser veranlaßte, »was allenfalls noch zu direkt gegen die Dezenz geht, zu mildern und zu vertuschen, um ein neues festes Repertoirestück zu erhalten. In Stuttgart wurden die ›Mitschuldigen‹ am 3. April 1809 gespielt, aber sofort wegen ›Unsittlichkeit‹ wieder abgesetzt.« (Houben)

Das Schicksal des Schauspiels »Stella« war nicht viel besser. Es wurde im Februar 1776 in Hamburg aufgeführt und am 13. März in Berlin, wo es zehnmal mit Erfolg gespielt wurde, als es die Zensurbehörde plötzlich verbot. (Wahrscheinlich ist das Verbot in Berlin sogar auf den Preußenkönig Friedrich Wilhelm III. zurückzuführen, der in Goethe so etwas wie einen »vaterlandslosen Gesellen« sah).

In Hamburg fand jedenfalls eine heftige Diskussion über »Stella« statt. Während der Altonaer »Reichs Postreuter«, der auch den »Werther« heftig kritisiert hatte, es das »schwächste Produkt der Goethischen Muse« nannte, bezeichnete es die »Kayserlich-privilegirte Hamburgische Neue Zeitung« als »Goethes Meisterstück«. Pastor Goeze, Goethes Gegner, schrieb eine vernichtende Kritik über »Stella« in den »Hamburgischen Nachrichten«. Er rahmte seine Kritik mit den Bibelworten ein: »Wehe der Welt der Aegernis halber! Es muß ja Aergernis kommen, doch wehe dem Menschen, durch welchen Aergnis kommt!« Goethe schrieb, um dem Sittengesetz zu genügen, für »Stella« schließlich 1805 zwei neue Schlußfassungen, von denen eine sowohl in Weimar (1806) wie auch in Berlin (1821) mehrfach – ohne ein Zugstück zu werden – aufgeführt wurde.

Einen großen Erfolg hatte jedoch sein Stück »Götz von Berlichingen«. Houben schreibt, daß sich der Dreiundzwanzigjährige mit dem Werk »im Sturm das Herz der Nation erobert hatte«. Das Buch, das Goethe auf eigene Kosten drucken ließ, erschien im Sommer 1772 ohne Namen des Verfassers und des Verlegers. Es erzielte zwei Jahre später, in einer von Goethe »gereinigten zweiten Auflage« in Berlin einen »sensationellen Erfolg« (Houben). Auch in Hamburg wiederholte sich der Erfolg. Aber nur wenige deutsche Bühnen wagten das Stück zu spielen, weil in ihm viel zuviel von Freiheit gesprochen wurde. Das Wiener Burgtheater wagte erst nach 58 Jahren, den »Götz« zu spielen, obwohl das Schauspiel in einer verhunzten Fassung 1808 im Leopoldstädter Theater und später im Theater an der Wien in einer Fassung gespielt wurde, in der »alles aus dem Wege geräumt wurde, was einer hochlöblichen K. K. Censur anstößig sein konnte«.

Die negativen Urteile über seine Stücke haben Goethe jedenfalls die Lust genommen – wie er selbst später einmal sagte –, »mehr Dramen dieser Art aus dem Ärmel zu schütteln«. Trotzdem teilte er 1792 dem Musiker und Schriftsteller Reichardt, der viele seiner Lieder vertont hat, mit, daß er »ein paar Stücke, die sie nicht aufführen werden« schreibe. Im gleichen Brief prophezeite er: »Es hat aber nichts zu sagen, ich erreiche doch meinen Zweck durch den Druck, indem ich gewiß bin, mich auf diesem Wege mit dem denkenden Teil meiner Nation zu unterhalten, der doch auch nicht klein ist.«

Nur wenigen bekannt ist wohl, daß der »Musenalmanach für 1796« in Wien wegen Goethes »Venetianischer Epigramme« aus Gründen der Sittlichkeit beschlagnahmt wurde und der »Musenalmanach für 1797«, in dem er die gemeinsam mit Schiller geschriebenen »Xenien« veröffentlichte, in Österreich, Sachsen und Hannover sogar verboten wurde. Houben urteilte: »Die Zeitgenossen, die als Regenten oder ihre Handlanger mit Scheuklappen rechts und links ihre schmale politische Marschroute verfolgten und schon die Möglichkeit irgendeines andern Weges ableugneten, wußten nie recht, wie sie mit dem Dichter daran waren.« Im Februar 1848, in der politisch besonders erregten Zeit, sollen Goethes sämtliche Werke in Österreich verboten gewesen bzw. nur gegen einen besonderen »Erlaubnisschein« verkauft worden sein.

Am erstaunlichsten dürfte es aber sein, daß zwei der bedeutendsten Werke Goethes, der »Egmont« und der »Faust«, ebenfalls der Zensur zum Opfer fielen. Der »Egmont«, der im Berliner Hoftheater seit 1801 ein beliebtes Repertoirestück war, wurde am 20. Oktober 1819 unglücklicherweise wieder einmal aufgeführt; die Aufführung wurde drei Tage darauf von der »Spenerschen Zeitung« sehr positiv besprochen. Diese gute Besprechung veranlaßte den Berliner Polizeiminister, die Ausgabe »sofort konfiszieren zu lassen«. Der wahre Grund aber war, daß in der Besprechung »ungebührliche politische Anregungen« in die Theaterkritik gemischt waren. Der Polizeiminister bezeichnete dies als »Verworfenheit«, weil der Rezensent die Meinung vertrat, daß nicht Egmont der Held des Stückes sei, »vielmehr Bürgerglück und Denk- und Glaubensfreiheit von Millionen es recht eigentlich sind, die hier den Helden spielen und die zu Grabe getragen werden«. Als Folge dieser Theaterkritik wurde nun auch der »Egmont« verboten, weil das Stück zu solch »ungebührlichen politischen Anregungen« verführt habe. Nach einer einzigen Wiederholung wurde das Stück 22 Jahre nicht wieder aufgeführt.

Houben bemerkt zu dem Verbot: »Es steht ganz außer Zweifel, daß Friedrich Wilhelm III. es war, der Goethes ›Egmont‹ von seiner Hofbühne verbannt hat – genauso wie er 1828 Heinrich von Kleists ›Prinzen von Homburg‹ und 1829 Schillers ›Räuber‹ durch ebenso plötzliche Befehle mit einem dauernden Verbot belegte. ›Niemals wieder‹ sollten sie sich auf den Brettern des königlichen Theaters sehen lassen!« Erst Friedrich Wilhelm IV. gestattete wieder die Aufführung des »Egmont« im Jahre 1841.

In Wien wurde der »Egmont« erst 1810 erlaubt, weil der Wiener Zensor im Jahre 1795 erklärt hatte, eine Darstellung der Rebellion der Vereinigten Niederlande sei auf dem Burgtheater unzulässig. Auch auf der Leipziger Hofbühne konnte der »Egmont« nur gespielt werden, nachdem man den Ruf »Freiheit« durch »Sicherheit und Ruhe, Ordnung und reines Gewissen« ersetzt hatte.

Beim »Faust« dauerte es 39 Jahre, bis nach der 1790 erfolgten Publikation des Werkes die ersten Aufführungen zustande kamen; und zwar im Berliner Königstädtischen Theater – aber nicht in seiner Orginalform, sondern als Melodrama. Die dann folgenden Aufführungen in Hannover, Braunschweig und schließlich Weimar wurden auch nicht im Originaltext dargeboten, obwohl dieser seit langem gedruckt vorlag. In Braunschweig wurden die »derben Orginalausdrücke« eliminiert. In Dresden ging der dramaturgische Berater des Theaters, Ludwig Tieck, noch strenger vor. Er strich einfach Gretchens Sehnsucht nach Fausts Küssen. Zwischen Faust und Gretchen durfte auch nicht über »Religion« gesprochen werden. Auch die Begriffe Kirche, Sakristei, Seelenmesse waren ebenso wie Muttergottes, Gott, Priester und Pfarrer ein Tabu. Das Stück wurde wenig verändert auch in Leipzig gespielt, erregte Kritik beim Leipziger

Konsistorium, was dazu führte, daß der »Faust« nicht nur in Leipzig, sondern auch in Dresden nicht mehr gespielt werden durfte.

In Dresden erkannte man allerdings, daß man den »Faust«, das Werk eines Staatsministers von Weimar, nicht dauernd verbieten konnte, ohne ganz Sachsen zu blamieren. Die Zensurbehörde bemühte daher einen neuen Bearbeiter zur »chemischen Reinigung« des Stückes, zum Umdichten des gotteslästerlichen Goetheschen Textes. So wurde zum Beispiel aus dem hochmütigen Text: »Zwar bin ich gescheiter als alle die Laffen, Doktoren, Magister, Schreiber und Pfaffen« nun ... »Doktoren, Magister und mit wem man sonst hat zu schaffen«. Es war ein Dichter »zehnten Grades«, der, wie Houben schreibt, »in Tiecks Faustbearbeitung wie der Ochse im Porzellanladen« wütete. Es sollen sich sogar elf verschiedene Bearbeiter an dem Text vergriffen haben. Immerhin: Der »Faust« konnte wieder in Dresden auf der Hofbühne gespielt werden und erlebte so »gereinigt« bis 1840 rund 40 Aufführungen.

In Darmstadt und Stuttgart wurde der »Faust« ebenfalls »gereinigt« gespielt. In Linz wurde das Werk 1836 – vier Jahre nach Goethes Tod – sogar verboten. Nur in Wien gelang es, das Stück 1850 ohne Striche und Änderungen aufzuführen, allerdings mußte bereits ein Jahr später die zensierte Neufassung gespielt werden. In Königsberg erklärte der dortige Polizeipräsident und Zensor bei einer Diskussion 1846 sogar: »Es wäre eigentlich besser gewesen, wenn Goethe seinen ›Faust‹ nie geschrieben hätte!« Der Generalintendant des Berliner Hoftheaters nannte den zweiten Teil des »Faust« in der Mitte des 19. Jahrhunderts eine »Apotheose des Lasters«.

Jedenfalls hat Goethe in seinen »Maximen und Reflexionen« über das Wesen der Zensur geschrieben: »Censur und Pressefreiheit werden immerfort mit einander kämpfen. Censur fordert und übt das Mächtige...« Ein bescheidener Trost mag es heute sein, daß die Nummer eins des ersten deutschen Buchklubs, der im April 1924 in Berlin unter dem Namen »Deutsche Buchgemeinschaft« gegründet wurde, der »Faust« war.

... die mildeste Tyrannei, von der ich noch gehört!

Am 4. März 1828 ging Franz Grillparzer, einer der bedeutendsten Dichter Österreichs, zum Wiener Polizeiminister, der ihn – auf Veranlassung Kaiser Franz I. – zu sich gebeten hatte. Der Minister eröffnete ihm, daß Seine Majestät sein Theaterstück »Ein treuer Diener seines Herren« mit großem Wohlgefallen gesehen und ihm befohlen hätte, »deren volle Zufriedenheit anzukündigen ... Nur hege sie (die Majestät) in bezug auf dasselbe noch einen Wunsch.« Dazu trug Grillparzer am 5. März 1828 in sein bei der Cotta'schen Buchhandlung erschienenes Tagebuch ein: »Ich war wie vom Donner gerührt. – Ich möchte angeben, welche Vorteile ich mir von der Aufführung außer Wien, von dem Honorar für den Druck erwarte. Seine Majestät seien bereit, mir jeden Schaden zu vergüten. Sodann aber würde die Handschrift in Dero Privatbibliothek aufgestellt werden, keine Kopien genommen, nirgends außer Wien aufgeführt, niemandem mitgeteilt, der Druck bis auf weiteres untersagt. In Wien selbst werde es in längern und längern Zwischenräumen wieder gegeben werden, dann aber allmählich verschwinden. Nicht Zensurrücksichten verlangen dies, denn da brauchte man ja nur geradezu zu verbieten, sondern – es sei der Wunsch Seiner Majestät, alleiniger Besitzer dieses ihm wohlgefallenden Stückes zu sein.«

Grillparzer erwiderte, daß es sich hier nicht um das *Ob* handele, sondern nur um das *Wie*. Der Polizeiminister erklärte dem Dichter, daß er seine Bedingungen nicht ängstlich ansetzen möge, denn der Kaiser sei zu Opfern bereit. Er gab ihm einen Tag Bedenkzeit, und Grillparzer »ging«. In sein Tagebuch notierte er: »Das ist die mildeste Tyrannei, von der ich noch gehört!«

Er notierte weiter: »Was soll ich tun? Die Erfüllung verweigern? In ihren Händen waren alle Mittel, sie zu erzwingen. Ich schrieb daher einen ostensiblen Brief an den Polizeiminister, in dem ich alles anführte, was Menschlichkeit und Billigkeit gegen einen solchen Wunsch einwenden können. Ich setzte – nachdem ich beteuert hatte, die freie Schaltung über mein Werk jedem erdenklichem Gewinne tausendmal vorzuziehen – die Entschädigung, nicht unmäßig, aber doch so hoch an, daß die bekannte Sparsamkeit des Kaisers davor zurückschrecken konnte ... Ich erklärte, daß, wenn der Kaiser auf seinem Verlangen bestünde, nur der Gedanke, daß, nach dem Vorübergehen gebietender, mir verborgener Umstände, die Bekanntmachung meines Werkes ohne weitere Umstände werde erfolgen können, mich zu einer notgedrungenen Einwilligung bewegen könnte.«

Grillparzer gab diese Erklärung dem Polizeiminister. Die geforderte Summe belief sich auf 3000 fl K. M. (das waren damals Gulden). Der Minister schien zufrieden und hielt die Entschädigungssumme für *mäßig*. Und der Dichter trug in sein Tagebuch ein: »Begreife das, wer kann! Ich muß nun abwarten, was erfolgt. Ende die Sache aber auch wie immer; die unsichtbaren Ketten klirren an Hand und Fuß. Ich muß meinem Vaterlande Lebwohl sagen oder die Hoffnung auf immer aufgeben, einen Platz unter den Dichtern meiner Zeit einzunehmen. Gott! Gott! ward es denn jedem so schwer gemacht, das zu sein, was er könnte und sollte!«

»Ein treuer Diener seines Herren« wurde in den nächsten Jahren nur ein einziges Mal im Burgtheater und sonst nirgendwo aufgeführt. Erst später eroberte es sich die Bühnen und wurde allein im Burgtheater bis 1972 in acht Inszenierungen 134mal gespielt.

Zensur in der Neuzeit

In der ersten Szene der Tragödie »Almansor« von Heinrich Heine heißt es:

Almansor: Wir hörten, daß der furchtbare Ximes
Inmitten auf dem Markte zu Granada –
Mir starrt die Zunge im Munde – den Koran
In eines Scheiterhaufen Flamme warf!
Hassan: Das war ein Vorspiel nur, dort wo man Bücher
Verbrennt, verbrennt man auch am Ende Menschen.

Diese prophetischen Worte haben sich in Deutschland nach der Bücherverbrennung am 10. Mai 1933 bitter bewahrheitet.

Bereits während der Weimarer Republik wurde in Deutsch-

ABB. 13: *Studenten und Angehörige der SA verladen Bücher für die Bücherverbrennung am 10. Mai 1933, die in fast 40 Städten stattfand.*

QUELLE: *Bildarchiv Preuß. Kulturbesitz*

land von nationalsozialistischen Gruppen ein erbitterter Kampf gegen demokratische und linke Literatur geführt. Allein in Berlin sollen bis zum 30. Mai 1933 – nach der Machtübernahme – rund 10000 Zentner marxistische Literatur von der politischen Polizei beschlagnahmt worden sein. An den Universitäten wurde der Kampf »wider den deutschen Ungeist«, insbesondere von der Deutschen Studentschaft, mit Aktionen besonders eifrig geführt. Bei der Bücherverbrennung im Mai hielten Professoren in Talaren Ansprachen, ehe Werke von Bloch, Freud, Hirschfeld, Heine, Marx ins Feuer geworfen wurden.

Bei den Bücherverbrennungen, die in fast 40 Städten stattfanden, spielten 12 Autoren die Hauptrolle. Sie wurden als die wesentlichsten »Schädlinge«, die auch im Buchhandel auszumerzen waren, angegeben. Es waren dies: Lion Feuchtanger, Ernst Gläser, Arthur Holitscher, Alfred Kerr, Egon Erwin Kisch, Emil Ludwig, Heinrich Mann, Ernst Ottwald, Theodor Plivier, E. M. Remarque, Kurt Tucholsky und Arnold Zweig.

Über die Bücherverbrennung am 10. Mai hielt Walter Jens 50 Jahre danach in Berlin eine Rede, in der er kritisch vermerkte, daß »der Geist des Fortschritts, der Humanität, des Friedens, der Toleranz und – auch dies – des Patriotismus ins Exil gejagt wurde; es war die Stunde einer Intelligenz, die nach 1848 ihre republikanische Mitgift verspielte.« Und Alfred Kantorowicz stellt in »verboten und verbrannt« fest, daß an die 2500 Schriftsteller einer Generation verstummten oder Deutschland verließen.

Nach der Machtübernahme Hitlers wurden in fast allen NSDAP-Gliederungen »eigene Säuberungsverzeichnisse für Buchhandel und Bibliotheken« erstellt, wie »Das große Lexikon des Dritten Reiches« unter dem Stichwort »Bücherverbrennung« vermerkt.

Es stellt auch weiter fest: »Die Provinzialität der Literatur des 3. Reiches war damit besiegelt, eine Weiterentwicklung der dt. Literatur konnte es nur noch im Exil geben.« Dies vor allem, weil nach den Aktionen im Mai 33 regionale Bücherverbrennungen nicht aufhörten, sondern zielstrebig weiter betrieben wurden. Die Folge war, daß Tausende von »unzuverlässigen« und »nichtarischen« Autoren Berufs- und vor allem Veröffentlichungsverbote erhielten.

Die erste amtliche Liste für die »Säuberung« der Volksbüchereien umfaßte von »Anthologie jüngster Lyrik« bis Stefan Zweig 96 Autoren und Werke, wobei außer den bereits erwähnten 12 »Schädlingen« unter anderem noch hinzukamen: Schalom Asch, Henri Barbusse, Richard Beer-Hofmann, Waldemar Bonsels (außer »Biene Maja«, »Indienfahrt«, »Himmelsvolk«), Bert Brecht, Max Brod (alles außer »Tycho Brahe«), Dos Passos, Kasimir Edschmid (alles außer »Timur«, »Die 6 Mündungen«), Leonhard Frank (alles außer »Räuberbande«, »Ochsenfurter Männerquartett«), Walter Hasenclever, Erich Kästner (alles außer »Emil«), Lernet Holenia (alles außer »Gedichte«), Heinz Liepmann, Gustav Meyrink, Robert Neumann (außer »Mit fremden Federn«), Joachim Ringelnatz, Joseph Roth, Anna Seghers, Upton Sinclair, Ernst Toller, Jakob Wassermann, Armin T. Wegner, Franz Werfel (alles außer »Barabara«, »Verdi«, »Tod des Kleinbürgers«), Stefan Zweig. Und diese Liste galt nur für die »schöne Literatur«.

Die Liste wurde durch eine Folge von schwarzen Listen ergänzt, von denen die ersten für Bücher aus den Bereichen der Geschichte, der Kunst, der Politik und der Staatswissenschaften galten. Es folgten die »Schwarze Liste IV: Jugendschriften« und am 16. Mai eine »Schwarze Liste IX: Belehrende Abteilung: Religion, Philosophie, Pädagogik und Literaturgeschichte«.

Am 25. April 1935 erschien die »Anordnung des Präsidenten der Reichsschrifttumskammer über schädliches und unerwünschtes Schrifttum«, die zwar der Politischen Polizei die Verbotskompetenz nahm, aber – als sie 1936 veröffentlicht wurde – eine Liste von 3601 Einzeltiteln und 524 Gesamtverboten enthielt.

Das von Gerhard Sauder herausgegebene Buch »Bücherverbrennung« stellt zu der Entwicklung fest: »Die Furcht, es könnte im Ausland und im Inland bekannt werden, daß sogar amtliche ›Schwarze Listen‹ existierten, scheint groß gewesen zu sein.« – Die 1936 verteilten schwarzen Listen trugen nämlich den Vermerk »Streng vertraulich! Nur für den Dienstgebrauch« und wurden nur Polizeidienststellen, Zollbehörden, Bibliotheken und einigen Verlagen zugänglich gemacht. Trotzdem konnte Sauder in seinem Buch anmerken: »Die Bücheraktion ›Schwarze Listen‹, Anfang 1933 noch mit dem Anschein privater Initiative versehen, war somit zu einem Instrument geworden, das ein Höchstmaß an Steuerungsgewalt verband mit einer in die Breite gerichteten Wirksamkeit. Berufsständisch gegliederte Ausführungsorgane gewährleisteten einen möglichst reibungslosen Ablauf der Verbotspraxis.«

Die Bücherverbrennung hatte trotzdem eine weltweite kritische Reaktion, die sich sehr verschieden äußerte. In Hilversum hat der holländische Arbeitersender die bedeutendsten Autoren, die in Deutschland verbrannt wurden, in verschiedenen Sendungen gewürdigt, gelesen und aufgeführt. Die Pariser Zeitungen brachten Artikel, in denen sie Deutschland mit dem dunkelsten Mittelalter verglichen. Im »Journal« stand: »Dieses Autodafé ist leider allzu bezeichnend, denn es ist eine der traurigsten Äußerungen des neuen deutschen Geistes.« – Der »Schutzverband deutscher Schriftsteller« in Österreich erhob gegen die Bücherverbrennung in Deutschland Protest. (Österreich mußte das gleiche Schicksal nach der Machtübernahme durch Hitler erleben.) In Prag und Paris wurden die Bücher gesammelt, die am 10. Mai 1933 in Berlin verbrannt worden waren. »Die neue Weltbühne«, die nicht in Deutschland erschien, veröffentlichte eine Serie »Aus verbrannten Büchern« mit Auszügen aus Publikationen von Heinrich Mann, Kurt Tucholsky, Ernst Toller u.v.a.m.

Den mutigsten Protest in Deutschland hat wohl Oskar Maria Graf erbracht. Er hat in der Nacht der Bücherverbrennung in Berlin einen flammenden Protest geschrieben »Verbrennt mich!«, den die Wiener »Arbeiterzeitung« am 12. Mai 1933 druckte, der dann auch in Prag und Saarbrücken erschien. Es soll mehr als 50 Nachdrucke des Protestes zwischen 1933 und 1945 gegeben haben.

Auf dem XI. Internationalen PEN-Kongreß in Ragusa (Dubrovnik) vom 25. bis 28. Mai konnte Ernst Toller eine vielbeachtete und als Höhepunkt des Kongresses bezeichnete Rede halten, in der er sagte: »Man hat mir von vielen Seiten geraten, nicht zu sprechen, man hat Gründe der Nützlichkeit angeführt, warum es besser wäre, zu schweigen. Der Schriftsteller ist einzig dem Geist verpflichtet. Wer glaubt, daß neben der Gewalt auch moralische Gesetze das Leben regieren, darf nicht schweigen.« Und er stellte viele Fragen an den deutschen PEN-Club, was er getan habe gegen die Verjagung der bedeutendsten deutschen Universitätsprofessoren, gegen den Ausschluß deutscher Dichter aus dem Schutzverband deutscher Schriftsteller, gegen die schwarzen Listen usw. Und er faßte zusammen: »In uns allen lebt das Wissen um eine Menschheit, die befreit ist von Barbarei, von Lüge, von sozialer Ungerechtigkeit und Unfreiheit.«

In Paris wurde 1934 unter der Ägide von Alfred Kantorowicz die »Deutsche Freiheitsbibliothek« gegründet, deren Präsident Heinrich Mann war, bei der u.a. André Gide, Romain Rolland und H. G. Wells mitwirkten. Ihre Aufgabe war es, alle im NS-Staat verbotenen, verbrannten oder totgeschwiegenen Werke zu sammeln, ebenso die zum Studium des Nationalsozialismus unentbehrlichen Veröffentlichungen zusammenzutragen. Als Paris 1940 besetzt wurde, fiel die Bibliothek mit über 20000 Bänden, vielen Zeitungsausschnitten und Dokumenten in die Hände der Nationalsozialisten und ist seither verschwunden. In London wurde die »Society of the Friends of the Burned Books« gegründet.

Am 10. Mai 1981 haben das PEN-Zentrum Bundesrepublik Deutschland, der Verband der Schriftsteller und der Börsenverein des Deutschen Buchhandels den 10. Mai – in Erinnerung an die Bücherverbrennung – zum Tag des Buches erklärt.

Parallel zu den Aktionen gegen die Literatur fand ein Kampf gegen die moderne Kunst durch verschiedene Maßnahmen statt. Das am 7. April 1933 verabschiedete »Gesetz zur Wiederherstellung des Berufsbeamtentums« bot die Möglichkeit, Museumsdirektoren in Berlin, Bremen, Essen, Hamburg, Lübeck und Mannheim zu entlassen und an ihre Stelle Personen zu setzen, die bereit waren, sogenannte »entartete« Kunst zu entfernen und mit diesen Kunstwerken auch »Schandausstellungen« zu veranstalten.

Eine der ersten solcher »Schandausstellungen« fand in Karlsruhe bereits 1933 statt. In ihr wurden Werke von Liebermann, Corinth, Munch sowie den Malern der »Brücke« ausgestellt. Werke von Dix, Beckmann und George Grosz wurden in Stuttgart unter dem Motto »Novembergeist. Kunst im Dienste der Zerstörung« gezeigt. Zahlreiche weitere Ausstellungen unter ähnlichen Motti folgten.

Das hervorragende Werk von Werner Haftmann »Verfemte Kunst«

weist darauf hin, daß mit dem bereits erwähnten Gesetz auch die Avantgardisten auf den Kunsthochschulen ihre Ämter aufgeben mußten, und zählt auf: »So verloren 1933 Beckmann und Baumeister ihre Lehrämter an der Städelschen Kunstschule in Frankfurt, Klee und Campendonk die ihren an der Düsseldorfer Akademie, Otto Dix das seine an der Akademie in Dresden, ihm, wie auch Käthe Kollwitz, Schmidt-Rottluff, Christian Rohlfs und dem alten ehrwürdigen Max Liebermann wurde der Austritt aus der Preussischen Akademie der Künste nahegelegt. Gerhard Marcks wurde die Leitung der Kunstgewerbeschule in Halle entzogen. Max Pechstein und Oskar Schlemmer verloren ihre Lehrämter in Berlin. Sie seien hier nur stellvertretend für viele andere Künstler genannt.«

Weitere Verfolgungsmaßnahmen der Kunst vollzogen sich vor allem ab 1936. So wurde die moderne Abteilung der Nationalgalerie im Kronprinzenpalais in Berlin geschlossen, ähnliche Maßnahmen wurden für die Museen in ganz Deutschland verkündet. Die Kunstkritik wurde von Goebbels verboten. Am 30. Juni 1937 wurde der neue Leiter der Reichskunstkammer Adolf Ziegler ermächtigt, »die im deutschen Reichs-, Länder- und Kommunalbesitz befindlichen Werke deutscher Verfallskunst seit 1910 auf dem Gebiete der Malerei und Bildhauerei zum Zweck einer Ausstellung auszuwählen und sicherzustellen.« Praktisch erwies sich diese Ermächtigung als »Säuberungsaktion«, was Hitler bei einer Rede zur Eröffnung des neu errichteten »Hauses der Deutschen Kunst« in München mit den Worten bestätigte: »Wir werden von jetzt an einen unerbittlichen Säuberungskrieg führen gegen die letzten Elemente der Kulturzersetzung.« Mit 730 wahllos zusammengestellten Werken von 112 deutschen Künstlern wurde in München eine Ausstellung »Entartete Kunst« veranstaltet, die anschließend in Berlin, Leipzig, Düsseldorf und 1939 in Frankfurt gezeigt wurde. Haftmann weist darauf hin, daß »zwischen 17000 und 24000 Werke – die Angaben schwanken – von deutschen und auch ausländischen Künstlern eingezogen und in ein Depot in der Köpenickstraße in Berlin verbracht wurden«. Darunter befanden sich so bedeutende französische Künstler wie Cezanne, van Gogh, Gauguin, Signac, Matisse, Picasso, Braque, Gros, Chagall, Delaunay, Le Fauconnier, Derain und Vlaminck, italienische Künstler wie de Chirico, Modigliani, Severini, Sironi, der Norweger Munch, der Schweizer Hodler und der Belgier Ensor. Zu gleicher Zeit wurde eine Kommission zum Verkauf der beschlagnahmten Kunstwerke geschaffen, die jedoch nur insgesamt 516 397 Mark erzielte, weil sich die ausländischen Kunsthändler abgesprochen hatten, die Preise bei Auktionen niedrig zu halten. Was nicht verkauft werden konnte (1 000 Gemälde, 3800 Aquarelle, Zeichnungen und graphische Blätter), sollte 1939 verbrannt werden. »Dokumentarisches zu dieser Aktion ist nicht bekannt«, vermerkt Haftmann dazu.

Obwohl Alois Schardt, der nach Amerika emigrierte, und Eberhard Hanfstaengel bemüht waren, »durch vorsichtiges Taktieren«, indem letzterer nur Landschaften und Stilleben der Verfemten zeigte, Kunstwerke zu erhalten, konnte auch Hanfstaengel nicht verhindern, daß eine Kommission 1937 »die Gemälde von Rohlfs, Nolde, Kirchner, Otto Müller, Schmidt-Rottluff, Pechstein etc. beschlagnahmte«. Sie wurden der auf behördliche Anordnung am 5. Juli 1937 geschlossenen Neuen Abteilung des Kronprinzenpalais in München entnommen. Es waren 68 Gemälde, 7 Skulpturen und 33 Zeichnungen davon betroffen. Weitere 300 »entartete« Kunstwerke wurden das Opfer einer zweiten, auf Befehl Hitlers erlassenen Beschlagnahmeaktion.

In dem reich bebilderten Buch von Haftmann wird auch darauf hingewiesen, daß das Ausland »diesem teutonischen Aufruhr – wie bei der Bücherverbrennung – betroffen und verständnislos zusah«, daß »in Zürich, Paris, London sich Initiativen von einheimischen Kunstfreunden bildeten, die empört zu Gegendemonstrationen aufriefen«. Als Erfolg wird die von Herbert Read und Roland Penrose in London 1938 »souverän durchgesetzte« Ausstellung »Twentieth Century German Art« erwähnt. Doch wird auch auf die Tatsache hingewiesen, daß die Münchner Ausstellung jüngere Sammler in Deutschland veranlaßt hat, ihre Sammlungen mit Werken der verfemten Künstler auszubauen. (Genannt wurde der Textilindustrielle Kurz, der in Italien lebende Maler Fohn und vor allem Dr. Bernhard Sprengel, der in jener Zeit gerade begann, seine heute so berühmte Sammlung einzurichten.)

Neben den jungen Sammlern haben auch öffentliche Galeristen wie Günther Franke in München, Ferdinand Moeller und Curt Valentin in Berlin, Alex Vömel in Düsseldorf und viele andere den Mut gehabt, die modernen Künstler auszustellen und ihre Werke zu verkaufen. »Diese heute aus Unkenntnis verschwiegene Solidarität einer recht breit gestreuten kunstinteressierten Gesellschaftsschicht ... ermöglichte den in der inneren Emigration im verborgenen arbeitenden Künstlern das nackte Überleben«, schrieb Haftmann. Es war nicht ungefährlich, für moderne Künstler einzutreten. Schließlich sei auch nicht vergessen, daß Ziegler, als Präsident der »Reichskammer für bildende Künstler«, noch am 23. April 1941 einen Erlaß herausgab, in dem es hieß: »Aus gegebener Veranlassung weise ich nunmehr letztmalig darauf hin, daß die Erzeugung, Verbreitung und Vervielfältigung von Werken der bildenden Künste ..., die den in der Führerrede anläßlich der Eröffnung des Hauses der Deutschen Kunst im Jahre 1937 dargelegten kunstpolitischen und gestalterischen Grundsätzen des Nationalsozialismus widersprechen, verboten ist ... Ich werde in Zukunft ... nunmehr unerbittlich gegen jeden vorgehen, der Werke der Verfallskunst erzeugt oder solche als Künstler oder Händler verbreitet.« In dem Erlaß wurde zusätzlich gefordert, daß »Werke der Verfallskunst ... der Reichskammer der bildenden Künste bis zum 10. Juni 1941 angezeigt werden, ebenfalls Werke, die aus Privatbesitz zum Verkauf oder zur Versteigerung angeboten werden«.

Die Reaktion war entsprechend: »Kunst und Künstler waren wohl in den Untergrund gegangen, blieben aber dort weiterhin unbeirrt an ihrem selbstgestellten künstlerischen Auftrag tätig« (Haftmann). Dies machte es möglich, daß bereits 1945 und 1946 bemerkenswerte Ausstellungen der »Verfemten« in Überlingen, Celle, Dresden und Konstanz, später in Basel, Bern und Zürich durchgeführt werden konnten.

Die Galeristen folgten, so konnte zum Beispiel Günther Franke in München 1946 40000 Besucher in seiner Galerie empfangen – ein Beweis, daß trotz der Schwierigkeiten der Nachkriegszeit das Interesse an der Kunst, die zwölf Jahre nicht gezeigt werden durfte, beim Publikum nicht erloschen war.

Kein Ende der Zensur abzusehen

Für künstlerische Werke endete die Zensur 1945 in dem Gebiet der späteren Bundesrepublik Deutschland. Für das gedruckte Wort traf und trifft dies nicht zu. Diese Tatsache bewirkte, daß am 2. Oktober 1986 der Börsenverein des Deutschen Buchhandels, die Deutsche Akademie für Sprache und Dichtung, der Deutsche Bibliotheksverband, das PEN-Zentrum Bundesrepublik Deutschland und der Verband deutscher Schriftsteller (VS) in der IG Druck und Papier eine Literaturkonferenz gegründet haben, deren Aufgabe es ist, »die Belange der Literatur gemeinsam gegenüber der Öffentlichkeit sowie gegenüber Behörden und Institutionen zu vertreten. Auch soll sich die Literaturkonferenz insbesondere mit Eingriffen in die Literaturfreiheit, aber auch mit medienpolitischen Fragen, dem Urheberrecht sowie Literatur- und Autorenförderung befassen.«

Anlaß für ihre Gründung war u.a., wie es in der Pressemitteilung hieß: »Mit großer Besorgnis stellt die Literaturkonferenz fest, daß staatliche Eingriffe in diese – vom Grundgesetz garantierten – Freiheiten in den letzten Jahren immer zahlreicher geworden sind.« Dies hat den Börsenverein des Deutschen Buchhandels auch veranlaßt, einen von Justitiar Franz Wilhelm Peter erarbeiteten »Report Staatlicher Eingriffe in die Literaturfreiheit« auf einer Pressekonferenz vorstellen zu lassen.

In ihm wird festgestellt: »Mit Empörung registriert der Börsenverein in diesem Bereich völlig unverhältnismäßige Polizeiaktionen, die sich in der Regel gegen Buchhändler und deren Mitarbeiter, in Einzelfällen auch gegen Verleger und Drucker richten.« Als »traurigen Höhepunkt« bezeichnet der Report eine Polizeiaktion gegen die Buchgemeinschaftsausgabe von Henry Millers Werk »Opus Pistorum«, bei der mehr als 700 Polizeibeamte fast 300 Buchklubläden durchsuchten und die wenigen dort gefundenen Exemplare des Werkes beschlagnahmten. Auch weist der Report darauf hin: »Wegen etwa 30 anderer Titel kam es in den letzten Jahren zu schätzungsweise 100 Ermittlungsverfahren gegen Buchhändler und Verleger mit entsprechenden Durchsuchungs- und Beschlagnahmeaktionen.« Weiter wendet sich der Justitiar des Börsenvereins gegen die »immer unduldsamere und rigidere Indizierungspraxis der Bundesprüfstelle für jugendgefährdende Schriften«, insbesondere gegen die »Zusammensetzung der Entscheidungsgremien, gegen die Art, in der die Verfahren durchgeführt werden, und gegen die Spruchpraxis selbst, die z. B. den Kunstvorbehalt des Art. 5., Abs. 3 des Grundgesetzes ständig mißachtet.«

Der Report erinnert daran, daß außer Werken von Henry Miller auch solche von Anaïs Nin und dem preisgekrönten dänischen Autor Hans Bjerregaard verboten oder indiziert wurden. Er stellt fest, daß die Indizierung »aus Gründen des Jugendschutzes« solche Bücher in der Praxis »auch für Erwachsene kaum noch« zugänglich macht, weil Verlage sie aus ihrem Programm nehmen und der Großhandel sowie zahlreiche Buchhandlungen, Warenhäuser mit Buchabteilungen und Ladenketten sie zurücksenden.

Wesentlich ist, daß das Bundesverwaltungsgericht in einer Entscheidung vom 12. Januar 1966 anmerkte, »daß der Gesetzgeber die Freiheit der Kunst und der Wissenschaft höher bewertet hat als den Schutz der Jugendlichen«. Ein anderer Senat des gleichen Gerichts hat allerdings im Dezember 1971 den »Kunstbegriff in extremer Weise eingeengt«, indem er verfügte: »Der Grundsatz ›Kunstschutz geht vor Jugendschutz‹ gilt nicht uneingeschränkt.« Jedenfalls summiert der Report: »Der Schritt von all diesen zensurähnlichen Eingriffen zu einer wirklichen Zensur ist nicht weit.«

Zensur in den USA

Obwohl L. B. Woods in seinem Buch »A Decade of Censorship in America« sich nur mit der Zeit von 1966 bis 1975, der Zensur in den Bibliotheken, den Schulen sowie den schulischen Institutionen befaßt, gibt sein Buch doch auch wertvolle Informationen über die Zensur in den USA in unserem Jahrhundert. Bereits in seiner Einleitung vermerkt er: »Für meine Studie war meine Überzeugung maßgebend, daß die Zensur weitaus verbreiteter ist, als viele Bibliothekare und Erzieher annehmen, und daß die Tatsachen dabei helfen, Überraschungen gutgläubiger Bibliothekare und Erzieher zu mindern, die in ihrer Naivität annehmen, daß sie niemals mit einem Zensurproblem konfrontiert würden.« Er bekennt auch: »In der Vergangenheit haben viele Berufstätige den Eindruck gewonnen, daß Probleme, soweit sie mit der Zensur zusammenhängen, verschwinden würden, wenn man sie ignorierte. Da aber die Zensurfälle in diesem Jahrhundert zunahmen, entbehrt dieses Gefühl jeder Grundlage.«

Wesentlich für seine Arbeit war es, daß in den Vereinigten Staaten die Zweimonatsschrift »Newsletter on Intellectual Freedom« erscheint, die von der American Library Association herausgegeben wird. In diesem Newsletter werden sowohl aufgrund vertraulicher Berichte wie eigener Recherchen Zensurmaßnahmen in den USA der Öffentlichkeit bekanntgemacht.

Auf mehr als 900 Zensurmaßnahmen stützt sich das Buch von Woods, in dem er auch seinen wissenschaftlichen Charakter unterstreicht. Für Studien, die sich mit nichtschulischen Institutionen befassen sollen, hat er weitere mehr als 1200 Fälle zusammengetragen. Unter den von ihm zitierten und in der Literatur am meisten als zensiert erwähnten Werken befinden sich Steinbecks »The Grapes of Wrath« (»Die Früchte des Zorns«), Salingers »The Catcher in the Rye« (»Der Fänger im Roggen«), Huxleys »Brave New World« (»Schöne neue Welt«), Orwells »1984«, Hawthornes »The Scarlet Letter« (»Der scharlachrote Buchstabe«), aber auch Mark Twains »Huckleberry Finn«, Millers »Tropic of Cancer« (»Wendekreis des Krebses«) und Tolkiens »Hobbit«. Auch Bücher über Robin Hood fielen der Zensur zum Opfer, weil Hood als Kommunist angesehen wurde. Selbst Tarzan-Bücher wurden zensiert, weil Tarzan ohne Segen eines Geistlichen mit Jane zusammenlebte.

Die Mittel der Zensur waren unterschiedlich: »Ganze Schubladen mit Kartenverzeichnissen wurden in Bibliotheken durch Verbrennung zerstört. Zuschüsse für Bibliotheken und Schulen wurden zurückgezogen, wenn sie Aktivitäten dienen sollten, die als unanständig angesehen wurden. Wissenschaftler, die mit Forschungsarbeiten beschäftigt waren, mußten ihre Unterlagen in Tresore einschließen, um zornige Studenten abzuhalten, sie zu zerstören.«

So hat sich in den USA die Zahl der erfaßten Zensurfälle in den letzten vier Jahren der sechziger Jahre verdoppelt, ebenso am Anfang der siebziger Jahre. Woods führt dies auf eine verbesserte Erfassung der Zensurmaßnahmen durch den »Newsletter« zurück, wie überhaupt eine gestiegene Wachsamkeit in der Kontroverse Zensur und akademische Freiheit auch in den USA festzustellen ist.

Ein beachtliches Dokument für diese Kontroverse ist das 1985 erschienene Buch »Censorship – Opposing viewpoints«, das unter dem Motto von Joseph Joubert (1754–1824) »Es ist besser, ein Problem zu diskutieren, ohne es zu lösen, als es zu lösen, ohne es zu diskutieren« steht. Hier werden – getreu dem Motto des Buches – eine Fülle von lesens- und beachtenswerten Stellungnahmen für und gegen eine Zensur diskutiert.

III
Menschliches

Das glücklichste Volk der Welt

Sie leben innerhalb Pakistans in einer der kleinsten halbautonomen Monarchien der Welt: die Hunza. Ihr Reich ist nur etwa 160 Kilometer lang und im Durchschnitt nur zwei Kilometer breit. Es liegt zwischen Indien, China, der Sowjetunion und Afghanistan. Der bekannte deutsche Reiseschriftsteller Hermann Schaefer, der diesen »Garten Eden« auf abenteuerlichen Wegen besuchte, charakterisierte ihn mit den Worten: »Es ist ein Land ohne Polizei, Gefängnis und Kriminalität, ohne Vergewaltung, Hotels, Banken und Zeitungen, niemand zahlt dort Steuern. Es gibt weder Ärzte noch Apotheken, weil es keine Krankheiten gibt. Verschont von Krebs und Herzinfarkt, erreichen die Hunzaleute nicht selten ein Alter von über hundert Jahren, und das bei voller Gesundheit.« Ihre Sprache (das Buruschäski) ist mit keiner anderen lebenden oder toten Sprache mit Ausnahme der Sprache der Basken verwandt. Es gibt auch keine Soldaten – vor dem Palast des Königs stehen keine bewaffneten Wachen, sondern einfach Wächter mit einem Hirtenstab. Es gibt keine Restaurants, Geschäfte oder gar Tankstellen. Ehescheidungen sind äußerst selten, und die Männer sind noch mit 90 Jahren voll zeugungsfähig.

Wie viele Menschen im Hunzaland leben? In Lexika und Büchern von Reisenden werden Zahlen von 15000, 30000 und 80000 genannt. Über ihre bemerkenswerte Gemütsverfassung und Lebenseinstellung schreibt die Amerikanerin Renée Taylor: »Sie sind durch und durch davon überzeugt, daß ihr Gemeinwesen nur durch seine Einheit und Zusammenarbeit blühen und gedeihen kann. Schon in alten Zeiten ist ihnen ihr Ackerboden und ihre Lebensmittelerzeugung wichtiger gewesen als die Kämpfe. Es ist eine Tatsache, daß die Hunza in bezug auf Körperkraft, Geduld und Leistungsfähigkeit den Bewohnern der Nachbarstaaten überlegen sind.« Wie und wodurch dieses einst kriegerische Volk zu friedvoller, unegoistischer toleranter Menschlichkeit gefunden hat, ist schwer zu erklären.

Wesentlich dazu beigetragen hat sicherlich die Landschaft, in der die Hunza leben: Geschützt von einem hohen Gebirgspanzer, den »Götterbergen«, schufen sie eine Stromtalkultur mit hängenden Gärten auf den Talhängen und im Tal. Dieser Schutz der Berggiganten war wohl mit entscheidend dafür, daß sie ihre Unabhängigkeit behaupten konnten. Nur die Naturgewalten werden als Feinde empfunden. So konnte der König, der »Mir« genannt wird, Renée Taylor sagen: »Wir sind das glücklichste Volk der Welt. Wir haben von allem, was wir benötigen, gerade ausreichend, nicht aber so viel, daß jemand den Wunsch verspüren würde, damit verschwenderisch umzugehen. Sie können das Hunzatal ›Land gerade genug‹ nennen.«

Dieses »gerade genug« bewirkt, daß, wenn Not am Mann ist, Nachbarschaftshilfe absolut selbstverständlich erfolgt. Die Erbfolge ist so sinnvoll geregelt, daß derjenige in einer Familie Haus und Hof erbt, der die Landwirtschaft liebt und auch fähig ist, sie zu bewältigen. Wer nicht erbt, wird Schneider, Weber, Laufboy, Pfadfinder oder geht als Späher zu den Gilgil Scouts in der pakistanischen Armee. Über diese festverwurzelte Tradition gibt es nie Streit. Auch kennen die Hunza keine Geldwirtschaft. Der Im- und Export wickelt sich als reines Tauschgeschäft ab. Als vor Jahren das Gerücht von größeren Goldfunden die Bevölkerung aufschreckte, priesen sich die Hunza glücklich, daß sich das Gerücht als falsch erwies. Denn Goldfunde hätten das Ende der Lebenskultur, wahrscheinlich sogar des Hunzalandes bedeutet.

Der kostbarste Besitz ist die Gesundheit.

Das fast unglaubliche Lebensalter, geknüpft an ihre einzigartige Gesundheit, ist kein Geheimnis – aber staunenswert. Neben den geistig-psychischen Komponenten gibt es drei physische (materielle) Gründe dafür, nämlich: die reine Luft in vier- bis fünftausend Meter Höhe, verbunden mit einer Sonneneinstrahlung, die dem Menschen bekommt. Dann die »Gletschermilch«, wie die Hunza das durch nichts verunreinigte Wasser nennen. Es stammt von Bergquellen, das in Staubecken gesammelt und durch Kanäle an die Häuser, die Felder und Tränken herangeführt wird. Und schließlich die

ABB. 14: *Königspalast der Hunza im Karakorum-Gebiet, Pakistan. Die Kanone wurde nie benutzt.* QUELLE: *Archiv v. Wehrenalp*

Ernährung. Hauptnahrungsmittel sind Tschapattis, Vollkornbrote, die aus frischen, handgemahlenen Körnern (Gerste, Hirse, Weizen und Buchweizen) bestehen. Das Mahlen des Kornes von Hand gewährleistet, verbunden mit dem Backen auf kleinem, offenem Feuer, die volle Werterhaltung des Korns. Das Brot wird langsam gekaut und nichts dazu getrunken. Es ist reich an Calcium, Eisen, Kalium, Mangan und anderen Mineralien, an Phosphor und vor allem an Vitamin E. Es bietet überdies den besten Schutz gegen Zahnverfall. Rani Jamal, die Königin der Hunza, sagte Hermann Schaefer bei seinem Besuch: »Das Tschapatti sorgt dafür, daß wir reibungslos zusammenarbeiten. Die Getreidefrucht ist die wichtigste Konserve der Natur. Das Tschapatti entscheidet darüber, ob ein Mann mit vierzig oder mit hundert Jahren alt oder jung ist.«

Aprikosen sind das zweite Hauptnahrungsmittel. Sie gelten als heilige Frucht und sind so lebenswichtig, daß Witwen, die kein Land erben dürfen, Aprikosenbäume für ihren Lebensunterhalt behalten können. Warum dies so ist, weiß weder die Bevölkerung noch der König. Jedenfalls sind alle Menschen des kleinen Landes überzeugt, daß die Hunza-Aprikose alle jene Stoffe beinhaltet, die Krankheiten verhüten und das Leben verlängern. Dies gilt besonders für ihre Kerne, aus denen jenes Öl gewonnen wird, das die Hunza »Öl des Lebens« nennen. Bereits das neugeborene Kind wird mit Aprikosenöl geflegt. Alle Salate werden mit dem Aprikosenöl zubereitet, dessen Herstellung einfach ist. Der Kern der Aprikose wird aus dem Fruchtbett gelöst, in einem Topf zu Mehl zerstampft, mit »Gletschermilch« auf ein sanftes Feuer gesetzt und so lange gekocht, bis der Brei schlierig geworden ist. Dann wird der Topf vom Feuer genommen und der Brei bis zum Erkalten geknetet. Nun erst schwimmt auf ihm das goldbraune Öl, das in einen Ölkrug gefüllt wird. Im Winter, wenn es weder Frischgemüse noch Frischsalat gibt, ist die sonnengetrocknete Aprikose eines der wichtigsten Lebensmittel. »Sie ist, wie das Korn, eine Naturkonserve«, schrieb Hermann Schaefer.

Fleisch wird wenig, meist in Eintopfgerichten, gegessen. Dafür spielt Gemüse in der Nahrung der Hunza eine wichtige Rolle. Ob es sich um Blattgemüse, Erbsen, Kürbis, Möhren, Rüben oder rohen Spinat handelt, sie werden oft mit köstlichen Kräutern und mit

Aprikosenöl angerichtet. Auch ist Milch ein vollwertiges Nahrungsmittel. Es ist meist Ziegenmilch, aus der Butter wie Käse hergestellt werden. Da niemand den Prozeß des Pasteurisierens kennt, sind die Milch und die aus ihr gewonnenen Produkte reich an Vitamin C. Schließlich gibt es neben den Aprikosen noch Äpfel, Birnen, Kirschen, Maulbeeren und Pfirsiche in ausreichender Menge, so daß genügend Abwechslung in der Ernährung gewährleistet ist. Der Hunzaforscher Lorimer urteilte: »Weder der Apfel aus Kalifornien noch aus den Mittelmeerkulturen kann sich mit dem Apfel der Hunza messen.« Und das gilt wohl für alle Naturprodukte dieses Landes, weil sie auf mineralischer Erde, getränkt von natursauberem Wasser in reiner Luft wachsen und, mangels Lagermöglichkeiten, frisch aus Feld und Garten auf den Tisch kommen.

Als einmal eine Invasion von Schadinsekten das Land überfiel, verlangte die Regierung von Pakistan den Einsatz von chemischen Desinfektionsmitteln. Die Hunza lehnten diese Anordnung ab. Statt dessen versetzten sie das Gießwasser mit Holzkohlenasche; die Schadinsekten verschwanden und kamen nicht wieder.

Wer zu alledem noch weiß, daß die Erziehung im Hunzaland ohne strafende Zurechtweisung erfolgt, daß die Menschen immer Zeit haben, keinen Streß kennen, selbst bei der Arbeit entspannt sind, daß sie Arbeit und Spiel glücklich verbinden, daß niemand in den Ruhestand tritt oder geschickt wird, weil ein einzigartiges Verhältnis zwischen den Generationen besteht, die Jungen die Alten ob ihres Alters fast beneiden, weil das Alter nicht nur respektiert wird, sondern als die erstrebenswerten »reichen Jahre« gilt, wer all dies bedenkt, dem wird das Unglaubliche verständlich, daß es ein kleines Volk im Bereich des Karakorum gibt, das zu Recht »das glücklichste Volk der Welt« genannt wird.

Wie Werner Keller als Todeskandidat überlebte

Werner Keller, der Verfasser des Weltbestsellers »Und die Bibel hat doch recht« (der im englischsprachigen Raum »The Bible as History« hieß) hat den Medien und selbst seinen Verlegern niemals mitgeteilt, wie und wieso er am Ende des Zweiten Weltkrieges mit knapper Not dem Tod entgangen ist. Noch tat dies seine Frau. Erst sein Anwalt, der Strafverteidiger Dr. Dietrich Güstrow, hat in dem Schlußkapitel seines Buches »Tödlicher Alltag – Strafverteidiger im Dritten Reich« (Severin und Siedler Verlag, Berlin) die kaum zu glaubenden Umstände des glücklichen Überlebens von Werner Keller allgemein bekanntgemacht.

Werner Keller war als PK-Berichter der Luftwaffe auch beim Angriff auf Coventry dabei und wurde durch den Anblick der brennenden Stadt ein entschiedener Gegner des NS-Regimes. Diese Gegnerschaft steigerte sich noch nach dem 20. Juli. In seiner Berliner Wohnung in der Helmstedter Straße, wo er als Untermieter bei einem Arztehepaar wohnte, installierte er einen Privatsender. Mit ihm sendete er Funkaufrufe an die US-Army, in denen er verkündete, daß der Widerstand gegen das NS-Regime weiterbestehe, daß es gelte, einen Waffenstillstand zu schließen und zusammen mit den Westmächten gegen die Sowjetarmee zu kämpfen. Manuskripte dieser Aufrufe fand die Aufwartefrau in seinem Papierkorb und gab sie über die Vermieterin der zuständigen NSDAP-Kreisleitung, die sie sofort der Gestapo weitergab. Diese bohrte aus dem Nebenzimmer Löcher in die Wohnung Kellers und konnte dadurch konspirative Gespräche mit Widerständlern, die mit Keller Kontakt hatten oder suchten, aufnehmen.

Dies genügte der Gestapo, Dr. Werner Keller und einen U-Boot-Kommandanten, Kapitänleutnant G., der mehrfach Juden nach Schweden geschmuggelt hatte, festzunehmen und im Untersuchungsgefängnis des Berliner Polizeipräsidiums »in Eisen« zu legen, wie der Strafverteidiger formulierte.

Frau Keller und ihr Vater fanden zunächst keinen Anwalt, der die Verteidigung Kellers im Frühjahr 1945 übernehmen wollte, da die von der Gestapo aufgenommenen Tonbänder jedes Leugnen der Anti-NS-Haltung zwecklos erscheinen ließen.

Dr. Güstrow übernahm dann die Verteidigung vor allem, weil seine Frau und Frau Keller sich aus ihrer Jugendzeit kannten und, wie er selbst sagt: »Auch bewog mich die geringe Hoffnung, daß der Krieg vermutlich bald zu Ende sein werde und Keller eine Überlebenschance hätte, wenn es mir nur gelänge, das Verfahren möglichst weit hinauszuzögern.«

Dafür setzte sich Dr. Güstrow in bemerkenswerter Weise ein. Bei der Gestapo war ein Dr. Deneke als Jurist für den Fall zuständig. Die beiden Juristen kannten sich, weil sie bei einem Repetitor zusammengesessen hatten. Der Gestapo-Beamte erklärte dem Verteidiger, »daß der Fall klarliege und Dr. Keller ein Todeskandidat sei, bei dem es nichts mehr zu verteidigen gäbe«. Auch müsse er ihm die Sprecherlaubnis verweigern. Übrigens sei Keller »rabiat und unberechenbar«, da er nach seiner Verhaftung zwei Fluchtversuche gemacht habe und beinahe auf dem Bahnhof Bülowstraße standrechtlich erschossen wurde. Der Gestapo-Beamte zeigte dem Verteidiger auch die dokumentierten Anklagepunkte gegen Dr. Kellers »todeswürdiges Verbrechen«. Er informierte ihn schließlich, daß der Ermittlungsbericht bei dem Gestapo-Chef Dr. Kaltenbrunner läge, der entscheiden würde, ob »der Fall polizeiintern, was praktisch auf eine Erschießung im Keller der Prinz-Albrecht-Straße hinauslief, oder durch Abgabe an das Reichsgericht, das zuständig für Hochverratsfälle in der Wehrmacht war, erledigt würde«.

Dr. Güstrow versuchte Dr. Deneke zu überzeugen, daß »niemand einem ordentlichen Richter entzogen werden dürfe«, was selbst bei den »schmachvollen Tätern« des 20. Juli der Fall war. Der Gestapo-Beamte, der später zugab, daß ihm seine Arbeit »ziemlich zum Halse heraushänge«, meinte aber: »Für solche Burschen wie Keller und Konsorten könne man sich nicht noch zeitraubende Verfahren leisten.«

Kellers Fall wurde jedenfalls an das Reichskriegsgericht abgegeben, und Keller selbst wurde in das Untersuchungsgefängnis nach Torgau überführt. Wieweit das Gespräch mit Dr. Deneke dazu beigetragen hat, ist unklar geblieben, doch konnte der Verteidiger wenigstens Frau Keller informieren, daß »ein Stück Zeit« gewonnen wurde. Die Westmächte standen mit ihren Truppen bereits im Ruhrgebiet, und die Sowjetarmee lag vor der Oder.

Anfang März 1945 erhielt Dr. Güstrow auf seinen Antrag, den Untersuchungshäftling in Torgau zu sprechen, die Genehmigung der Gefängnisverwaltung. Er mußte eine »abenteuerliche« Fahrt zurücklegen, um von Berlin nach Torgau zu gelangen, was ihm noch im März glückte. Dr. Keller »war abgemagert zum Skelett« – wie Dr. Güstrow später berichtete – »sah gelb und hohläugig aus, litt an Magenbeschwerden und Koliken und stand offensichtlich unter einer starken Haftpsychose«. Obwohl es den Verteidigern verboten war, brachte ihm Dr. Güstrow »einige Zeilen seiner Frau und kleine Liebesgaben, die der Untersuchungshäftling dankbar entgegennahm«.

Keller aber war von dem Gedanken besessen, auszubrechen, und dachte nur an Fluchtpläne. Die Bewacher hatten nämlich mehrfach erklärt, daß bei einem Zusammenbruch der deutschen Front »hier alles im letzten Moment liquidiert würde«. Dr. Güstrow warnte Keller vor Fluchtgedanken und meinte, daß in Wehrmachtsgefängnissen »relativ ordentliche Verhältnisse« herrschten. Er informierte ihn auch über die Taktik, die er einschlagen wolle: Er wollte herausfinden, wer die Akte im Reichsgericht bearbeitete, da er noch Hoffnungen und Möglichkeiten in der Person des Sachbearbeiters sehe. Dies war ein Dr. F. C. Fleischmann, ein Oberfeldrichter in der Reichskriegsanwaltschaft, der früher im zivilen Justizdienst tätig gewesen war, den Dr. Güstrow privat aus einem Kreis kannte, »der nicht zu den Hitleranhängern zählte«.

Schon bei ihrer ersten Begegnung bezeichnete Fleischmann seine Tätigkeit als »verfluchten Kram« und zu dem Testwort »Endsieg« sagte er sogar: »Wie der Endsieg aussehen soll, wissen wohl nur wenige.« Er wisse es jedenfalls nicht. Trotzdem meinte er, mit dem Hinweis auf seine Kenntnis der Keller-Akte: »Was, lieber Herr Güstrow, wollen Sie denn da noch verteidigen?«

ABB. 15: *Werner Keller, Autor des Weltbestsellers »Und die Bibel hat doch recht«, war Todeskandidat der Gestapo.* QUELLE: *Econ*

Der aber antwortete: »Verteidiger sind doch auch dazu da, um den Beschuldigten wenigstens den ordnungsgemäßen Ablauf des Verfahrens zu garantieren, selbst wenn sie in der Sache selber vielleicht gar nichts ausrichten können.« Fleischmann erwiderte nur: »Guter Gott, kommen Sie deshalb von Berlin nach Torgau? Meinen Sie, daß wir hier Verfahrensfehler begehen?«

Im weiteren Verlauf des Gesprächs erfuhr Dr. Güstrow, daß Fleischmann »in diesen Tagen« Anklage erheben würde und er mit der Hauptverhandlung »nicht vor vier Wochen« rechne. Der Verteidiger wollte mehr Zeit gewinnen und sagte dem Oberfeldrichter: »Es kann ja auch nicht angenehm sein, ständig Todesurteile auszusprechen«, auch schlug er vor, daß der Richter klären möge, ob Dr. Keller – entsprechend dem Führerbefehl nach dem 20. Juli – »nicht aus der Wehrmacht ausgestoßen und Anklage durch den Oberreichsanwalt vor dem Volksgerichtshof erhoben werden« müsse. Es hing davon ab, ob der Führerbefehl spezieller oder genereller Art war. Das aber wußte der Richter nicht, und der Verteidiger konnte vorschlagen, daß dies geklärt werden müsse und, bis dies der Fall sei, auch keine Anklage erhoben werden dürfe. Der Oberfeldrichter sagte dies zu.

Keller wurde von seinem Verteidiger über diese Entwicklung unterrichtet, doch er erwiderte nur, völlig deprimiert: »Die machen uns hier doch fertig, ehe die Alliierten da sind.« Er stand unter dem seelischen Druck der fast vollkommenen Isolierung und konnte nicht »an die Wirksamkeit der hauchdünnen Fäden glauben, die sich wie Schutznetze zwischen Gleichgesinnten oder Gleichempfindenden auch in dieser Endzeit noch spinnen ließen«. Der Verteidiger sah deutlich, in welcher seelischen Lage sich Keller befand: »Die Depression im Festungsgefängnis und die allgemein verbreitete Todesangst hatten ihn voll in Besitz genommen.« Obwohl es ihm nach Verlegung ins Lazarett etwas besser ging, befaßte er sich nur mit Fluchtplänen, die seinen unvermeidlichen Tod bedeutet hätten.

Die einzige Tröstung, die Dr. Keller während der Torgauer Haft hatte, bestand in der Lektüre, die ihm in der Haft gestattet war: Hitlers »Mein Kampf« und die Bibel. »Er las die Bibel in diesen Monaten täglich und fand dabei zumindest vorübergehend Ruhe«, meinte sein Verteidiger. Diese Lektüre war wohl auch der Grundstein für seinen im Herbst 1955 erschienenen Bestseller, der in 24 Sprachen übersetzt wurde.

Dr. Güstrow konnte sein Büro in Berlin auflösen und dank der Bescheinigung des Reichskriegsgerichts über seine »kriegswichtige Notwendigkeit« die Hauptstadt mit dem letzten vom Bahnhof Zoo abgehenden Zug am 12. April 1945 verlassen. Erst nach zwei Tagen zu Hause angekommen, erfuhr er, daß sich die sowjetischen und amerikanischen Truppen am 10. April an der Torgauer Elbe getroffen hatten. Er hoffte, daß Dr. Keller gerettet wäre.

Erst Monate später, als die Post wieder etwas funktionierte, erfuhr der Verteidiger, daß Werner Keller tatsächlich von den Amerikanern befreit worden war. Während der allgemeinen Auflösung hatte Keller seinen Fluchtplan verwirklicht. Er war während eines Transportes geflohen und den Amerikanern entgegengelaufen.

Seinem Verteidiger sandte Keller ein Exemplar des Buches »Und die Bibel hat doch recht« nach dem Erscheinen mit der Widmung: »D. G., dem *einzigen* Anwalt in Berlin, der es wagte, meinen hoffnungslosen Fall gegen Freisler, Volksgerichtshof und Gestapo zu übernehmen, in herzlicher Dankbarkeit und mit allen guten Wünschen! Werner Keller.«

Erstaunliches aus der Welt des Sports

Die Welt des Sports ist reicher an erstaunlichen Ereignissen, als man ahnt, wenn man nur die Ergebnisse in den Zeitungen nachliest und die Endkämpfe in den einzelnen Sportdisziplinen im Fernsehen mitverfolgt. Viele »Stars« und ihre Siege sind oftmals – außer im Kreis von Fachleuten – nach wenigen Jahren vergessen. Nur jene Sportler bleiben in allgemeiner Erinnerung, die mehr als Rekorde errangen, die mehr waren und sind als die Besten in einem Wettkampf. Bodo Harenberg charakterisiert in seinem Buch »Die Sportler des Jahrhunderts«, welche Eigenschaften auch dem Sportler eine bleibende Erinnerung sichern: »Ob er beständig war in seiner Leistung, ob er fair blieb gegen seine Gegner, ob er den sportlichen Ruhm mit menschlicher Größe ertrug«. Auch im 20. Jahrhundert stehen hinter den Schlagzeilen, hinter den Höhepunkten und Ereignissen im Sportgeschehen Menschen mit erstaunlichen Fehlern und Schwächen, aber auch mit der erstaunlichen Fähigkeit, über sich selbst hinauszuwachsen.

»They never come back«?

Die Kämpfe, mit denen die These »They never come back« (Sie kommen nicht wieder) widerlegt wird, gehören zu den erstaunlichen, vieldiskutierten Ereignissen der Boxgeschichte. Der erste, dem es gelang, als geschlagener Weltmeister im Schwergewicht den Titel wieder zurückzugewinnen, war Floyd Patterson. Er hatte den Titel am 30. November 1956 in der fünften Runde durch K.o. gegen Archie Moore gewonnen und war mit noch nicht 22 Jahren als Sohn eines Dockarbeiters der jüngste Schwergewichtsweltmeister. Drei Jahre lang verteidigte er den Titel gegen die Amerikaner Hurricane

Tommy Jackson, Pete Rademacher, Roy Harris und gegen den Briten Brian London, die er alle k.o. schlug. Am 26. Juni 1959 aber verlor er im New Yorker Yankee-Stadion durch den Schweden Ingmar Johansson selbst durch K.o., obwohl niemand einen Sieg des Schweden für möglich gehalten hatte. Der Schwede traf nach anderthalb langweiligen Runden Patterson genau auf sein »Glaskinn« und fällte ihn damit in den Ring. Johanssons Rechte traf Patterson noch siebenmal, bis der Ringrichter den ungleich gewordenen Kampf in der dritten Runde abbrach. Die vertraglich vereinbarte Revanche wurde fast ein Jahr später am 20. Juni 1960 in den New Yorker Polo Grounds angesetzt, und Joe Louis hatte Patterson auf den Kampf vorbereitet. 31892 Zuschauer erlebten den Kampf mit und zahlten bis zu 150 Dollar für eine Eintrittskarte, obwohl auch das Fernsehen den Kampf direkt übertrug und er in 300 amerikanischen Kinos angesehen werden konnte. Es war der 23. Kampf des Schweden und der 38. Berufskampf des Amerikaners.

Der Boxkampf machte nicht nur Geschichte, sondern ließ auch an Dramatik nichts zu wünschen übrig. Bereits in der ersten Runde erhielt Johansson eine Platzwunde oberhalb des linken Auges. Die Runde ging an Patterson. Joe Louis drang auf Patterson ein, indem er ihm ins Ohr flüsterte: »Angreifen, angreifen!« – Patterson folgte und griff ungestüm an. Johansson aber erkannte die Möglichkeit zu kontern und schlug eine knallharte Rechte an die Kinnspitze Pattersons, der wankte. Doch der Schwede sah seine Chance nicht und setzte nicht nach. Die Runde ging zwar an ihn, aber Patterson erholte sich.

In der dritten Runde griff der Amerikaner, ohne auf Kontermöglichkeiten Rücksicht zu nehmen, wieder ungestüm an. Er hatte gemerkt, daß Johansson am linken Auge schwer verwundet war und an erheblichen Schmerzen litt. Die Runde ging an Patterson. Beide Boxer wurden verwarnt, Johansson wegen Klammern und Patterson wegen Tiefschlag. In der vierten Runde traf Sekunden vor dem Schlußgong der Schwede so genau, daß der Amerikaner taumelte. Doch reichte ihm die kurze Pause, um wieder fit zu werden. Nach 60 Sekunden der fünften Runde traf er Johansson mit einer Linken so am Kopf, daß der Schwede bis 9 zu Boden mußte. Damit war der Kampf entschieden, denn Patterson traf kurz darauf mit einem Haken zum Kinn Johansson so schwer, daß er vom Ringrichter ausgezählt wurde. Der Amerikaner hatte den Weltmeistertitel wiedergewonnen und damit die These »They never come back« widerlegt. In einem dritten Kampf am 13. März 1961 schlug Patterson den Schweden in der sechsten Runde wieder k. o. Doch mehr als ein Jahr später, am 22. September 1962, wurde er von Charles »Sonny« Liston bereits in der ersten Runde k. o. geschlagen. Auch gegen Liston versuchte er eine erfolgreiche Revanche. Diese mißlang ebenfalls in der ersten Runde. Immerhin hat er in seiner Glanzzeit mit seinen Kämpfen bis zu seiner Niederlage im Kampf gegen Cassius Clay weit mehr als 7 Millionen Dollar verdient, von denen er zwar rund 50 Prozent für Kosten abgeben und, was ihm verblieb, auch noch versteuern mußte. Doch blieb er ein reicher Mann und ein Beispiel in der Boxgeschichte. Heribert Fassbenders »Sporttagebuch des 20. Jahrhunderts« erinnerte daran, daß er 64 Kämpfe »auf dem Buckel hatte«, von denen er 40 durch K. o. und 15 nach Punkten gewann. Dem standen ein Remis und acht Niederlagen gegenüber, davon fünf durch K. o.

Die Familie Zatopek

Eine Familie spielte in der Geschichte des Sports eine bemerkenswerte Rolle: Emil und Dana Zatopek, die nicht nur am gleichen Tag geboren wurden, sondern auch am gleichen Tag Goldmedaillen gewannen. Sie beim Speerwerfen und er im Zehntausend-Meter-Lauf. Ihn, das zweitjüngste von sechs Kindern eines Tischlers, nannte man »die Lokomotive«, weil er wie eine Lokomotive schnaufte und schnaubte und, wenn er lief, stets unter Volldampf stand. Dabei ist ihm – obwohl sein Gesicht beim Laufen immer auszudrücken schien: »Ich kann nicht mehr« – der »Dampf« nie ausgegangen. Er, der zu den bescheidensten Sportlern seiner Zeit gehörte, sagte einmal von sich: »Ich wirke so verzweifelt, weil ich mich ständig zwinge, noch schneller zu laufen – und es mir doch nicht gelingt.« Er war immer unzufrieden mit sich selbst, was zu seiner entscheidenden Triebfeder wurde, hart zu trainieren und durchzuhalten, wenn die Kräfte im Wettbewerb nachließen. Seine Unzufriedenheit half ihm zu seinen Siegen über sich selbst.

Nach der Besetzung der Tschechoslowakei durch den NS-Staat war Zatopek einfacher Arbeiter in einem Chemielabor der Kleinstadt Zlin und trainierte Langlauf in seiner kargen Freizeit. 1946 nahm er in Prag an der ersten Leichtathletikveranstaltung der ČSSR teil und verbesserte den Landesrekord im Fünftausend-Meter-Lauf. Im gleichen Jahr lief er bei den Europa-Leichtathletikmeisterschaften in Oslo nur knapp 17 Sekunden hinter dem Sieger Wooderson aus England als fünfter ins Ziel. 1947 gelang ihm der große Durchbruch. Bereits 25 Jahre alt, erreichte er in Prag mit 14:08,2 Minuten die zweitschnellste Zeit über 5000 Meter und besiegte in Helsinki den damaligen finnischen Weltklassemann Viljo Heino. Seine Erfolge über 3000 und 5000 Meter bewogen ihn, auch die 10000-Meter-Strecke in Angriff zu nehmen und sich im Sommer 1948 am Olympiawettbewerb zu beteiligen, bei dem er eine Goldmedaille im 10000-Meter-Langlauf gewann.

Sein Laufstil war aber keineswegs ein ästhetischer Anblick. Im »Sporttagebuch des 20. Jahrhunderts« heißt es: »Zatopek lief stets wie von tausend Qualen gepeinigt: mit offenem Mund und heraushängender Zunge, geballten Fäusten und verbissenen Gesichtszügen. Das Wort von der unbeugsamen Laufmaschine machte bald die Runde, und es entstand der Mythos Zatopek, der seine Gegner jahrelang zu lähmen schien.« Am 24. Juli 1952 trafen die besten Langläufer bei den Olympischen Spielen in Helsinki aufeinander: der Deutsche Herbert Schade, der Belgier Gaston Reiff, der Franzose Alain Mimou, die Engländer Parker, Pirie und Chataway und Emil Zatopek. In einem langen Schlußspurt überholte Zatopek alle Wettbewerber. Er gewann seine zweite Olympiamedaille und ließ sich – obwohl er noch nie die Marathonstrecke unter Wettkampfbedingungen gelaufen war – für diesen längsten aller leichtathletischen Wettbewerbe melden.

Es wurde einer der dramatischsten Marathonläufe aller Olympiaden. Am Start waren 66 Läufer. Als Favorit galt der Argentinier Cabrera, der 1948 in London den Langlauf gewonnen hatte. Bereits

ABB. 16: *Emil Zatopek als Sieger des Marathonlaufes bei den Olympischen Spielen in Helsinki 1952.* QUELLE: *Keystone*

in der ersten Runde, die im Stadion gelaufen wurde, verzog Zatopek schmerzhaft sein Gesicht und lief so gequält, daß niemand an seinen Sieg, nicht einmal, daß er die Distanz durchhalten könne, glauben wollte.

An der Spitze des großen Feldes lief der Schwede Jansson, der damals im Langlauf die Weltbestzeit hielt. Dann folgten der Engländer Peters, die Argentinier Corno und Cabrera. Einige Meter hinter ihnen erst Zatopek, der sie herausgefordert hatte.

Bei der Hälfte der Distanz wurden den Läufern Obst, Speisen und Getränke angeboten. Der Tscheche wollte keine Sekunde verlieren, verzichtete auf alle Angebote. Er gestand später, daß er bei den Kilometern 20 und 25 aufgeben wollte. Er hielt aber durch, und nach 36 Kilometern hatte er sogar die Spitze mit 36 Sekunden Vorsprung erreicht, den er sieben Kilometer vor dem Ziel auf eine und beim Einlauf in das Stadion auf zwei Minuten vergrößerte. Die letzte Runde im Stadion lief er locker und leichtfüßig, woraus geschlossen werden konnte, daß er mit sich zufrieden war.

Nach den Spielen in Helsinki hielt er drei Weltrekorde, und 1955 stand sein Name sogar 16mal auf der Weltrekordliste. Er war damit eines der großen Phänomene der Leichtathletikgeschichte. In 18 Jahren lief er in 334 Rennen und wurde 261mal Sieger. Sechs Jahre lang konnte ihn kein Läufer in einem 10000-Meter-Rennen schlagen. Erst als ihn Freunde überreden wollten, 1958 auch noch an den Europameisterschaften teilzunehmen, weigerte er sich mit den Worten: »Ich kann doch nicht bis zu meinem Tode laufen.«

Er war und blieb auch menschlich eine ungewöhliche Persönlichkeit: Er war bescheiden und fröhlich, diskutierte gern und trieb mit todernstem Gesicht Schabernack. Er hatte nie Feinde, höchstens Neider. Selbstkritisch bekannte er einmal: »Wenn jemand bessere Trainingsmethoden herausfindet, als ich sie hatte, kann er alle meine Rekorde brechen.« Im Prager Stadtteil Troja baute er, ohne Hilfe von Freunden und Fachleuten, mit seiner Frau Dana ein Haus. Er planierte mit ihr das Grundstück, betonierte und mauerte das Haus. Er deckte auch das Dach und überließ nur den Innenausbau Fachleuten.

Seine Frau hatte er auf dem Sportplatz kennengelernt. 1948 verlobten sie sich bei den Londoner Olympischen Spielen. Als richtiger Schalk machte er ihr kurze Zeit darauf mit den Worten den Heiratsantrag: »Liebe Dana! Wir sind beide am 19. September 1922 geboren, wollen wir nicht auch beide an einem Tag heiraten?« Und so geschah es. Die Parallelen im Leben der Zatopeks häuften sich. Am 20. Juli 1952 gewannen sie in Helsinki – wie bereits erwähnt – mit knapp einer Stunde Unterschied je eine Goldmedaille. Solch gemeinsames Glück wiederholte sich auch bei anderen internationalen Wettbewerben.

Selbst in ihrer Freizeit vollbrachten sie ein außergewöhnliches Pensum. Er bekannte in einem Interview: »Ich liebe es, zu kochen und zu stricken, während Dana Handarbeiten macht. Wir sind beide sehr musikalisch, haben einen Haufen Grammophonplatten und spielen die Violine, das Akkordeon und die Gitarre. Wir lesen enorm viel, spielen leidenschaftlich Schach und Flugball und haben auch Zeit für das Bogenschießen.«

Hans Günter Winkler und sein Pferd Halla

Unter den zahlreichen freundschaftlichen Verhältnissen zwischen Mensch und Tier in der Welt des Sports ist das zwischen Hans Günter Winkler und seiner Stute Halla besonders bemerkenswert. Winkler, dessen Namenskürzel HGW zum Markenzeichen für Erfolgsreiten im Pferdesport wurde und bis heute geblieben ist, sollte Kaufmann werden, obwohl oder weil sein Vater Reitlehrer und Stallmeister gewesen war. Die Liebe zu den Pferden hatte sich aber auf den Sohn übertragen, und schon mit zehn Jahren drängte es ihn zu reiten. Als er die Volksschule besuchte, ritt er begeistert auf dem Pony »Micky« über Hof und Felder der väterlichen Dienststelle. »Wo immer er arbeitete und lebte, fand er auch Pferde«, schreibt Harenberg in seinem Buch.

Nach der Militärzeit im Zweiten Weltkrieg, die er in amerikanischer Kriegsgefangenschaft abschloß, kam er zu dem Marstall der Landgräfin von Hessen in Kronberg/Taunus und konnte dort, obwohl er nur die Bücher führen sollte, mit dem über die Kriegsjahre geretteten, von den US-Offizieren beanspruchten Pferdebestand arbeiten. 1948 trat er in den Dienst des Frankfurter Textilgroßhändlers Zimmer, dessen Kontor neben den Pferdeställen lag, und führte den Reitstall der Züchterin Gerda Zimmer. 1952 erhielt er von Gustav Rau, dem Chef des Deutschen Olympiadekomitees, die Chance, nach Warendorf überzusiedeln, wo das DOK seinen Sitz hatte und er sich auf die Olympischen Spiele 1952 vorbereiten sollte. Ein Mitbewerber intrigierte gegen ihn und bezweifelte seine Amateureigenschaft, was erst im März 1956 widerlegt wurde. Später sagte er über die Anfangsjahre seiner Reiterei: »Den Landwirten, die ohnehin Pferde hielten, und den oft gutgestellten städtischen Pferdebesitzern gegenüber bin ich arg im Nachteil gewesen, denn ich mußte siegen, um vom Preisgeld wenigstens die wichtigsten Kosten für Futter und Pflege der Pferde bestreiten zu können. Das wirkte sich auf meine Nerven aus.«

In Warendorf bezahlte das Olympische Komitee Hafer und Pflege der Pferde. Seinen Lebensunterhalt bestritt HGW als Vertreter der Firma Bayer Leverkusen, was ihm von der »New York Times« die Bezeichnung »Aspirinverkäufer im Sattel« eintrug.

Hans Günter Winkler ritt am liebsten Pferde, die als »Außenseiter« angesehen wurden. Die Stute Walküre konnte er erst bei einem öffentlichen Springen einsetzen, nachdem er an ihr erhebliche Schönheitsarbeiten durchgeführt hatte. Den Hengst Lausbub erwarb er von der amerikanischen Armee, wo er als Juxpferd angesehen wurde. Das Pferd Rebell sollte dem Metzger übergeben werden, als HGW es in Warendorf rettete. Unter seinen Entdeckungen verkannter Pferde aber war die Stute Halla sicherlich die bemerkenswerteste. Ihr Vater war ein Traberhengst und ihre Mutter ein Offiziersdienstpferd. Sie war zierlich und sollte zur Military, dem reiterlichen Vielseitigkeitswettkampf, zu dem Geländeritt, Dressur und Springen gehören, ausgebildet werden. Aber Halla versagte bei der Military. »Sie fiel so weit zurück, daß sie fern der offiziellen Plazierung endete. Das Urteil war über sie gesprochen: Zurück zum Besitzer«, schreibt Harenberg. Ihr Besitzer in Darmstadt aber bat darum, sie doch in Warendorf zu behalten, und HGW setzte durch, daß Halla in Warendorf blieb. Er nahm sich vor, das kecke Pferd zu zähmen. Um sie ruhigzustellen, ließ er die Stute im Stall festbinden, strafte sie mit Entzug des Futters und zögerte nicht, sie mit Nasenstübern zur Ordnung zu bringen. Er war von ihrer Sprungkraft und ihren Sprungfähigkeiten so angetan, daß er sie nicht nur unter seine Fittiche nahm, sondern mit ihr eine einzigartige Mensch-Tier-Partnerschaft entwickelte, die zu einer Legende werden sollte. Er trat mit ihr 1953 bei vielen Wettbewerben an und erzielte die damals gewaltige Summe von 13319 DM an Preisgeldern.

Halla folgte ihrem Reiter ohne Sporen. Er – weder ländlicher Reiter noch mit Wohlstand gesegnet – war durch sie an die Spitze der deutschen Reiter gelangt. Ihr erster großer Auftritt fand am 20. Juli 1954 bei dem Finale der zweiten Springreiter-Weltmeisterschaft in Madrid statt. Bei glühender Hitze besiegte Winkler den Franzosen d'Oriola und erhielt als erfolgreichster Reiter den Pokal des Königs von Kambodscha. Den Weltmeistertitel verteidigte er ein Jahr später in Aachen und gewann auch das Deutsche Derby in Hamburg. Die Stute erhielt den Ehrentitel »Pferd des Jahres«.

Die schwerste Prüfung stand beiden noch bevor. HGW und Halla reisten 1956 als Favoriten zu den Olympischen Reiterspielen nach Stockholm, die damals wegen der strengen Quarantänebestimmungen für Pferde nicht in Australien, dem Land der Sommerspiele, stattfinden konnten, doch war die Konkurrenz von 66 Reitern aus 24 Nationen nicht zu unterschätzen. Zu ihnen gehörten der Franzose d'Oriola, der 1952 in Helsinki gewonnen hatte, der Spanier Francisco Goyaga, ein bekannter verwegener Reiter, und die Gebrüder Raimondo und Piero d'Inzeo, Angehörige der italienischen Armee.

Der Parcours war besonders schwer; er war erst in der Nacht vor dem Wettbewerb von schwedischen Soldaten 775 Meter lang abgesteckt und mit 14 Hindernissen errichtet worden. 17 Sprünge bis 1,60 Meter Höhe waren errichtet worden, und kein Reiter konnte den Kurs vorher studieren. Er mußte am Morgen und ein zweites Mal am Nachmittag bewältigt werden. Die Ergebnisse der beiden Läufe wurden addiert und bestimmten so die Einzelwertung. Jedes Land durfte drei Reiter stellen. Ihre Resultate ergaben die Mannschaftswertung. Die Goldmedaille erhielt die Equipe, welche die wenigsten Fehler machte.

Der deutsche Equipenchef, Harald Momm, sagte seinen Reitern, nachdem er den Parcours besichtigt hatte: »Die Schwierigkeiten sind unübersehbar.« Als erster ritt der Deutsche Alfons Lütke-Westhues und machte mit seinem Pferd Ala 16 Fehlerpunkte. Die Goldmedaille für die Mannschaftswertung war in weite Ferne gerückt. Aber auch erfahrenere Reiter, wie der Deutsche Thiedemann und die italienischen Brüder d'Inzeo, erhielten acht Fehlerpunkte. HGW ritt als letzter der drei deutschen Reiter in den Parcours. Er sagte später von seinem »wunderbaren Tier«: »Sie wußte genau, was in wenigen Sekunden geschehen sollte. Sie war ganz bei der Sache.«

Die Stute sprang mit Leichtigkeit über die geforderten 1,60 Meter. Am dreizehnten und letzten Hindernis machte Winkler eine unglückliche Bewegung, verlor den Bügel und brachte Halla aus dem Konzept. Der bis dahin fehlerfreie Ritt wurde mit einem Abwurf, das heißt vier Fehlerpunkten, beendet. Trotzdem lag die deutsche Equipe mit 28 Fehlerpunkten an der Spitze.

Dann aber stellte sich heraus, daß Winkler weit schwerer verletzt war, als angenommen wurde. Auf dem Abreitplatz fiel er den Helfern regelrecht in die Arme und konnte sich auf dem Weg zur pflichtgemäßen Gewichtskontrolle nur mühsam aufrecht halten. Anschließend fuhr er mit seinen Kameraden und dem Equipenchef ins Quartier, wo er von einem als Zuschauer anwesenden deutschen Arzt untersucht und verbunden wurde. Auch der Verband konnte die Schmerzen nicht lindern. HGW fuhr trotzdem, um den Nachmittagsritt zu absolvieren, ins Stadion. Er versuchte, auf Halla aufzusitzen, doch der Versuch mißlang: Er hatte sich einen Muskel gerissen. Bei dieser aussichtlos scheinenden Lage dachte man in der deutschen Equipe daran aufzugeben.

Die einzige verbleibende Alternative war eine schmerzlindernde Morphiumspitze, die aber mit der Gefahr verbunden war, daß Winklers Reaktion nachlassen würde. Er entschied sich für die Spritze, die ihm der schwedische Bahnarzt verabfolgte.

Der deutsche Equipenchef bemühte sich, Winklers Start hinauszuschieben, damit der Kaffee, den er nach der Spritze getrunken hatte, wenigstens einen Teil der Morphiumwirkung aufheben konnte. Momms Antrag aber wurde vom Schiedsrichter abgelehnt. Doch

Winkler erhielt Hilfe von seinen Reiterkollegen: Der schwedische Rittmeister Gernandt verzögerte seinen Ritt und machte so viele Fehler, daß zur Wiederherstellung der Hindernisse fast 15 Minuten benötigt wurden. Das gleiche taten der Türke Günes und der Ire Kiernan.

Die Schmerzen hatten zwar etwas nachgelassen, als HGW einritt, aber das Morphium und die Anstrengung machten ihn müde und raubten ihm die Konzentration. »Er mußte sich darauf verlassen, daß Halla den Parcours selbständig meistern würde. Er konnte sie nur vorwärtstreiben, alle andere Hilfe mußte er ihr versagen«, stellt Harenberg fest. Später sagte Winkler über den Ritt: »Es war, wie wenn auf einem kleinen Schiff der Kapitän ausgefallen ist und der Steuermann, nachdem er hundertmal unter Anleitung seines Chefs das Ruder geführt hat, allein die Navigation übernimmt.« Und Halla lenkte »das kleine Schiff« fehlerfrei über den Parcours, den kampfunfähigen Reiter im Sattel.

HGW errang die Goldmedaille in der Einzelwertung und mit seinen zwei Kameraden Gold für die Mannschaft.

War es ein Sieg Hallas oder Winklers? Harenberg gibt in seinem Buch folgende Erklärung: »Die jahrelange Arbeit, die Winkler der Stute Halla gewidmet hatte, ließ das Pferd hörig sein in entscheidender Stunde. Der Sieg Winklers war ein Triumph des Einflusses, den der Mensch auf das Tier gewinnen kann.«

Zwei Jahre nach den Olympischen Reiterspielen gewann Winkler mit Halla die Rekordsumme von 35709,50 DM, deren wesentlicher Teil allerdings dem Besitzer der Stute verblieb. Seinen Lebensunterhalt verdiente Winkler mit dem Verkauf von Pferden, mit denen er einige Siege herausgeritten hatte und die von den Käufern gut bezahlt wurden, weil sie hofften, mit einem seiner Pferde wie er siegen zu können.

Im Jahr 1957 gewannen Halla und Winkler auch die Europameisterschaft, und selbst noch 1960 waren sie beim Mannschaftssieg in Rom mit 13 ¼ Fehlern das beste Paar in der deutschen Equipe. Dann wurde Halla aus der harten Arbeit des Sports entlassen, und 1961 widmete ihr HGW eines seiner Bücher: »Halla – die Geschichte ihrer Laufbahn«. Die Wunderstute starb 1979. Ihr wurde in Warendorf ein Denkmal gesetzt.

Die widrigen Geschicke des Tabaks

»Kein Produkt, das vom Auslande zu uns gekommen ist, hatte so viele widrige Schicksale zu erfahren als der Tabak.« Dies schrieb M. E. Heilmaier in seinem nützlichen und unterhaltenden Lesebuch, das von Alois Attenkofer im Jahre 1812 in Ingolstadt herausgegeben wurde.

Danach suchte, wörtlich wiedergegeben, »König Jakob I. in England den Gebrauch des Tabaks durch eine starke Auflage abzuschaffen, indem er ihn ein schädliches Unkraut nannte«.

Weiters ist bei Heilmaier zu lesen:

»Im J. 1610 wurde das Tabackrauchen in Konstantinopel bekannt. Um diese Gewohnheit lächerlich zu machen, ward ein Türk, der Taback geraucht hatte, mit durch die Nase gestoßener Pfeife in den Gassen herumgeführt.«

»Im J. 1624 that Pabst Urban VIII. alle in den Bann, die Taback in der Kirche nehmen würden, weil ihn schon damals spanische Geistliche unter der Messe nahmen.«

»Im J. 1634 ward in Rußland das Rauchen bei Verlust der Nase verboten.«

»Im J. 1653 fing man in Kanton Appenzell an Taback zu rauchen. Anfänglich liefen die Kinder denen nach, welche auf der Gassen rauchten, und der Rath bestrafte die Tabackraucher.«

»In der Berner Polizeiordnung, die im J. 1661 gemacht wurde, steht das Verbot, Taback zu rauchen, unter der Rubrick: du sollst nicht ehebrechen; denn diese Polizeiordnung ward nach den 10 Gebothen angetheilt. Dieses Verboth wurde 1675 erneuert, und ein eigenes Tabackgericht niedergesetzt, das sich bis in die Mitte des vorigen Jahrhunderts erhalten hat. (Also ca. bis 1750.) In Glarus wurde das Tabackrauchen 1670 und in den folgenden Jahren mit einer Krone Geld bestraft.«

»Im J. 1690 that Pabst Innocentius XII. alle in den Bann, die in der St. Peterskirche in Rom Taback nehmen würden. Allein im J. 1724 hob Pabst Benedikt XIII. diesen Bann wieder auf.«

Und Heilmaier schloß seine sprachlich wie in der Schreibweise bemerkenswerte Aufzählung mit der Erkenntnis: »Je mehr aber der Gebrauch des Tabacks verboten wurde, desto mehr nahm er überhand, und bereitete sich aus gemäß dem lateinischen Sprichworte: Nitimur in vetitum, cupimusque negata.« (Wir trachten nach dem Verbotenen und begehren das Verweigerte.)

Ergänzend sei über die Gegner des Tabakgenusses festgestellt: Jakob I., der Sohn Maria Stuarts und Lord Darnleys, wurde nach der erzwungenen Abdankung seiner Mutter 1567 König von Schottland, im Alter von einem Jahr. Da zwischen ihm und Elisabeth I. von England ein Bündnis abgeschlossen wurde, an dem er auch nach der Hinrichtung seiner Mutter festhielt, gelangte er 1603, als Elisabeth I. starb, auf den englischen Thron. Er vereinigte als Jakob I. England und Schottland zu Großbritannien in eine Personalunion. In einer Schrift »Misokapnos« (»Rauchfeind«) beschrieb er das Rauchen als reines Höllenwerk.

In der Türkei war es der Sultan Amurat IV. (1623–1640), der ein Rauchverbot erließ. Wer es übertrat, wurde mit dem Tode bestraft. Oliver Cromwell (1599–1658) erließ 1652 – also nur sechs Jahre vor seinem Tode – ein Anbauverbot für Tabak in England. Dieses Verbot wurde erst 1910 aufgehoben.

Auch Friedrich der Große (1712–1786) verbot 1764 das Rauchen auf der Straße. Als Begründung wurde Feuersgefahr angegeben. Die gleiche Begründung wurde für ähnliche Verbote in ländlichen Gebieten Preußens bis Mitte des 19. Jahrhunderts angeführt. Selbst das Tabakschnupfen nahm in den romanischen Ländern im 17. Jahrhundert so überhand, daß 1624 und 1650 der Kirchenbann dagegen verhängt wurde. Dieser Bann wurde erst 1725 aufgehoben.

Die Maßnahmen und die Diskussionen über das Pro und Contra des Rauchens gingen weltweit bis heute weiter. Sie erreichten in unserem Jahrhundert einen Höhepunkt, als Proteste von Nichtrauchern, unterstützt von Ärzten gegen das »Mitrauchen« am Arbeits-

ABB. 17: *Je mehr der Gebrauch des Tabaks verboten wurde, desto mehr nahm er überhand. Kupferstich eines »Tabackmachers«, um 1730.*

QUELLE: *Bildarchiv Preuß. Kulturbesitz*

platz bzw. in Verkehrsbetrieben, zunahmen und zahlreiche Eltern sich gegen die Raucherzimmer in den Schulen aussprachen. In Schweden führte dieser Gegentrend zur Entwicklung eines Modetabaks, der unter den Markennamen »Catch Mini« und »Skoal Bandit« auch in Dänemark und den USA erheblichen Absatz findet. Es ist ein Gemisch, das der »Spiegel« mit den Worten beschreibt: »Aus gemahlenem Tabak mit einer Spur Salzwasser, ein wenig Anis oder einem Schuß Madeira«. Dieses Gemisch wird nicht geraucht, sondern gelutscht; allerdings hat eine 1987 in Tokio tagende Weltkonferenz über Rauchen und Gesundheit festgestellt, daß auch das Lutschen dieses alternativen Tabaks ein »ähnliches Teufelszeug wie die Zigarette« sei. In Amerika haben Ärzte sogar behauptet, daß es Mundkrebs erzeuge. Dies hatte zur Folge, daß die zuerst positive Beurteilung des Lutschtabaks in Deutschland durch ein Verbot ersetzt wurde. Nur in Schweden und in den USA nimmt die Zahl der Tabaklutscher zu, insbesondere unter Schülern und Studenten, während entsprechend die Zahl der Zigarettenraucher abnimmt. Das hat die US-Tobacco-Firma bewogen, den Lutschtabak verstärkt in kleinen Grammbeutelchen auf den Markt zu bringen.

IV
Aus Wissenschaft und Technik

Ein einzigartiges Denkmal

Am 4. April 1936 wurde im Hamburger Allgemeinen Krankenhaus St. Georg neben dem Röntgenhaus durch Professor Antoine Béclée von der Société Radiologie médicale de France, Paris, ein einzigartiges Denkmal eingeweiht: ein Gedenkstein, auf dem die Namen von 169 Röntgen- und Radiumopfern eingraviert sind. Nachdem in Recherchen in aller Welt später weitere 190 Märtyrer hinzukamen, mußten weitere Steinplatten dem Denkmal hinzugefügt werden, damit allen ermittelten Forschern, Ärzten, Physikern, Röntgentechnikern, Laboranten und Krankenschwestern, die als Pioniere der Röntgenologie und Radiologie ihr Leben für ihre Mitmenschen opferten, ein Denkmal gesetzt werden konnte. Allen wurde auch ein »Ehrenbuch«, herausgegeben von K. Holthusen, H. Meyer und W. Molineus, gewidmet, dessen zweite, wesentlich erweiterte Auflage 1959 im Verlag Urban und Schwarzenberg, München/Berlin, erschienen ist.

Es handelt sich um das einzige Denkmal dieser Art in der Welt, das Namen aus 21 Ländern nennt von Menschen, »die Treue in ihrem Berufe mit langdauerndem Martyrium besiegelten und meist nach überaus qualvollen Leiden einen bitteren Tod starben«, wie es Prof. Meyer in seinem Geleitwort zu dem Ehrenbuch formulierte. Er schrieb auch: »Die Toten waren Wegbereiter für eine heute gefahrlose Anwendung der Röntgen- und Radiumstrahlen in der Heilkunde.« Und er schloß sein Geleitwort mit dem Satz: »So möge die Zusammenstellung der Notizen über das Leben und Sterben der Röntgenmärtyrer aller Nationen ein eindrucksvolles Zeugnis ablegen von der völkerverbindenden Kraft der Wissenschaft.«

Das Denkmal wurde in Hamburg errichtet, weil Heinrich Albers-Schönberg (geb. 21. Januar 1865) der erste Röntgenologe in Deutschland war, der – bereits zwei Jahre nach der Entdeckung der Röntgenstrahlen durch Wilhelm Conrad Röntgen – mit einem Kollegen ein Institut gründete, in dem die »X-Strahlen« für die Gesundheit der Patienten nutzbar gemacht wurden. Im gleichen Jahr 1897 gründete er eine eigene Zeitschrift »Fortschritte auf dem Gebiet der Röntgenstrahlen«, die bald das führende röntgenologische Organ für die ganze Welt wurde. Ab 1912 baute er ein eigenes Röntgenhaus im Rahmen des Allgemeinen Krankenhauses St. Georg in Hamburg auf.

Das bemerkenswerte Leben des Guido Holzknecht

Auf dem Denkmal ist auch der Name des am 3. Dezember 1873 geborenen Österreichers Prof. Guido Holzknecht eingraviert, dessen Laufbahn beispielhaft für die 359 Märtyrer der Röntgenologie hier berichtet werden soll; es gehört zu den positiven, unglaublichen, aber wahren Begebenheiten der Wissenschaftsgeschichte.

Es war der Freundschaft W. C. Röntgens zu Franz Exner, dem Vorstand des II. physikalisch-chemischen Universitätsinstitutes in Wien zu danken, daß Röntgen seine Entdeckung bereits am 1. Januar 1896 einem kleinen Freundeskreis, darunter Franz Exner, schriftlich mitteilte. Exner zeigte seinen Assistenten die Bilder, die ihm Röntgen geschickt hatte. Anwesend war an diesem 4. Januar auch der damalige Prof. für Physik aus Prag, Ernst Lechner, der noch am gleichen Abend seinem Vater, einem Redakteur der Wiener »Presse«, von dem Gesehenen und Gehörten als wissenschaftliche Sensation berichtete. Am nächsten Morgen stand auf der ersten Seite der »Presse« unter der Schlagzeile »Eine sensationelle Entdekkung« ein dreispaltiger Artikel, in dem es u. a. hieß: »Einige Proben dieser sensationellen Entdeckung circuliren in Wiener Gelehrtenkreisen und erregen in denselben berechtigtes Staunen.« Da der Artikel auch in zahlreichen namhaften Zeitungen der Welt ausgewertet wurde, war Wien gleichsam nachrichtlicher Ausgangspunkt für die Entdeckung Röntgens. Die Erregung, die dieser erste Artikel und weitere Aufsätze in der Wiener Presse auslösten, vor allem aber die Freundschaft zwischen Exner und Röntgen, bewirkten, daß die

ABB. 18: *Denkmal für die ersten Röntgen- und Radiumopfer, errichtet 1936 vor dem St.-Georgs-Krankenhaus in Hamburg.* QUELLE: *Keystone*

frühe Erkenntnis von der Verwendbarkeit der Röntgenstrahlen Wien sehr bald zu einem Zentrum der Röntgenologie, ihrer Erforschung und Anwendung machte.

Sehr rasch gab es zwei funktionstüchtige Anlagen, in denen mit Röntgenstrahlen gearbeitet wurde. Eine befand sich im Universitätsinstitut von F. Exner, die andere in der k.u.k. Lehr- und Versuchsanstalt für Photographie und Reproduktionsverfahren. Im Institut Exners wurde noch im Januar 1896 das erste aus medizinischen Überlegungen angefertigte Röntgenogramm einer Hand hergestellt, das Gustav Kaiser, der spätere Gründer der »Röntgenzentrale«, der Nachwelt überliefert hat. In der Lehr- und Versuchsanstalt für Photographie wurde ein Röntgenatlas entwickelt, der bereits im Februar 1896 erschien. Er hat hinreißend schönes Bildmaterial enthalten.

Jedenfalls bestand in Wien an der Verwendbarkeit der Röntgenstrahlen für medizinische Zwecke kein Zweifel, als Guido Holzknecht in die Klinik des berühmten Internisten Prof. Nothnagel eintrat; dieser übertrug ihm Kranke zur Röntgenuntersuchung, die der begabte Holzknecht unter erstaunlich primitiven Verhältnissen ausführte. Bereits 1899 konnte Holzknecht seine erste Arbeit »Über die Aorta im Röntgenbild« veröffentlichen. Schon zwei Jahre später erschien sein grundlegendes Werk »Die Röntgenuntersuchung der Brusteingeweide«. Es ist ein Werk, das nach dem Urteil des »Ehrenbuches« »durch keine Neuerscheinung übertroffen« wurde. Dabei ist zu bedenken, daß Holzknecht zu Beginn seiner Röntgenära noch mit Gasröhren arbeitete, die in der bloßen Hand gehalten wurden. Damals kannte man noch nichts von Strahlenschäden. Es ist daher durchaus möglich, daß bereits in dieser ersten Zeit seine Hände Strahlenschäden erhielten, die sich später zu immer größer werdenden Ekzemen entwickelten. Es bildeten sich Verhärtungen und daraus Geschwüre, die nicht mehr abheilten.

Trotzdem war Holzknecht schon sehr früh von Röntgens Entdekkung fasziniert. Er sagte nämlich seiner Schwester: »Was Röntgen der Medizin darbietet, läßt sich in einem einzigen Satz zusammenfassen: Es ist die – allerdings überraschende – physikalische Tatsache, daß Röntgenstrahlen Körper durchdringen und über das Vorhandensein und die räumliche Verteilung gewichtsverschiedener Bestandteile Auskunft geben können.«

Ob er schon um die Jahrhundertwende wußte, daß er mit seiner Veröffentlichung über die Diagnostik der Erkrankung der Brusteingeweide die Geburt der röntgenologischen Thoraxdiagnostik vollzog, ob er wußte, welche Folgen die Strahlenschäden an seinen Händen haben würden, beides ist nirgends dokumentiert. Sicher ist nur, daß er seine »Arbeitskraft ohne Grenzen« der Röntgenologie widmete und fast kein Privatleben kannte.

1902 stellte er einen von ihm entwickelten Chromoradiometer vor, mit dem die abgegebenen Strahlenmenge der Röntgenstrahlen gemessen werden konnte. Es war das erste Meßinstrument dieser Art. Im gleichen Jahr schied er aus der Klinik Nothnagels aus und trat im Oktober in die Zentralstätte der Röntgenologie des Allgemeinen Krankenhauses ein. Damit begann – wie B. Thurnherr 1964 in der Zeitschrift für innere Medizin schrieb: »jene schöpferische Periode, die der österreichischen Röntgenologie durch Jahrzehnte Weltgeltung, ja den Primat sichern sollte«.

Holzknecht befaßte sich mit den verschiedensten Hauterkrankungen, mit tuberkulösen Lymphdrüsen, mit der Basedowschen Krankheit, mit Blut- und endokrinen Prozessen. Er bemühte sich schließlich, die besten Bestrahlungsmethoden für die verschiedenen Krankheiten zu ermitteln. Und zu Recht standen die Worte »Numquam fieri non posse« (Nichts ist unmöglich) an seinem Arbeitsplatz.

Dies bewies er auch, als er mit seinen Schülern die röntgenologische Magen-Darm-Diagnostik vervollkommnete und als erster das Magenkarzinom im Röntgenbild sichtbar machte. Von seiner Arbeitsmethodik wissen wir, daß sie in »allen Körperlagen und Durchleuchtungsrichtungen« erfolgte.

1906 gab er das erste Heft seiner »Mitteilungen aus dem Laboratorium für radiologische Diagnostik und Therapie im Allgemeinen Krankenhaus in Wien« heraus. In Heft 2 der »Mitteilungen« veröffentlichte er 1907 die bis dahin umfassendste Darstellung »zur röntgenologischen Diagnostik der physiologischen und pathologischen Verhältnisse der Atmung«.

1911 waren die Folgen der Röntgenstrahlung auf die linke Hand so schwerwiegend, daß eine Finger-Teilamputation nicht mehr vermieden werden konnte. Es war der Auftakt von 64 Operationen, die Holzknecht in den nächsten Jahren ertragen mußte. Die Schmerzen nahmen zu. Sie haben ihn nie gehindert, seine Arbeit zu verrichten. Die Fingerreste wurden immer kürzer. Holzknecht mußte immer von neuem lernen, mit ihnen zu essen und zu schreiben. An den Fingerstummeln bildeten sich Ekzeme und Geschwüre, die den unentwegt Arbeitenden zwangen, graue Zwirnhandschuhe zu tragen. Die krebsartigen Veränderungen ergriffen auch den Unterarm, so daß er auch den rechten Unterarm amputieren lassen mußte. Er entschloß sich, mit der linken verstümmelten Hand das Schreiben zu erlernen. Mit seiner Unterarmprothese untersuchte er die Patienten weiter und erklärte: »Solange man mir den Kopf nicht abschneidet, werde ich weiterarbeiten.«

Nach 1914 stellten sich Holzknecht neben seiner Arbeit für die Weiterentwicklung der Röntgenologie zusätzliche Aufgaben. Für die Armee und Militärspitäler mußte die erforderliche Anzahl von Ärzten und Hilfskräften ausgebildet werden. Er gründete auch eine Schule für Röntgenschwestern und veröffentlichte 1918 sein 576 Seiten starkes, mit 407 Textbildern ausgestattetes Standardwerk »Röntgenologie. Eine Revision ihrer technischen Einrichtungen und praktischen Methoden«. Dieses Buch wurde von einem Fachmann, Max Levy, als Werk bezeichnet, das »zu den vollendetsten Monumenta Roentgenologica gehört, die wir besitzen«.

Die von ihm erbrachte Arbeitsleistung konnte er nur – trotz der Schmerzen – vollbringen, weil er zweimal in der Woche die ganze Nacht durcharbeitete.

Der Krieg hat die große Bedeutung der Röntgenologie in vielen Ländern und Kontinenten bewußt gemacht. Die Folge war, daß aus aller Welt lernbegierige Ärzte nach Wien kamen, wo das Holzknecht-Institut die Hauptlast der Lehr- und Ausbildungstätigkeit trug. So war es nur logisch, daß 1929, als die Deutsche Röntgengesellschaft ihren 20. Kongreß in Wien abhielt, Holzknecht als Bahnbrecher ersten Ranges, »dem nicht nur die Röntgenologie, sondern alle Zweige der Medizin ... reichste Förderung verdanken«, begrüßt wurde. In Wien waren Holzknecht und Röntgen beinahe auswechselbare Begriffe.

Am 30. Oktober 1931 starb er unter entsetzlichen Qualen an einer Embolie der Mesenterialarterie. Zwei Jahre später hat die Gemeinde Wien ihm ein Denkmal gesetzt, bei dessen Einweihung der Wiener Bürgermeister sagte: »Möge das Denkmal die Vorübergehenden daran erinnern, daß Holzknecht das wahre Heldentum verkörpert!«

Das Ringen um den Eurotunnel

Wer bedenkt, daß bereits 1753 der französische Ingenieur Nicolas Desmaret einen Plan entwickelt hatte, England mit Frankreich durch einen Tunnel unter den Ärmelkanal zu verbinden, der wird sich fragen: Wie steht es um den von Margaret Thatcher und François Mitterrand 1986 in der Kathedrale von Canterbury unterzeichneten Vertrag zur Errichtung dieses Tunnels in unserem Jahrhundert? Wie steht es um dieses von Mitterrand als das größte europäische Ingenieurprojekt des 20. Jahrhunderts bezeichnete Werk? Was ist an Undenkbarem geschehen und geschieht noch bei den Versuchen, es zu verwirklichen? Die englische Premierministerin nannte es jedenfalls 1984 mit britischem Understatement: »etwas, das unsere Generation vielleicht für zukünftige Generationen tun kann«.

Bekannt ist, daß in vielen Jahrzehnten mehrere Projekte, den Tunnel zu bauen, gescheitert sind. Der Franzose Albert Mathieu hat vor fast zweihundert Jahren angeregt, England und Frankreich durch einen Tunnel zu verbinden. In den ersten Jahren des 19. Jahrhunderts, noch bevor Napoleon Bonaparte Kaiser der Franzosen geworden war, schlug Mathieu ihm den Bau eines Tunnels für die Postbeförderung vor; der Vorschlag wurde von Großbritannien abgelehnt, weil man in London befürchtete, England könne das Opfer einer Invasion werden. Trotzdem tauchte die Idee des Tunnelbaus 26mal auf und wurde immer wieder verworfen. 1875 und 1975 wurde sogar mit den Erdarbeiten für einen Bau begonnen. Die Ausgrabungen können noch heute besichtigt werden. Das Projekt von 1975 scheiterte an der Labour Party, die damals regierte und es ablehnte, weil die Kosten nicht übersehbar waren und in England eine Wirtschaftskrise herrschte. Die Regierung glaubte nicht, die nötigen Mittel beschaffen zu können.

Sicher ist, daß die Parlamente Englands und Frankreichs zu dem Thatcher/Mitterrand-Vertrag ihre Zustimmung gegeben haben und am 29. Juli 1987 beide Politiker das Jahrhundertvorhaben mit ihrer neuerlichen Unterschrift besiegelten. Ein englisch-französisches Konsortium »Eurotunnel« wurde gegründet. Vier Projekte kamen in die engere Wahl. Die Planung sah vor, daß im Sommer 1993 die ersten Züge unter dem Ärmelkanal fahren. Die Baukosten wurden auf rund 15 Milliarden DM veranschlagt. Mit ihrer Hilfe sollte der längste je gebaute Tunnel der Welt geschaffen werden, und zwar für den Eisenbahnverkehr je zwei etwa 50 km lange Röhren mit einem Durchmesser von 7,3 oder 7,6 Metern und einer dritten Röhre für die Entlüftung und Überwachung, mit einem Durchmesser von 4,5 oder 4,8 Metern. Dieses Projekt benötigt zu seiner Verwirklichung etwa eine Million Tonnen Zement, 240000 Tonnen Stahl und sechs Millionen Tonnen andere Materialien. Die gesamte Anlage soll durch Kalkstein getrieben werden, in England in der Nähe von Folkestone (Grafschaft Kent) 100 Meter unter dem Meeresspiegel beginnen und in Frankreich in der Nähe von Calais enden.

Personen- und Güterzüge, aber auch spezielle Shuttles sollen Güter, Kraftfahrzeuge und Personen in etwa 35 Minuten in beide Richtungen, von England nach Frankreich oder zurück, transportieren. Die Eisenbahnfähre soll 670 Autos pro Stunde in 15 Zügen verfrachten. Später sollen 6000 Autos und 600 Lkws sowie Busse den Tunnel durchfahren. Jeder Zug müßte dann in zehn Minuten beladen und die Zollkontrollen während der Fahrt durchgeführt werden. Auch ist geplant, daß Personenzüge der britischen und französischen Bahn in einem Einstundentakt von London nach Paris fahren, die in England Anschlüsse nach Glasgow und Edinburgh und in Frankreich nach fast allen europäischen Ländern bis nach Spanien und Italien haben sollen. Die Fahrt von London nach Paris bzw. von Paris nach London würde zum Beispiel im französischen TGV-Zug nur etwas mehr als drei Stunden dauern. Dies wäre selbst gegenüber einem Flug einschließlich der Fahrt von Stadtmitte zu Stadtmitte vorteilhaft.

Der Verkehrsexperte Ian Waller urteilte in einem Aufsatz »Die 50-Kilometer-Röhre«, daß der Tunnel auch für den Güterverkehr zwischen Großbritannien und dem Kontinent außerordentlich bedeutend werden wird. Er hofft sogar, daß durch den Tunnel nicht nur der wirtschaftliche, sondern auch der menschliche Zusammenschluß Europas weiter gefördert werden kann.

Entscheidend dürften drei Tatsachen dazu beigetragen haben, daß der Eurotunnel nunmehr diesen Stand der Projektierung erreichen konnte: 1. 1984 wurde der Saikon-Tunnel, der die japanischen Inseln Honshu und Hokkaido verbindet, fertiggestellt. Er ist zwei Kilometer länger als der geplante Eurotunnel, wodurch bewiesen wurde, daß die Länge eines Unterwassertunnels kein Hinderungsgrund für seine Planung zu sein braucht. 2. Die Arbeitslosigkeit in England und Frankreich ist ein Problem, das die Regierungen beider Länder durch Förderung eines solchen Großprojekts zu lindern hoffen können. Es wird damit gerechnet, daß 30 000 bis 40 000 Menschen durch den Tunnelbau Beschäftigung finden werden. 3. Schließlich waren Regierungen und Parlamente einig, daß für den Eurotunnel keine staatlichen Mittel, also keine Steuergelder, aufgewendet werden dürfen. Die Finanzierung soll allein durch Banken, Aktienverkäufe an Private und möglichst weltweit erfolgen.

Es gibt auch Gegner

Trotzdem – und *dies* soll man nicht für möglich halten – haben die Gegner des Tunnelprojekts – insbesondere die Schiffahrtslinien auf dem Kanal – eine starke Gegenoffensive gestartet. Sie kündigten in einer Interessengemeinschaft »Flexilink« an, daß sie eine neue Flotte von zehn bis zwanzig Riesenfähren bereits bis 1990 schaffen würden, die doppelt so groß und halb so teuer wie die bisherigen Fähren sein würden. Die Interessengemeinschaft hat sich überdies mit Umweltschützern verbunden und 500 000 Pfund bereitgestellt, um damit eine öffentliche Kampagne gegen den Tunnelbau zu finanzieren. Durch diese Kampagne sollen die angeblich übertriebenen Ertragserwartungen der Tunnelbauer bekämpft und die Investoren entmutigt werden, sowohl Banken wie private Geldgeber.

Während Anfang des vorigen Jahrhunderts die Befürchtung einer

Invasion vom Kontinent gegen das Tunnelprojekt ins Treffen geführt wurde, wird neuerdings die Befürchtung von Terrorakten im oder mit Hilfe des Tunnels von seinen Gegnern genährt. Die »New York Times« erinnerte in ihrer Ausgabe vom 21. Januar 1986 daran, daß England schon 1907 den Plan des Finanzmanns Baron Emile d'Erlanger, einen Tunnel zu bauen, abgelehnt hatte, obwohl er Großbritannien helfen würde, seine auf dem Kontinent kämpfenden Truppen zu versorgen. In der gleichen Ausgabe erinnert die Zeitung an die einstige Stellungnahme der britischen Regierung: »Solange der Ozean unser Freund bleibt, laßt uns nicht seine Macht, uns zu helfen, zerstören.« Allerdings weist die »New York Times« auch darauf hin, daß schon 1966 die Premierminister Harold Wilson und Georges Pompidou sich entschieden hatten, einen Tunnel zu bauen. Das Projekt wurde aber 1974 mit der Begründung, es wäre zu kostspielig, von England aufgegeben.

Als Ende Oktober 1985 die bei den Fährschiffen Beschäftigten darauf hinwiesen, daß sie 40 Millionen Passagiere und eine dreiviertel Million Lastkraftwagen zwischen Dover und Calais beförderten, was durch einen Tunnel gefährdet wäre, und daß auch die Küstenlandschaft durch den Bau in Mitleidenschaft gezogen würde, erklärte Nicholas Ridley, der britische Verkehrsminister: »Wir wollen, daß jedermann um Rat gefragt wird.«

Jedenfalls wurden eine ganze Reihe von Vorschlägen für das Milliardenprojekt einer Verbindung von England mit dem Kontinent gemacht, unter anderem von dem französischen Erfinder Jan van der Pattern, der eine Kombination von Tunnel und Gezeitenkraftwerk vorschlug, wobei letzteres den Strombedarf von Südengland und Nordfrankreich decken sollte. Auch wurde vorgeschlagen, statt eines Tunnels eine »Eurobrücke« zu bauen, die 70 Meter über dem Meeresspiegel verlaufen, aus dem Kunststoff »Parafil« (sechsmal leichter als Stahl, aber gleich stark) bestehen und die längste Spannweite von allen Brücken der Welt zwischen ihren Pfeilern haben würde.

Tunnelaktion

Die größten Chancen aber wird – wenn die Finanzierung gesichert werden kann – das Eurotunnel-Projekt haben. Bereits Ende August 1987 meldete das Eurotunnel-Management, daß rund 50 Banken in einer der größten Finanzierungsaktionen für ein privates Unternehmen einen Riesenkredit von 5 Milliarden Pfund zur Verfügung stellen würden. Die Banken knüpften daran die Bedingung, daß durch eine erfolgreiche Aktienemission die nötige Kapitalerhöhung durchgeführt wird. Wenn der Aktienverkauf nicht gelänge, wäre die gesamte Finanzierung gefährdet. Und darauf spekulierten die Gegner des Projekts.

Mit 15 Millionen Pfund wurde eine großzügige Marketing-Aktion gestartet, die in England und Frankreich Investitionen von je 300 Millionen Pfund und weitere 150 Millionen Pfund in anderen Ländern erbringen sollte. Die Finanzberater der Eurotunnel-Gesellschaft stützten diese Aktion durch eine Berechnung, wonach bereits 1994, ein Jahr nach der Eröffnung des Tunnels, ein Gewinn von 78 Millionen Pfund nach Steuern erzielt würde, der sich bis zur Jahrtausendwende auf 600 Millionen Pfund erhöhen und im Jahr 2038 sogar 7,5 Milliarden Pfund betragen könnte. Die Warburg Securities berechnete, daß ein Investor von 10000 Pfund bereits 1995 eine Dividende von 1616 Pfund und im Jahr 2015 eine Dividende von 22005 Pfund erhalten würde. Wahrscheinlich haben solche positiven Berechnungen der Erträge auch eine deutsche Bankengruppe bewogen, sich an dem Kreditkonsortium mit 640 Millionen Pfund zu beteiligen. Der Leiter der Abteilung Projektfinanzierung bei der Commerzbank, Frank Schepp, erklärte jedenfalls, daß sich die deutschen Banken an dem Projekt nicht beteiligt hätten, wenn die Rentabilitätsaussichten nicht gründlich geprüft worden wären.

Die Warburg-Experten schätzten, daß der Wert des Kapitals der Gesellschaft von rund einer Milliarde Pfund einschließlich der Kapitalerhöhungen bis zur Eröffnung des Tunnels auf 7,4 Milliarden Pfund steigen werde. Dazu merkte das Düsseldorfer »Handelsblatt« Anfang Oktober 1987 an: »Das entspricht einer durchschnittlichen jährlichen Wertsteigerung von 41 Prozent. Selbst wenn das Ver-

ABB. 19: *Einer der zum Bau des Europatunnels verwendeten Mammutbohrer mit einem Gewicht von 255 Tonnen.* QUELLE: *dpa*

kehrsaufkommen um 15 Prozent hinter den Schätzungen zurückbleibt und sich die Vollendung des Bauwerks um ein Jahr verzögert, errechneten die Warburg-Experten noch einen durchschnittlichen Wertzuwachs pro Jahr von 28 Prozent.«

Es war unvermeidlich, daß die Schätzungen der Experten auch auf Skepsis in der englischen und französischen Finanzwelt und in Finanzkreisen anderer Länder stießen. Solche weit in die Zukunft gerichteten Berechnungen können einfach nicht alle Unwägbarkeiten voraussehen. Damit erschien manchen zögernden Investoren die Fehlerwahrscheinlichkeit erheblich. Deshalb wurde auch die Kreditlaufzeit auf 18 Jahre festgelegt. Die Tilgung ist an den Cashflow gekoppelt. Als Zinssatz wurde während der Bauzeit der englische oder der französische Basiszins plus 1,25 Prozent, später ein Plus von 1 Prozent vorgesehen. Über die am »Bau des Jahrhunderts« beschäftigten Arbeiter kursieren die unterschiedlichsten Zahlen von 15 000 Beschäftigten beim Bau und 2 300 Arbeitskräften für den Betrieb und Wartung bis hin zu 50 000 Menschen.

Um dem Eurotunnel-Projekt insbesondere in der englischen Finanzwelt eine besondere Attraktivität zu verleihen, bewog die Bank von England im Februar 1987 Alastair Morton, den 49jährigen Vorstand der Guinness-Peat-P.L.C.-Gruppe, britischer »Co-chairman« der Eurotunnel-Gesellschaft zu werden, da er sowohl gute Beziehungen zur Londoner Finanzwelt wie auch gründliche Kenntnisse hinsichtlich der Verwirklichung großer Bauprojekte besitzt.

Die Emission der 101 Millionen Eurotunnel-Aktien zu 3,50 Pfund wurde im November 1987 nur von 112 000 Briten genutzt, die vier Fünftel der aufgelegten Aktien erwarben. Der Rest wird eventuell französischen Anlegern zugeteilt werden. Auch scheint die Plazierung von weiteren 18 Millionen Aktien in Amerika, Japan und dem übrigen Europa keine Schwierigkeiten bereitet zu haben. Der Börsenkrach vom »schwarzen Montag« hat offensichtlich nur in Großbritannien zu einer gewissen Zurückhaltung bei dem Kauf der Aktien geführt.

Zuckerbrot und Peitsche

Obwohl das Ergebnis der Aktienemission – zumindest in England – die Erwartungen der Tunnelgesellschaft nicht ganz erfüllt hatte, schien ihr das Problem der Finanzierung gelöst, und am 1. Dezember 1987 wurde in der Nähe von Folkestone mit dem Bau des Kanaltunnels begonnen. Ein 80 Meter langer Tunnelbohrer wurde eingesetzt, um die ersten Kubikmeter Erde abzuräumen. Das französisch-britische Konsortium von zehn Baufirmen, Transmanche Link, wollte unter allen Umständen sicherstellen, daß im Mai 1993 die ersten zahlenden Fahrgäste in Zügen den Tunnel benützen können. Sie muß dieses Ziel auch erreichen, denn bei Terminüberziehungen sind erhebliche finanzielle Bußen vorgesehen. Für jeden Tag der Verspätung nach dem Stichtag Mai 1993 ist eine Buße von 333000 Pfund (rund eine Million DM) zu zahlen. Diese Strafe kann bei einer Verzögerung um ein Jahr bis auf 163 Millionen Pfund steigen. Außerdem können die Baufirmen erhebliche Gelder erhalten, wenn sie den Tunnel früher als geplant fertigstellen oder an den vereinbarten Baukosten von 1,3 Milliarden Pfund etwas einsparen können. Wenn bei dem Bau der Röhren etwas gespart wird, können die Tunnelbauer die Hälfte der Ersparnisse behalten. Allerdings müssen die Konsortiumsfirmen, wenn die Voranschläge nicht eingehalten werden, auch 30 Prozent der Extrakosten selbst tragen. Bei dem Bau der beiden Terminals – die mit 1 Milliarde Pfund (etwa drei Milliarden DM) kalkuliert sind – erhalten die Baufirmen alle eingesparten Gelder. Sie müssen andererseits auch das volle Risiko für zusätzliche Kosten übernehmen.

Jedenfalls stehen Baukonsortium und Bauleiter John Reeve unter einem Druck von »Zuckerbrot und Peitsche«, wie der Berichterstatter, Werner Benkhoff, über das Bauprojekt schrieb. John Reeve war bei Baubeginn jedenfalls optimistisch, als er erklärte: »Wir wissen, womit wir es zu tun haben.« Doch auch er war sich bewußt, »daß Mutter Natur natürlich immer eine Überraschung parat hat«.

Mit elf Bohrmaschinen sollen monatlich von beiden Seiten 2700 Meter in den Haupttunnels erbohrt werden. Die Röhren werden mit Betonsegmenten und Eisenschalen abgestützt, die bereits vorgefertigt werden. In Abständen von 375 Metern sollen drei Meter breite Quertunnel die Röhren verbinden. Berechnet wurde, daß sich in zwei Jahren die Baukolonnen von England und Frankreich treffen können und daß sie in dieser Zeit 7,5 Millionen Kubikmeter Kreidefelsen zu bewältigen hätten. John Reeve erklärte, daß er alle Witze kenne, die darüber gemacht werden, daß die Trupps aneinander vorbeigraben. Damit dies nicht geschieht, werden Laserstrahlen eingesetzt. Wörtlich sagte der Bauleiter: »Wir werden uns schon treffen. Vielleicht nicht auf den Inch, wohl aber auf ein Fuß genau.«

Auch die Eurotunnel-Gesellschaft verbreitet weiterhin Optimismus und bemüht sich, die Aktionäre, die Dividenden erst 1995 erwarten, mit zwei Zahlen zu trösten: Erstens, daß eine Steigerung des Passagieraufkommens für Fahrten zwischen England und dem Kontinent von 2,3 Millionen Menschen zu erwarten ist, und zweitens, daß das Frachtaufkommen von 2 Millionen Tonnen jährlich auf 7,2 Millionen Tonnen bereits im ersten Jahr nach Eröffnung des Tunnels steigen dürfte.

Die verblüffende Gentechnologie

Nur wenige Wissenschaftsbereiche werden so gegensätzlich beurteilt wie die Gentechnologie. Ihren positiven Möglichkeiten werden die Gefahren gegenübergestellt, zum Beispiel die Gefahren eines genetischen Imperialismus, das »Geschäft mit der Genforschung« oder gar die Möglichkeit gefährlicher Erbgutmanipulationen. Dänische Wissenschaftler haben insbesondere in der unkontrollierten Verbreitung genmanipulierter Kleinstlebewesen eine Gefahr bei der gentechnischen Arbeit befürchtet. Andererseits machen angesehene Marktforschungsinstitute die unterschiedlichsten Prognosen über die mögliche Entwicklung des Weltmarktes von Produkten der Gentechnologie. Sie werden zum Beispiel von der US-Marktforscherfirma T. A. Sheets & Co für das Jahr 2000 auf 64,8 Milliarden Dollar jährlich geschätzt. Ein anderes US-Unternehmen, die Business Communication Co, erwartet bereits für 1990 einen Markt von 13 Milliarden Dollar. Die englische Firma IMS World rechnet für dasselbe Jahr sogar mit einem Umsatz von 27 Milliarden Dollar, während andere Unternehmen nur 500 Millionen Dollar für 1990 annehmen. Der Grund für diese erheblichen Unterschiede bei den Umsatzschätzungen kann in einer unterschiedlichen Definition biotechnischer Produkte liegen, gewiß auch in einer unterschiedlichen Erwartung der Absatzchancen dieser Produkte. Übereinstimmend ist man aber optimistisch hinsichtlich der enormen Entwicklung des Gentechnologiemarktes. So wurden 1984 in den USA sieben Milliarden Dollar in biotechnische Forschungen und Produkte investiert und weltweit rund 300 neue Genfabriken gegründet.

Lord Rothschild, der zu den Gründungsdirektoren der Biotechnology Investments Limited (BIL) gehört, eine Gesellschaft, die speziell zu dem Zweck gegründet wurde, um in Biotechnik-Aktien zu investieren, erklärte: »Das Unternehmen wurde gegründet, um Anlegern die Möglichkeit zu geben, sich an einer der bedeutendsten technologischen Revolutionen des 20. Jahrhunderts zu beteiligen.« Er war von ihren »ernormen Möglichkeiten« überzeugt und meinte: »Ihre künftige Bedeutung wird wahrscheinlich mit der von Transistoren, Computern und Mikroprozessoren vergleichbar sein.«

John Elkington, der Berater des englischen Umweltministeriums und Herausgeber einer biotechnologischen Zeitschrift – der mit seinem Buch »Gene« die wesentlichen Fakten der Gentechnologie geschildert hat, auf die ich mich stütze –, zitiert dagegen Peter Laing, einen anderen Mitarbeiter von BIL, der meinte, daß die 10000 privaten und öffentlichen Laboratorien der Gentechnologie mehr Umsätze mit ihrem Bedarf an Kühlschränken, Zentrifugen, Glas, Chemikalien usw. machen würden als mit den Produkten der Gentechnologie selbst. Er verwies darauf, daß auch beim Goldrausch die Goldwäscher am Gold weniger verdienten als jene, die den Goldgräbern Schaufeln, Spaten und Zelte lieferten.

Die Erwartungen

Die Erwartungen, die seit Beginn der achtziger Jahre an die Entwicklung der Gentechnologie gestellt werden, sind groß – nicht nur in materieller Hinsicht. Gewiß standen bei der Gründung von Gentechnik-Unternehmen Gewinnerwartungen Pate; aber auch die Erforschung von wissenschaftlichem Neuland und die Überzeugung, Gutes zu tun, waren und sind nicht zu unterschätzende Triebkräfte. Seit I. D. Watson und F. H. Crick die Doppelspiralenstruktur der DNS (Desoxyribonukleinsäure) Anfang der fünfziger Jahre entdeckt und damit den Grundstein für das Wissen um die innere Funktionsweise der lebenden Zelle gelegt haben, vollzieht sich ein Wettlauf der Biotechnologen, die neuen Erkenntnisse zum Wohle der Menschheit, aber auch zur Erzeugung von Waffen zu nutzen. Sicher ist, daß die Gentechnologie auf technischem, wissenschaftlichem, sozialem und wirtschaftlichem Gebiet eine tiefgreifende Revolution auslösen wird.

Sie erstreckt sich auf fast alle wichtigen Bereiche unseres Lebens, von der Medizin über viele Bereiche der Landwirtschaft, der Energie, der Produktion und auch der Dienstleistungen. Die in diesen Bereichen erzielten Ergebnisse sind so beachtlich, daß wir nur staunen können, wie wenig ihre Breitenwirkung in das Bewußtsein der Allgemeinheit gedrungen ist.

Die Erwartungen im Bereich der Medizin zeigen bereits, wie die Gentechnologie – im wahrsten Sinne des Wortes – »lebenswichtig« für die Menschen geworden ist. Rolf Knippers, Professor an der Fakultät für Biologie, Universität Konstanz, wies bereits in einem Aufsatz »Gentechnologie und Medizin« auf die Notwendigkeit hin, »Eingriffe in menschliche Reproduktionsvorgänge und Gentechnologie zu trennen ... Ersteres ist durch die Begriffe ›extrakorporale Befruchtung‹, ›In-vitro-Fertilisation‹, im Zeitungsjargon auch ›Retorten-Baby‹, gekennzeichnet« – wozu auch die Debatte um »Leihmütter«, »Gebärammen«, »künstliche Mehrlingsgeburten« usw. gehört. Davon getrennt muß die Gentechnologie gesehen werden, worunter »die molekularbiologischen Methoden zur Untersuchung menschlicher Gene oder der Gene von Tieren, Pflanzen, Bakterien und Viren« zu verstehen sind. R. Knippers stellte auch eindeutig fest: Die Bedeutung der Gentechnologie »für die Medizin und Humanbiologie ist unübersehbar«.

Sie reicht vom biotechnologisch durch Zellkulturen hergestellten menschlichen Insulin und Wachstumshormon über die synthetische Herstellung einfacher Moleküle bis zur Erzeugung von Interferon, der Entwicklung von Mitteln zur Diagnose von Hepatitis und anderen Krankheiten und bis zur intensiven Suche nach Mitteln zur Krebstherapie. Eine gewisse Hoffnung besteht sogar, geeignete Mittel zur Bekämpfung von Aids zu entwickeln.

Mit Hilfe der Gentechnik sollen Erbkrankheiten viel früher als bisher erkannt und sogar geheilt werden. Auch besteht die Hoffnung, Anfälligkeiten für bestimmte Umweltgifte frühzeitig zu erkennen. So wollen die Arbeitsmediziner des Chemiekonzerns BASF geeignete Arbeiter für den Chemiebetrieb durch besondere Tests treffender finden als bisher. Solche »Screening-Tests« werden in den USA bereits angewandt. Rainer Hohlfeld hat in einer Vortragsreihe

»Wissenschaft und Verantwortlichkeit« darauf hingewiesen, daß dank der Gentechnologie-Forschung mit Hilfe von Viren in menschliche Zellen Gene eingeschleust werden können, die dort vorher nicht vorhanden waren, wodurch die Zellen neue Eigenschaften erhalten. So könnten schwere Stoffwechselerkrankungen oder Hämoglobin-Anomalien eventuell in absehbarer Zeit geheilt werden.

Rainer Hohlfeld stellte in diesem Zusammenhang aber auch die Frage: »Ist das noch Therapie, oder vollzieht sich hier ein lautloser Übergang zur ›Nachbesserung‹ der menschlichen Konstitution, zu einer ›Menschenzüchtung‹?«

Der Vortrag Hohlfelds löste eine lebhafte Diskussion in universitären Kreisen aus, in der dafür plädiert wurde, die »Freiheit der Wissenschaft« nicht bedenkenlos als oberstes Ziel zu akzeptieren.

Obwohl der Nobelpreisträger Prof. Walter Gilbert, der eine unkündbare Stellung an der Harvard-Universität aufgab, um zur US-Firma Biogen zu gehen, über die Entwicklung neuer Medikamente sagte: »Wir rechnen mit einer Frist von sechs bis acht Jahren, um ein Produkt von der Konzeption über die Laborphase bis auf den Markt zu bringen«, geben weder er noch andere Biotechniker es auf, nach neuen Medikamenten mit Hilfe der Gentechnologie zu forschen. Dabei ist es nicht immer entscheidend, ein neues Arzneimittel zu finden. So entwickelte sich die Firma Amershams zu einem der wichtigsten Unternehmen für die Lieferung von Produkten für die biotechnologische und biomedizinische Forschung, insbesondere von radioaktiv markierten Stoffen, durch deren Lumineszenz die Diagnose von Krankheiten ermöglicht wird. Eine Reihe von Biotechnikfirmen arbeiten auch daran, neue diagnostische Tests zu entwickeln, die es ermöglichen, das Aids-Virus im Blut von Spendern festzustellen.

Erhebliche Erwartungen werden auf die Gewinnung von Blutproteinen in der sogenannten Blutprodukte-Industrie gesetzt, wobei zunehmend Blutplasma verwendet werden soll. Blutproteine werden zur Bekämpfung von Infektionen und zur Verhütung von Masern, Mumps und Hepatitis, aber auch von Windpocken, Tollwut und Tetanus eingesetzt, wenn die Blutspender diese Infektionen überstanden haben und eine entsprechende Immunität besitzen.

Selbst das Faltigwerden der Haut im Alter hoffen die Gentechnologen mit bestimmten Proteinen bekämpfen zu können.

Wenn man weiß, daß es in der Welt rund 60 Millionen Diabetiker gibt, läßt sich ermessen, welche Bedeutung die Gentechnologen der Diabetes-Therapie beimessen, sei es mit Hilfe des synthetischen Insulins, künstlicher Bauchspeicheldrüsen oder Transplantaten fötaler Bauchspeichelzellen.

Erwähnt seien noch die Erwartungen, die an die Entwicklung neuer schmerzstillender, wachstumshemmender und wachstumsfördernder Mittel geknüpft werden. Schließlich sind nicht nur in den USA Hormone von Gentechnologen gefunden worden, die ein Überwinden der Unfruchtbarkeit versprechen. Robert Fildes, der Präsident der US-Firma Cetus, erklärte sogar: »Die Gentechnologie als solche ist nicht mehr das Aufregende. Das Aufregende sind die Produkte, mit deren Herstellung wir bereits begonnen haben.« Dies wird verständlich, wenn wir uns vergegenwärtigen, daß bereits Produkte hergestellt werden, die als Mittel gegen das Altern eingesetzt werden können, indem sie den Alterungsprozeß verlangsamen oder auch nur »verbergen«. Es wurde nämlich erkannt, daß viele Altersbeschwerden der genetischen Steuerung unterliegen, wobei Proteine, Enzyme und die Calciumregulierung eine Rolle spielen.

Die Chancen der Landwirtschaft

Prof. Elkington gab in seinem Buch bekannt, daß »von je 100 Dollar, die bis Anfang der achtziger Jahre in amerikanischen Biotechnikfirmen investiert wurden, 61 Dollar in die medizinische Biotechnikforschung gingen, während nur 23 Dollar für die landwirtschaftliche Forschung und ganze 16 Dollar für alle übrigen potentiellen Anwendungen der Biotechnologie bestimmt waren«. Dies war die Folge der langwierigen Forschung, Prüfung und Genehmigung bei Arzneimitteln, gewiß auch eine Folge der Ertragserwartungen.

Trotzdem ist die Gentechnologie für die Landwirtschaft von nicht zu unterschätzender Bedeutung. Sie wird von Agro-Biotechnologen vorangetrieben und umfaßt die Züchtung robuster und ertragreicher Pflanzen, wie Reis und Weizen, die widerstandsfähig gegen Krankheiten, Dürrezeiten und salzhaltige Böden sind, aber auch die Erhöhung des Proteingehalts zum Beispiel der Kartoffel und Ziele der gentechnisch unterstützten Pflanzenzüchtung. In den ASEAN-Regionen wird »eine genetische Verbesserung von Nutzpflanzen wie Maniok, Reis, Gummi, aber auch der Ölpalme« angestrebt. Prof. Tim Hall von der Universität von Wisconsin ist aber überzeugt, daß die Forschungsarbeiten im Bereich der Pflanzenbiotechnologie »den Boden für die Landwirtschaft des 21. Jahrhunderts bereiten«.

Selbst Firmen wie Dior und Moet-Hennessy begannen sich mit der Genetik von Pflanzen zu befassen und sich der Züchtung identischer Rosen und gegen Krankheiten resistenter Trauben zu widmen. Die englischen Twyford Laboratories, die 1982 verkauft wurden, produzierten Freiland- und Zierpflanzen sowie zahlreiche Plantagengewächse von Dattelpalmen bis zu Birnen- und Pflaumenbäumen mit Hilfe neuer Gewebekulturen, welche das Tochterunternehmen der Guinness-Brauereigruppe entwickelt hatte. Konzerne wie Unilever begannen bereits Ende der sechziger Jahre, ausgewählte Ölpalmen zu klonieren und erhebliche Mittel in die Gewebekulturforschung von Brasilien bis Malaysia zu investieren. Während im ersten Jahr nur 25 Hektar mit 10000 Ölpalmen versuchsweise bepflanzt wurden, ist ein jährlicher Anbau von erst 100000, später einer Million Pflanzen vorgesehen. Elkington meint: »Aber man schätzt, daß 1990 ein Bedarf an mindestens 30 Millionen Pflanzen jährlich bestehen wird, und hofft, daß es durch technologische Verbesserungen gelingt, die klonalen Palmen überaus konkurrenzfähig zu machen.« Auch vermerkt er: »Die Palmölerträge übersteigen bei weitem die jeder anderen Ölpflanze, sie erreichen in gut geführten Plantagen unter günstigen Bedingungen im Schnitt 6 Tonnen pro Hektar.« Und er stellt weiter fest: »Durch Selektion und Vermehrung der ertragreichsten Exemplare ist es möglich, neue, einheitliche Hochertragsklone hervorzubringen, deren Leistungsfähigkeit 20 bis 30 Prozent über dem heutigen Durchschnitt liegt.« Ähnliche Entwicklungen werden für andere Pflanzen, zum Beispiel Tee und Kaffee, angestrebt. Man versuche sich vorzustellen, was die Gentechnologie allein für die Ernährung der wachsenden Weltbevölkerung bedeuten kann.

ABB. 20: *Wissenschaftler bei der Ausbringung genetisch veränderter Bakterien (»Frostbuster«) auf einem Erdbeerfeld im US-Staat Kalifornien, einer der umstrittenen Freilandversuche.* QUELLE: *Keystone*

Unverkennbar ist, daß auch große Chemieunternehmen dazu übergehen, biologische Schädlingsbekämpfungsmittel zu entwikkeln. Da der Markt für Schädlingsbekämpfungsmittel auf jährlich mehr als drei Milliarden Dollar geschätzt wird, ist verständlich, daß die Chemieunternehmen nach Mitteln suchen, die keine Umweltbelastung und keine Resistenz der Schädlinge auslösen. Gleichartige Überlegungen werden im Bereich der Düngung angestellt. Mit Hilfe der Biotechnik erwarten eine Reihe von Unternehmen, Nährstoffe anzureichern und die Fruchtbarkeit des Bodens zu erhöhen. Vielleicht gelingt es in absehbarer Zeit sogar, »auf gentechnologischem Wege stickstoffixierende Gene direkt in die Nahrungspflanzen einzuschleusen«, wie es Elkington in seinem Buch im Abschnitt »Vom Himmel gedüngt« als Ziel beschreibt. Sogar sich selbst düngende Nutzpflanzen werden angestrebt.

Prof. Mike Fowler, der ein eigenes Unternehmen »Plant Science« gegründet hat, meint: »Das ungeheuere Spektrum chemischer Strukturen, die in Pflanzen vorhanden sind, ist geradezu eine Garantie dafür, daß das Pflanzenreich der chemischen Industrie noch viel zu bieten haben wird.« Elkington ist überzeugt, daß die Pflanzenbiotechnologie sogar eine zweite Revolution auslösen könnte.

In der Forstwirtschaft vollzieht sich teilweise eine ähnliche Entwicklung wie in der Landwirtschaft. Dem wahrscheinlich größten Holzproduzenten der Welt, der Firma Weyerhaeuser in den USA, gelang es, die Wachstumsrate ihrer wertvollsten Bäume fast zu verdoppeln. Sie hat schneller wachsende Bäume systematisch gezüchtet, angepflanzt und durch Hormoninjektionen die Zapfen- und Pollenbildung beschleunigt.

R. Knippers charakterisierte die Bedeutung der Gentechnologie mit den Worten: »Aus einem wirren und unübersichtlichen Gemisch von DNS-Stücken wird je eines in das Erbgut einer Bakterienzelle eingebaut; diese eine Bakterienzelle wird von den anderen mit Hilfe einfacher mikrobiologischer Techniken isoliert, diese Zelle kann jetzt beliebig vermehrt werden; damit ist aus dem ursprünglichen Gemisch von DNS-Stücken eines isoliert worden, das dann auch in quasi unbegrenzten Mengen zur Verfügung steht.«

Biotechnologie im Bereich der Tierzucht

Während im Bereich der Pflanzenzucht entscheidende Fortschritte erst in neuerer Zeit erzielt wurden, gehen die Bemühungen in der Tierzucht schon viele Jahre zurück. Bereits 1890 wurden dank einer Embryonenübertragung in einem Labor von Walter Heape Kaninchen geboren. Von ihm ist auch bekannt, daß es ihm im Zuge seiner Forschungen in den dreißiger Jahren nach einer Embryonenspende gelang, ein Lamm zur Welt zu bringen. 1951 wurde bereits ein artfremder Embryonentransfer zwischen Schafen und Ziegen durchgeführt. Im gleichen Jahr brachte eine Kalb-Leihmutter das erste im Embryonalzustand eingepflanzte Kalb zur Welt. Inzwischen ist der Embryonentransfer ein übliches Verfahren zur rascheren Optimierung von Herden. Durch ihn kann verhindert werden, daß eine Kuh nur drei bis vier Kälber zur Welt bringt, während es Embryonentransfers ermöglichen, »daß eine Kuh die Eier für zehn oder mehr Kälber pro Jahr hervorbringt«. So können wertvolle Embryonen auf nicht reinrassige Leihmütter übertragen werden, was zur Geburt hochwertiger Nachkommen führen kann. Bei den Kälbern soll ein höherer Magerfleischanteil erzielt werden, eine stärkere Milchproduktion, eine bessere Widerstandsfähigkeit gegen Krankheiten und möglichst auch ein rascheres Wachstum. Die Zeitschrift »Bild der Wissenschaft« weist in ihrer Februarausgabe 1988 aber darauf hin, daß erst einmal die Frage »Was bringt das Rinderwachstumshormon?« geklärt werden müsse. In dem Artikel werden auch drei Thesen aufgestellt: »Das Gesundheitsrisiko ist noch nicht endgültig geklärt«, »Jede Leistungssteigerung bei Milchkühen belastet die Tiere« und »Wenn die Verbraucher nicht mitspielen, wird es für die Bauern teuer«.

Ein gezielter Embryonentransfer zur Aufbesserung einer Zucht mag uns trotzdem noch sinnvoll oder zumindest zweckdienlich erscheinen. Kaum zu glauben ist aber, welch »merkwürdige Manipulation an Tieren« vorgenommen wurden und werden. So hat der französische Vicomte Paul de la Panouse einen Löwen mit einer Tigerin gepaart, die ein Junges, ein sogenanntes Ligron, als Bastard gebar. Der Vicomte gab bekannt, daß einer seiner Ligrons ein Junges geboren habe, das er Tigron nannte. Damit wurde die Theorie widerlegt, daß ein solcher Bastard keine Nachkommen haben könne. Im englischen Institut für Tierphysiologie wurde in den achtziger Jahren ein Schaf mit einer Ziege gekreuzt, und die Nachkommen verhielten sich wie normale Ziegen. Der Samen des Ziegenschafbocks war jedoch defekt, und es gab keine weiteren Nachkommen.

Kalifornische Wissenschaftler injizierten Wachstumshormone von Ratten in Mäuseeier und implantierten diese in Leihmäusemütter. Sie schufen auf diese Weise »Supermäuse«, die doppelt so groß wie normale Mäuse wurden. Als kommerziellen Nutzen solcher Versuche erwarten die Wissenschaftler die Möglichkeit, Riesenschweine, Riesenschafe und Riesenrinder zu züchten, die mehr Fleisch bzw. Milch ergeben könnten. Dr. Ralph Brinster von der Universität von Pennsylvania ist überzeugt: »Wenn wir größere Mäuse züchten können, dann können wir auch größere Kühe hervorbringen.« Die amerikanischen Wissenschaftler sind auch überzeugt, daß mit Hilfe der »Supermäuse« große Mengen medizinischer Produkte hergestellt werden könnten.

In der Iowa State University ist man bemüht, Schweine zu züchten, die gegen Krankheiten besonders widerstandsfähig sind. Viehzüchter und Biotechnologen in vielen Teilen der Welt sind dabei, Hormone zu entwickeln, mit deren Hilfe die Fleischproduktion von Kälbern – ohne Gefährdung der Menschen – erhöht werden kann.

Sicher ist, daß die Gentechnologen der Tierzucht positive Impulse geben, aber auch Gefahren heraufbeschwören, die erforscht werden müssen. Die Biotechnik kann dem Tierarzt Mittel in die Hand geben, Erkrankungen wie das Fleckfieber, das bei Transporten auftritt, zu heilen. Dank der Biotechnik wurden Impfstoffe gegen die Ruhr entwickelt, die seit den achtziger Jahren eingesetzt werden konnten und mit deren Hilfe es gelang, der Epidemien von Maul- und Klauenseuche Herr zu werden. Das amerikanische Tiergesundheitsinstitut glaubt, daß der Umsatz veterinärmedizinischer Bioprodukte – ohne die Wachstumshormone – in wenigen Jahren 300 bis 400 Millionen Dollar erreichen wird. Elkington ist überdies überzeugt: »Die Gentechnologie wird den Landwirten zweifellos helfen, die Produktivität ihrer Betriebe zu steigern, aber sie wird eines Tages auch die Tierzucht um völlig neue Exemplare bereichern ... Wahrscheinlich ist, daß es gelingen wird, einige bekanntere Tierarten zu domestizieren oder weiter zu verändern. Die Aquakultur, die systematische Zucht von Fischen, Schalen- und Krustentieren sowie Meeresalgen, könnte von manchen dieser neuen Techniken durchaus profitieren.«

Ein eigenes Kapitel widmet er der Tatsache, daß die Biotechnik »eine zentrale Rolle in der Evolution unserer Nahrung gespielt hat«. So hat sie der Lebensmittelindustrie geholfen, Nahrungsmittelverunreinigungen zum Beispiel durch Salmonellen rascher als bisher festzustellen. Der Molkereiindustrie hat sie es ermöglicht, bei der Herstellung eines bestimmten Käses die Reife von sechs Monaten auf zwei Monate abzukürzen, wobei nur noch der etwas bittere Geschmack und seine etwas krümelige Konsistenz ausgemerzt werden müssen. Gentechnologischen Unternehmen gelang es, eine Reihe von Käsesorten unter anderem mit fermentiert hergestelltem Lab rationeller herzustellen, als dies mit Kalbs- oder Lammlab möglich war. Für den Reform- und Diätkostmarkt werden bereits Bioprodukte hergestellt, bei denen Molke verwertet werden kann, die bisher weggeschüttet wurde.

Auch werden von den Gentechnologen Verfahren zur Herstellung unterschiedlicher Vitamine sowie von Geschmackszusätzen (Aromastoffen) für Lebensmittel erforscht. Ein Großunternehmen, wie die England mit Brot versorgende Firma Rank Hovis McDougall (RHM), investiert Millionenbeträge in die Gentechnologie. Sie hat das Gemeinschaftsunternehmen »New Era Foods« mit dem Chemiekonzern ICI gegründet, um mit Hilfe einer Pilzart Produkte zu produzieren, die wie Fisch, Huhn und Kalbfleisch verarbeitet werden können. Da die Pilzart geschmacksfrei ist, braucht die Firma ihren Produkten zum Beispiel nur Fisch beizumengen, um Fischfrikadellen und Fischstäbchen auf den Markt zu bringen.

Elkington ist überzeugt: »Im Jahre 2001 wird der durchschnittliche Lebensmittelladen viele Nahrungsmittel und Getränke führen, die heute noch unvorstellbar sind. Eine weitere Voraussage: Eine beträchtliche Anzahl davon werden mit Hilfe irgendeiner Form von

Biotechnologie hergestellt werden. Und eine letzte Prognose: Die Verbraucher werden sich nicht im mindestens bewußt sein, daß die Biotechnologie irgend etwas mit ihrer Nahrung zu tun hat.«

Neue Energiequellen?

Selbst bei der Erdölförderung hofft man, durch die Gentechnologie bessere Ergebnisse zu erzielen, da bei den üblichen Fördermethoden rund zwei Drittel des vorhandenen Öls im Boden verbleibt. Prof. Vivian Moses vom Londoner Queen Mary College schätzte, daß der Wert des in den Lagerstätten der Nordsee zurückbleibenden Erdöls 300 Milliarden Pfund ausmacht, obwohl die Fördermethoden ständig verbessert werden. Er vertritt die Meinung, daß mikrobiologische Fördermethoden zu erheblich besseren Ergebnissen führen würden. In sie wurden bereits erhebliche Mittel investiert, insbesondere, um geeignete Mikroorganismen zu finden, die in der Lage sind, das Erdöl aus dem Boden zu lösen.

Ob aber nach dem Jahr 2000 überhaupt noch die Mehrzahl der Autos mit Benzin fahren werden, scheint zumindest fraglich. Schon Henry Ford hat Alkohol als den »Treibstoff der Zukunft« bezeichnet. Im Volkswagenwerk rechnet man hingegen damit, daß nur 3 bis 4 Prozent der Autos der Welt im nächsten Jahrhundert mit Äthylalkohol betrieben werden, aber 23 Prozent mit Methanol, 15 Prozent mit Diesel und 6 Prozent mit verflüssigtem Erdgas. Ein Elektroantrieb würde – laut Volkswagenwerk – nur jedes zweihundertste Auto haben. Sicher ist, daß heute in zahlreichen Ländern Alkoholkraftstoffe erforscht und erzeugt werden. Ebenso sicher ist aber, daß bis heute nicht entschieden ist, ob die Verwertung von Biomasse für Energiezwecke sinnvoll ist. Und ebenso sicher scheint, daß bei der Verwertung von Biomasse noch zahlreiche Probleme gelöst werden müssen, wobei vor allem auch Abfallstoffverwertungstechnologien und photobiologische Verfahren eine wichtige Rolle spielen könnten, mit denen vielleicht im kommenden Jahrhundert wirtschaftlich gearbeitet werden kann.

Erstaunliche Perspektiven

Die Gentechnologie eröffnet erstaunliche Perspektiven. So rechnet die europäische Weltraumbehörde mit Weltraumfabriken, die Arzneimittel kostengünstig biotechnisch herstellen können und Ende unseres Jahrhunderts einen Jahresumsatz von 400 Milliarden Pfund erzielen sollen. In der Schwerelosigkeit des Weltraums sind bestimmte Elektrophorese-Vorgänge wirksamer durchzuführen als auf der Erde. Bereits der erste EOS-Flug (Electrophorese Operation in Space) im Juni 1982 war ein voller Erfolg, es gelang die Trennung verschiedener Komponenten einer Mixtur durch Elektrophorese. Elkington urteilte: »Die ersten Erfolge der EOS-Missionen deuten darauf hin, daß an verschiedenen schweren Krankheiten leidende Patienten bald Heilung aus dem Himmel erhoffen könnten.«

Die Gentechnologie wird sich auch im Bereich der Dienstleistungen auswirken. Man denke nur an die verschiedenen Formen des Versicherungsschutzes, die zum Teil erst entwickelt werden müssen. Die Mikrobiologen benötigen Kultursammlungen, in denen für sie Kulturen betreut werden. Von ihnen sagte Elkington: »Kultursammlungen sind für die Mikrobiologie das, was Bibliotheken für andere Wissenschaftszweige sind.« Auch dürfte sich nicht nur in den USA, Japan und der Bundesrepublik Deutschland das Verhältnis der Zusammenarbeit zwischen der Industrie und den Universitäten im Bereich gentechnologischer Fragen intensivieren. Für den Bereich der Dienstleistungen wurden zum Beispiel Enzyme zur Rohrreinigung entwickelt. Biologen leisten bereits auf verschiedenen Gebieten wichtige Beiträge für den Umweltschutz. Diese beginnen bei der Toxizitätsprüfung chemischer Substanzen, setzen sich fort über die Entwicklung von Produkten zur Schadstoffbeseitigung und enden bei der Züchtung von Bakterien, die sich von giftigen Substanzen ernähren und sie dadurch beseitigen können. Neue Unternehmen wurden gegründet, die sich mit der Abfallverwertung befassen; sie züchten und setzen Organismen ein, um Abfälle abzubauen. Allein auf diesem Markt rechnen englische Wissenschaftler mit einem Jahresumsatz von fast 2 Milliarden Pfund.

Gewiß gibt es noch zahlreiche weitere Forschungsbereiche für

Gentechnologen. Man denke nur an die Erforschung von Substanzen, die den Winterschlaf von Tieren ermöglichen, an die sich anbahnende Zusammenarbeit von Computer- und Biotechnologen usw.

Die nicht zu unterschätzende Warnung

All diesen positiven Perspektiven muß aber auch eine nicht zu unterschätzende Warnung gegenübergestellt werden. Der deutsche Justizminister Hans Engelhard hat zum Beispiel gefordert, die kommerzielle Vermittlung von Leihmüttern und die gezielte Zeugung von Embryonen für Forschungszwecke gesetzlich zu verbieten. Er erklärte Anfang Januar 1988, daß die Gentechnik Dinge möglich mache, »die erschauern lassen«, wobei er sich insbesondere auf die Zeugung von Mischwesen aus Mensch und Tier bezog.

Die Bundestagsabgeordnete Petra Kelly hat auf einer Bundesdelegiertenversammlung der Grünen bereits 1986 bei einer Gentechnikdebatte darauf hingewiesen, daß biologische Kriegsführungsprogramme schon an Menschen in Dachau und Buchenwald erprobt wurden. Auch meinte sie, daß der fließende Übergang zwischen ziviler und militärischer Forschung gerade bei der Biotechnologie »so deutlich« wäre. Sie forderte daher, sowohl die Forschung für Gentechnik als auch die Anwendung der biologischen Erkenntnisse nicht nur durch ein Moratorium von mindestens 5 Jahren zu verzögern, sondern zu ihnen ein »klares Nein« auszusprechen!

Ihr widersprach der ehemalige Präsident des Verbandes Deutscher Biologen e.V., Prof. Dr. U. Winkler, in einem offenen Brief. In ihm stellte er unter anderem fest: »Die Gentechnik ist ein Gebiet, dessen strikte Ablehnung mit der Mitverantwortung Ihrer Partei für eine bessere Zukunft der Menschen m. E. unvereinbar ist.« Er appellierte an sie, »mehr argumentativ als polemisch zu diskutieren«. Er bekannte aber auch: »Daß es unter den Forschern auf dem Gebiet der Gentechnik ›schwarze Schafe‹ geben kann, ist nicht auszuschließen; kein Beruf bleibt davon verschont.« Doch vertrat er auch die Überzeugung: »Die überwältigende Mehrheit der jungen Gentechnologen repräsentiert aber den intellektuell und manuell versierten Naturwissenschaftler, dessen ethische Grundeinstellung und Berufsmoral nicht mehr anzuzweifeln ist als die vieler anderer Berufstätiger in verantwortlicher Position.« Und er wies darauf hin, daß die Gentechnik für Fortschritte in der Humanmedizin seiner Meinung nach unverzichtbar sei, weil Heilmittel für zahlreiche Krankheiten nur mit Hilfe der Gentechnik »in therapiefähiger Form und bei akzeptablem Kostenaufwand« produziert werden können. Er versicherte Petra Kelly seiner vollen Sympathie, wenn sie zur Gentechnik »eine kritische und wachsame, aber prinzipiell bejahende Position« beziehe. Er schloß den Brief mit den Worten: »Verbleiben Sie aber bei Ihrem kategorischen Nein, glaube ich, verschließen Sie sich einem Großteil des naturwissenschaftlichen Nachwuchses der Bundesrepublik.«

Prof. Rolf Knippers stellt dazu noch nüchtern fest: »Nach anfänglichem Zögern ist inzwischen offensichtlich geworden, daß die Technik selbst (gemeint ist die Gentechnologie) keine Gefahren in sich birgt, wenn sie fachgerecht und verantwortungsbewußt durchgeführt wird. In keinem gentechnologischen Laboratorium der Welt sind in den vergangenen zehn Jahren Gefahren erkennbar geworden, die spezifisch der Neukombination von DNS-Molekülen zuzuschreiben wären.

Wie alle technischen Möglichkeiten ist die Gentechnologie nicht von vornherein gut oder böse. Es kommt auf ihre Anwendung an. Die größten Gefahren drohen ... im militärischen Bereich.«

Verbot von Biowaffen

1972 war zwar die Entwicklung, Lagerung und Herstellung von Biowaffen weltweit verboten, ja, geächtet worden. Das war damals leicht, weil B-Waffen als unhandlich für den Masseneinsatz angesehen wurden. Dies änderte sich, nachdem die Großherstellung von Impfstoffen und Biogiften gelungen war und die Erforschung bzw. Anwendung von Schutzmaßnahmen gegen Biowaffen – was das Biowaffen-Abkommen erlaubte – als Gegenmaßnahme gegen ein angeblich von der Sowjetunion geplantes offensives Biowaffenprogramm in Angriff genommen werden konnte. Jedenfalls wurden von den USA 1981 erst 15 Millionen, 1986 aber schon 90 Millionen Dollar für die Erforschung der biologischen Kriegsführung ausgegeben. Dabei ging es darum, Mittel gegen den Milzbrand, das Q-Fieber bzw. die Venezolanische Hirnentzündung ausfindig zu machen und ihre Großproduktion zu ermöglichen. Auch in Deutschland wurde – zwar mit wesentlich geringeren Mitteln – die Biowaffenforschung insbesondere an einzelnen Universitäten in Gang gesetzt. Sie wurde allerdings vom Auswärtigen Amt als mit »eindeutig medizinischer Zielsetzung« und von defensivem Charakter bezeichnet. Der Politiker Manuel Kiper hat – laut »Spiegel« jedenfalls – erklärt: »Der Einstieg in einen neuen Rüstungswettlauf für Biowaffen hat schon begonnen.«

Prof. Rolf Knippers präzisiert sehr genau, was geschehen muß: »Mit großer Sorge haben Wissenschaftler, Politiker und Öffentlichkeit auf die großangekündigte Absicht der amerikanischen Streitkräfte reagiert, ihre biologischen Forschungseinrichtungen zu erweitern. Erwartungsgemäß macht die Armee geltend, daß ihre biologischen Forschungen ausschließlich den Zwecken der Verteidigung dienen. Andererseits weigert sie sich, die Forschungsarbeiten unter den Augen der Öffentlichkeit durchzuführen und einem Gremium unabhängiger Wissenschaftler den Zutritt zu den neuen Laboratorien zu erlauben. Die Sorgen der Öffentlichkeit sind also berechtigt und angemessen. Unabsehbare Folgen könnte ein Rüstungswettlauf mit biologischen Waffen nach sich ziehen. Politiker und Wissenschaftler, Journalisten und Reporter müssen darauf drängen, daß das internationale Abkommen über ein Verbot biologischer und chemischer Waffen aus dem Jahre 1972 strikt eingehalten wird. Voraussetzung ist: Jede Art gentechnologischer Forschung, in staatlichen Forschungseinrichtungen, Industriefirmen und im militärischen Bereich, muß öffentlich sein ...

Um die Gentechnologie darf sich nirgendwo die Aura des Geheimnisvollen bilden.«

V
Prognosen

Der Weltuntergang von 1524/1525

Bruno H. Bürgel hat in seinem 1910 im Verlag Ullstein erschienenen Buch »Aus fernen Welten« einen Bericht des Chronisten Haftitz nacherzählt, in dem er die Erwartungen und die Folgen des vorhergesagten »Weltuntergangs« der Jahre 1524/25 anschaulich schildert. Er wurde unter dem Titel »Wunder des Wahns« in dem Werk »Das Buch der 1000 Wunder« aufgenommen:

»Im Jahre 1518 hatte der hochberühmte Sterndeuter Stöffler prophezeit, daß im Februar des Jahres 1524 eine große Sintflut alles Irdische vernichten werde. Stöffler hatte berechnet, daß Saturn, Jupiter und Mars im Februar des genannten Jahres im Himmelszeichen der Fische zusammenkommen würden, und diese Annäherung der Planeten mußte nach seiner Meinung unfehlbar eine Sintflut herbeiführen. Eine allgemeine Niedergeschlagenheit bemächtigte sich der Bevölkerung in allen Landen, und je näher der ominöse Termin rückte, um so mehr stieg die Angst, und um so törichter verhielten sich die vom Weltuntergang Bedrohten.

Handel und Wandel wurden arg dadurch in Mitleidenschaft gezogen. Die Bauern bestellten ihre Felder nicht mehr, man unternahm keine größeren Arbeiten mehr, die Schuldner mochten nicht bezahlen und verjubelten angesichts des nahen Todes lieber das Geld, und aus eben diesem Grund lieh auch niemand etwas her. Sehr klug verhielten sich die Reichen! Sie reisten ins Gebirge, um dort dem Wasser zu entgehen, und einige ließen sogar eine Arche Noah bauen.

Aber der Februar 1524 verging, und die Sintflut kam nicht. Alles atmete auf, und es war, als ob ein entsetzlicher Alp von allen genommen wäre. Nur im Kurfürstlichen Schloß zu Berlin-Cölln an der Spree herrschte nach wie vor dumpfe Beklemmung und Angst. Kurfürst Joachim, der sich selber mit Sterndeuterei beschäftigte und in einem Schloßtürmchen eine Art Sternwarte besaß, hatte durch seinen hochgelahrten und hochgeschätzten Hofastrologen Johann Carion erfahren, daß sich Stöffler verrechnet habe und daß die Sintflut erst am 15. Juli 1525 zu erwarten sei. Sie werde auch nicht die ganze Erde, sondern nur die deutschen Lande und speziell das flach gelegene Berlin-Cölln heimsuchen. Der Kurfürst befahl, diese Prophezeiung geheimzuhalten, und als am 15. Juli nachmittags eine Wolkenwand im Westen hochstieg, öffneten sich plötzlich die Schloßportale, und eine ganze Reihe von Staatskarossen raste in aller Eile dem Berliner Ararat, dem Kreuzberg, zu, der ja damals noch ziemlich weit draußen vor den Toren der Stadt lag. Die kurfürstliche Familie, die hohen Beamten und die Staatskasse sollten auf der schwindelnden Höhe des genannten ›Bergs‹ in Sicherheit gebracht werden.

Die guten Bürger standen starr vor Staunen ob dieses seltsamen Beginnens. Als man später erfuhr, was die hohen Herrschaften zur Flucht veranlaßt hatte, trat lähmendes Entsetzen ein und nicht geringe Wut darüber, daß die edlen Herren sich so aus dem Staub gemacht hatten ohne Warnung für den Bürger, der sozusagen wie eine Maus ersaufen konnte und durfte. Gegen Abend kam ein kleiner Gewitterregen, und es wurde den Herren auf dem Miniatur-Ararat recht ungemütlich und bänglich; als aber die Sonne wieder durch die Wolken brach, da ermannte sich der einzige Mann unter den Herrschaften, die Kurfürstin Elisabeth, und überredete ihren Gemahl zur Heimkehr, da offenbar der Weltuntergang abgesagt worden sei.

Man fuhr also, von der Bürgerschaft der Schwesterstädte nicht eben freudigen Blicks begrüßt, ins Schloß zurück, und – welch seltsamer Zufall – kurz vor der Schloßeinfahrt fuhr plötzlich der Blitz eines heraufziehenden Gewitters nieder, tötete den Reitknecht und erschlug die vier Pferde vor dem kurfürstlichen Wagen.

Totenbleich wankte der Kurfürst ins Schloß, wäre er doch beinahe ein Opfer seiner Furcht geworden!«

ABB. 21: *»Practica über die großen und mannigfaltigen Konjunktionen der Planeten, die im Jahr 1524 erscheinen und ungezweifelt viel wunderbarlicher Ding gebären werden.« Flugblatt aus dem Jahr 1523.*

QUELLE: *Archiv f. Kunst u. Gesch.*

Weltuntergangsprophetie aufgrund von Bibelkenntnissen

Es war ein einfacher protestantischer Farmer aus Low Hampton, Distrikt New York, William Miller, der sich der wörtlichen Auslegung der Bibel verschrieb und sich 1816 entschloß, die Bibel gewissenhaft zu studieren, »um bei jeder Auslegung oder irgendwelchen Widersprüchen über jeden Zweifel erhaben zu sein«.

1818 – nach zweijährigem gründlichen Studium – war er überzeugt, »daß nach ungefähr 25 Jahren – vom derzeitigen Zeitpunkt an gerechnet – allen gegenwärtigen Zuständen ein Ende bereitet würde«. (Diese und alle wörtlichen Zitate stammen von Daniel Cohen. Er hat sie 1973 in seinem Buch »Weltuntergang? Eine Analyse der Möglichkeiten« veröffentlicht.) Miller stützte sich auf Daniel 8:14: »Bis zweitausenddreihundert Abende und Morgen um sind, dann wird das Heilige wiederhergestellt.« »Abende und Morgen« sah Miller als »Jahre« an: Da die Weissagung aus dem Jahre 457 v. Chr. stammt, nahm er an, daß sie etwa im Jahre 1843 eintreten würde, obwohl sich seit 457 v. Chr. viele Änderungen im Kalender ergeben hatten. Auch glaubte Miller fest, daß mit dem Ausdruck »das Heilige wiederhergestellt« die Reinigung der Erde durch Feuer gemeint sei und damit der Untergang der Welt, die Wiederkehr Christi, das Jüngste Gericht.

Miller glaubte sogar: »Nachdem ich alle Zeichen der Zeit und des gegenwärtigen Zustands der Welt erblickt und sie mit den Prophezeiungen über die letzten Tage in Einklang gebracht hatte, konnte ich nicht umhin zu glauben, daß diese Welt die Grenzen ihrer vorausbestimmten Lebensdauer erreicht hatte.« Er diskutierte seine These weder mit seinen Freunden, noch verkündete er sie in der Öffentlichkeit, ehe er sie nicht in vierzehnjähriger Arbeit überprüft hatte.

Erst 1831 wurde Miller, von dem seine Umgebung überzeugt war, daß er eine wichtige Theorie über die »Wiederkehr Christi auf

Erden« entdeckt hatte, aufgefordert, in der Kirche einer Nachbargemeinde über seine Theorie einen Vortrag zu halten. Der Erfolg dieses Vortrags hat sein weiteres Leben entscheidend beeinflußt.

Von nun an widmete er sich acht Jahre lang der Aufgabe, Reden über den Weltuntergang zu halten und die Menschen für seine Weltuntergangsthese zu gewinnen. In New England und im Staate New York sprachen viele Menschen bereits über »Millerism«, obwohl die Mitgliederzahl seiner Bewegung verhältnismäßig klein blieb. 1839 hielt Miller einen Vortrag in Boston. Er lernte dort den Pastor der Chardon Street Chapel, Joshua V. Himes, kennen und gewann ihn für seine Anschauungen. Himes verfügte über Organisationstalent, war ein aktiver Demagoge und jung. Dank seines Einsatzes wurde aus dem bescheidenen »Millerism« der ländlichen Gemeinden eine »Massenbewegung«, der sich Hunderttausende anschlossen.

Bereits 1842 kamen rund 15000 Menschen zu einer achttägigen Versammlung in der Nähe des Dorfes East Kingston, New Hampshire, um die Predigten des nunmehr »Propheten« genannten Miller sowie die Lehren von Himes und anderer Anhänger Millers zu hören. Alle waren überzeugt, zwar nicht den Tag oder die Stunde, aber das Jahr von Christi Wiederkehr und des Weltuntergangs zu kennen. Sie hielten sich an Matthäus 25:1–13: »Wachet also, denn ihr kennt nicht den Tag noch die Stunde, wann der Sohn Gottes kommen wird.« Andere hielten Meteoritenschwärme für untrügliche Zeichen des baldigen Weltuntergangs, obwohl dies durchaus normale Naturereignisse waren. Im Jahre 1843 erschien überdies unerwartet ein heller Komet am Himmel, der die Menschen erschreckte und den selbst Leute, die nicht Anhänger der Miller-Bewegung waren, als »Vorzeichen für die baldige Zerstörung der Welt ansahen«.

Cohen vermerkt, daß Miller als Laienprediger mit »geringem Einfluß und wenig Anhängern« wenig Widerspruch fand. »Aber als Prophet einer immer größer werdenden Bewegung standen viele Bevölkerungskreise Miller, seinen Anhängern und seinen Ideen äußerst feindselig gegenüber. Wissenschaftler fanden Millers Weltuntergangstheorien einfach absurd. Geistliche bezeichneten seine

Bibelauslegungen als primitiv und nicht stichhaltig. Aber zu ihrer großen Bestürzung mußten sie feststellen, daß viele ihrer Pfarrkinder dem gewohnten Gottesdienst fernblieben, um sich der Miller-Sekte anzuschließen.« Und weiter: »Es mag Verrückte unter den Miller-Anhängern gegeben haben, aber auch nicht mehr als unter der übrigen Bevölkerung.«

Es waren Farmer, Arbeiter und bescheidene Geschäftsleute, hart arbeitende, gottesfürchtige Protestanten, die sich von den übrigen Amerikanern nur dadurch unterschieden, daß sie an den Weltuntergang glaubten. Sie taten dies aus den verschiedensten Gründen. Erstens: Weil sie überzeugt von der Lehre, die ein Jüngstes Gericht voraussagte, waren. Zweitens: Weil sie glaubten, »der Weltuntergang sei die einzige Lösung der Probleme«, wie sie sich in der Welt »voll Sünde und Böswilligkeit« überall zeigten. Drittens: »Man war der täglichen Sorgen und Enttäuschungen im Leben zutiefst überdrüssig.« Als Anhänger der Miller-Sekte waren sie überzeugt, zu den Auserwählten zu gehören, die in den Himmel eingehen, während diejenigen, die sie verspotteten, zur Hölle verdammt würden. »So kam es, daß die Miller-Anhänger eher mit einem Gefühl der Freude als mit Angst dem Weltende entgegensahen«, stellt Cohen fest.

Miller, der keinerlei materielle Vorteile von seiner Bewegung hatte, weigerte sich immer, ein genaues Datum für die Wiederkehr Christi festzulegen, selbst als das Gerücht aufkam, es würde der 23. April 1843 sein. Noch am 1. Januar 1843 schrieb er an seine Anhänger: »Ich glaube, daß jeder den Zeitpunkt kennt, wenn er ihn nur erkennen will und für die Ankunft des Herrn bereit ist. Und ich bin völlig überzeugt, daß Christus – gemäß der jüdischen Zeitrechnung – irgendwann zwischen dem 21. März 1843 und dem 21. März 1844 kommen wird und alle seine Heiligen mit ihm; dann wird jeder nach seinem Verdienste belohnt werden.«

Bis zum 21. März 1844 geschah allerdings nichts. Die Anhänger Miller gerieten in eine große Glaubenskrise. Hinzu kam, daß sie von ihren Gegnern verspottet und verhöhnt wurden. Auch Miller war zutiefst betroffen, daß er ein falsches Datum vorausgesagt hatte, blieb aber bei seinem Glauben und veröffentlichte in der Zeitung der

Miller-Sekte am 2. Mai die folgende Erklärung: »Ich bekenne meinen Irrtum und gebe meine Enttäuschung zu; ich glaube jedoch immer noch, daß der Tag des Herrn nahe ist, ja sogar vor der Tür steht; und ich ermahne euch, meine Brüder und Schwestern, wachsam zu sein, auf daß ihr bereit seid, wenn der Tag kommt. Die Böswilligen, die Hochmütigen und die Bigotten werden über uns herfallen. Ich will versuchen, geduldig zu sein . . . und ermahne euch, meine Brüder und Schwestern, nicht vom rechten Glauben abzuweichen.«

Dieser Appell hatte eine erstaunliche Wirkung: Nach der Frühjahrskrise der Bewegung erlebte sie im Sommer 1844 einen beachtlichen Aufschwung. Miller, Himes und die anderen führenden Persönlichkeiten der Sekte verstärkten ihre Predigertätigkeit, gingen in weiter entfernt liegende Gebiete der USA, wollten sogar in London eine Druckerei einrichten und Prediger »nach allen Richtungen aussenden«. Himes erklärte: »Wir wissen nicht, was wir erreichen können. Aber wir wollen unsere Pflicht tun.« Die Bewegung wuchs. Und als ein Miller-Anhänger, S. Snow, im August auf einer Versammlung verkündete, daß der 22. Oktober 1844 das ersehnte Datum sei, soll seine Rede eine geradezu elektrisierende Wirkung auf die Versammelten gehabt haben.

Miller bezweifelte zunächst das Datum des 22. Oktober. Entschloß sich aber, es zu »überprüfen«, und teilte am 6. Oktober Himes mit: »Ich sehe den siebten Monat (also Oktober) von einem Glorienschein umgeben, den ich nie zuvor sah«, womit er sich der Ansicht Snows anschloß. Cohen ergänzte diese Feststellung mit den Sätzen: »Die gesamte Miller-Bewegung glaubte an die Prophezeiung, die Welt würde am 22. Oktober 1844 untergehen. Dieses Mal war man sich des Datums völlig sicher.« In Philadelphia wurde in dem Schaufenster eines Geschäfts ein Plakat mit folgendem Wortlaut aufgehängt: »Dieses Geschäft ist zu Ehren des Königs aller Könige geschlossen, der um den 20. Oktober erscheinen wird. Freunde, seid zu seiner Krönung bereit!«

Die Miller-Anhänger warteten am 22. Oktober bis Mitternacht auf die »Ankunft des Herrn«, die aber nicht erfolgte. Eine nur den Beteiligten verständliche Enttäuschung breitete sich innerhalb der

Sekte aus. Einer bekannte: »Unsere tiefsten Hoffnungen und Erwartungen waren wie weggeblasen ... Wir weinten und weinten bis zum Morgengrauen.« Ein anderer sagte: »Jeder fühlte sich verlassen und hatte nicht das geringste Bedürfnis, mit jemandem zu sprechen. Immer noch in dieser kalten Welt!« Die Gegner verhöhnten die Miller-Anhänger, die sich nun mit den Problemen der bestehengebliebenen Welt auseinandersetzen mußten.

»Miller bekannte nochmals seinen Irrtum bezüglich des Datums und gab seiner großen Überraschung und Enttäuschung Ausdruck. Aber er hielt fest an dem Glauben, die Wiederkehr Christi auf Erden könnte sich nur noch um ein paar Monate verzögern«, schreibt Cohen. Enttäuscht starb Miller 1849, und seine Bewegung hatte sich zu dieser Zeit bereits völlig aufgelöst.

Wie oft ging die Welt schon unter?

Die zwei spektakulären Beispiele von Weltuntergangsvoraussagen sind wirklich nur Beispiele. Allein das in Rowohlts Pegasus-Programm erschienene Buch »Rowohlts Liste der Weissagungen und Prognosen« veröffentlicht in Kurzfassung noch 27 weitere Feststellungen von »Weltuntergangs-Ankündigungen«, die nicht eingetroffen sind. Sie beginnen, chronologisch geordnet, mit dem 960 vom heiligen Bernhard von Thüringen verkündeten Weltuntergang im Jahre 992, weil dann Mariä Verkündigung mit Karfreitag zusammenfiele.

Laut einer Geheimen Offenbarung des Johannes sollte das Jüngste Gericht am 31. Dezember 999 stattfinden. Angeblich haben viele Menschen dem Jahr 1000 mit großer Panik entgegengesehen, und Tausende wären nach Jerusalem gereist, um die Rückkehr Jesu zu erleben. Es ist allerdings nicht klar, ob diese Behauptung über das Jahr 1000 nicht erst im 18. Jahrhundert von Schriftstellern in die Welt gesetzt wurde, um Aberglauben und Leichtgläubigkeit der Christen in ein negatives Licht zu setzen.

Der Astronom und Astrologe Johannes von Toledo berechnete 1179, daß im September 1186 – als sich alle Planeten im Sternbild der Waage befanden – eine große Katastrophe ereignen würde. Diese Berechnung löste in weiten Teilen Europas und Asiens panische Reaktionen aus. In Persien wurden zum Beispiel Keller zu Wohnungen ausgebaut. Die Fenster seines Palastes ließ der Herrscher von Byzanz mit Brettern vernageln. In England wurde vom Erzbischof von Canterbury eine Fastenzeit für das ganze Land ausgerufen. Johannes von Toledo behauptete, als weder Stürme noch Erdbeben eintrafen, er habe nur den Ansturm der Hunnen prophezeien wollen, womit er recht behalten hatte.

1523 behauptete eine Gruppe Londoner Astrologen einmütig, der

Weltuntergang würde am 1. Februar 1524 erfolgen, und London würde überflutet werden. Darauf haben Tausende von Londonern ihre Wohnungen aufgegeben und sind in höhere Gebiete umgezogen. Da am 1. Februar 1524 nichts geschah, erklärten die Astrologen, sie hätten einen Rechenfehler gemacht, der Weltuntergang fände erst 1624 statt.

Christus würde im Jahre 1533 wieder zur Erde zurückkehren, behauptete Melchior Hofmann, ein Führer der Wiedertäufer, gegenüber seinen Anhängern. Auch würde die Welt in einer Feuersbrunst untergehen, von der nur »das Königreich der Rechtschaffenen« verschont bliebe. Die Angehörigen der Wiedertäufergemeinde verkauften oder verschenkten ihr Eigentum. Hofmann wurde »wegen Erregung von Tumulten« lebenslänglich eingesperrt.

Der Mathematiker und Augustinermönch Michael Stifel behauptete, daß aufgrund seiner Berechnungen der Weltuntergang am 18. Oktober 1533 erfolgen würde. Als seine Prophezeiung nicht eintraf, wurde er von den Bürgern verprügelt.

Ähnlich der Gruppe Londoner Astrologen behauptete der englische Mathematiker und Theologe William Whiston, daß am 13. Oktober 1736 »der Anfang vom Ende« beginnen und London zerstört würde. Wie 1524 verließen viele Londoner die Stadt, um sich in Sicherheit zu begeben, und wurden zum Teil Opfer von Taschendieben, da sich am 13. Oktober 1736 nichts ereignete.

William Bell, ein Soldat der königlichen Leibwache, verkündete, daß am 5. April 1761 die Welt untergehen würde. Er stützte seine These mit der Tatsache, daß sich am 8. Februar und am 8. März 1761 ein starkes Erdbeben in London ereignete. Er meinte, daß genau nach vier Wochen – die auch zwischen den beiden Beben gelegen hatten – ein vernichtendes drittes Beben eintreten würde. Darüber hielt er in London viele Vorträge und versetzte, wie die Londoner Astrologen, die Stadt in Panik. Da auch am 5. April 1761 nichts geschah, wurde Bell am 6. April in die Londoner Irrenanstalt eingesperrt.

In Leeds in England hatte im Jahre 1806 eine Frau Mary Batemans eine Henne, die in einer Schenke Eier mit der Inschrift »Christus kommt« legte. Frau Batemans erklärte den in der Schenke Anwesenden, Gott hätte ihr offenbart, die Henne würde 14 derartige Eier legen, und wenn dies vollbracht wäre, würde die Welt in Flammen aufgehen. Sie sagte weiter, daß noch »Hoffnung auf Erlösung« bestünde. Wer mehr erfahren wolle, müsse einen Penny zahlen. Dies taten alle Anwesenden. Nun behauptete sie, daß, nachdem die Henne das vierzehnte Ei gelegt hätte, alle Menschen, die einen Zettel mit dem Zeichen »J. C.« bei sich trügen, Zutritt zum Himmel hätten. Der Zettel aber kostete einen Shilling. Zahlreiche Anwesende kauften einen Zettel. Da die Henne weitere Eier mit der Inschrift »Christus kommt« legte, verbreitete sich die Kunde, und Tausende pilgerten zu der Schenke, um sich einen Zettel zu kaufen. Dadurch wurden die Behörden alarmiert und schickten Beobachter in die Schenke, als das letzte Ei gelegt werden sollte. Dabei erwischten sie Frau Batemans, als diese der Henne »ein Ei in den After zwängen« wollte. Sie wurde verhaftet. Da sie, wieder freigelassen, weiterhin mit Prophezeiungen die Umwelt zu betören versuchte, wurde sie der Engelmacherei angeklagt, verurteilt und gehängt.

Der Württemberger J. A. Bengel veröffentlichte zwei Schriften, in denen er den Weltuntergang für den 18. Juni 1836 ankündigte. Obwohl er ein angesehener Textkritiker und Kommentator der Bibel war, scheint seine Voraussage keine besondere Wirkung gezeigt zu haben.

Eine Sekte in Kargopol im zaristischen Rußland, die »Brüder und Schwestern des Roten Todes«, glaubten, daß die Welt am 13. November 1900 untergehen würde. 862 von ihnen waren überzeugt, daß Gott es schätzen würde, wenn sie sich auf einem Scheiterhaufen opferten. Truppen wurden nach Kargopol geschickt, die nur feststellen konnten, daß über hundert Mitglieder der Sekte sich bereits auf dem Scheiterhaufen geopfert hatten. Da der 13. November verging, ohne daß sich etwas ereignete, löste sich die Sekte auf.

Im Jahre 1910 wurden zur Wiederkehr des Halleyschen Kometen in den Zeitungen Prognosen veröffentlicht, daß in seinem Gefolge giftige Gase alles Leben auf der Erde ersticken würden. Den Menschen wurde geraten, ihre Wohnungen nicht zu verlassen. Auch diese Prognose erwies sich als falsch.

Der Meteorologe und Seismologe Albert Porta hatte in seinen

Wettervoraussagen mehrere Erdbeben genau angekündigt. Als er verkündete, daß eine Konjunktion von sechs Planeten am 17. Dezember 1919 den Untergang der Erde bewirken werde, wurde er durchaus ernst genommen. Viele Menschen begingen Selbstmord. Als sich am 17. Dezember nichts Ungewöhnliches ereignete, entschloß sich Porta, künftig nur noch Wettervoraussagen zu machen.

Der in Pasadena, Kalifornien, lebende Geistliche Charles Long erwachte 1938 mitten in der Nacht. Er sah »am Fuße seines Bettes« eine Tafel, auf die eine Geisterhand »1945« schrieb und hörte eine Stimme, die flüsterte, daß am 21. September 1945 um 17.33 Uhr die Welt untergehen werde. Er glaubte sich verpflichtet, diese Gefahr in einem 70 000 Worte umfassenden Traktat der Öffentlichkeit und den wichtigsten Staatsmännern der Erde mitzuteilen. In der Stadthalle von Pasadena, die er mietete, hielt er Vorträge, in denen er die Zuhörer aufforderte, Buße zu tun und sich taufen zu lassen. Er und seine Anhänger hörten sieben Tage vor dem erwarteten Weltende auf, zu essen, zu trinken und zu schlafen, angeblich »für immer«. Am 21. September beteten und sangen die Gläubigen, doch löste sich die Gruppe auf, als der Weltuntergang nicht eintrat.

Das italienische Sprichwort »Rom und die Welt sind geschützt, solange das Kolosseum steht« führte 1954 zu einer Massenhysterie, weil Ingenieure feststellten, daß sich große Risse im Kolosseum gebildet hatten. Dies wurde als Zeichen angesehen, daß am 24. Mai 1954 die Welt untergehen würde. Der Vatikan wurde von Menschenmassen belagert, die von ihren Sünden freigesprochen werden wollten. Ein Prälat bemühte sich, die Menschen zur Vernunft zu bringen, und erklärte den Versammelten: »Die Welt wird diesen Dienstag erleben und noch viele Dienstage danach.« Dies war in der Tat der Fall. Auch die Baufälligkeit des Kolosseums konnte vorerst behoben werden.

Der italienische Kinderarzt Dr. Elio Bianco war der Führer einer Sekte von 40 Mitgliedern. Ihnen und der Presse teilte er mit, daß seine verstorbene Schwester ihn vor einer atomaren Katastrophe gewarnt hätte, die am 14. Juli 1960 um 13.45 Uhr eintreten würde. Unbeabsichtigt würde eine amerikanische Atombombe explodieren und die Erde zerstören. Mit Unterstützung seiner 40 Sektenmitglie-

ABB. 22: *Als sich 1954 große Risse am Kolosseum in Rom zeigten, gab es in Italien eine Weltuntergangshysterie.* QUELLE: *Keystone*

der begann er eine Arche zu bauen, die 15 Zimmer haben sollte und auf dem Mont Blanc sicher wäre. Als am 14. Juli nichts geschah, erklärte Dr. Bianco: »Jedem kann ein Fehler unterlaufen. Seid froh, daß ich einen gemacht habe. Unser Glaube wird deswegen jedoch nicht zusammenbrechen.« Er soll wegen »Verbreitung falscher Berichte« polizeilich belangt worden sein.

Am 2. Februar 1962 genau zwischen 12.05 Uhr und 12.15 Uhr sollten acht Planeten zueinander in einer einzigartigen Konjunktion stehen. Hindu-Astrologen sahen dies als den Zeitpunkt für einen Weltuntergang an. Der indische Premierminister Nehru nannte diese Prophezeiung »lächerlich«. Trotzdem haben sich in Indien Millionen Menschen zu Gebetsversammlungen zusammengefunden, um »den Zorn der Götter zu besänftigen«. Fast fünfmillionenmal wurde von 250 Priestern die hinduistische Liturgie gesungen. Der Premierminister von Burma U Nu, schenkte drei Ochsen, drei Schweinen, neun Ziegen, 60 Hühnern, 60 Enten und 120 Tauben die Freiheit, um »die dunklen Mächte abzuwenden«. Millionen Menschen auf dem indischen Subkontinent dankten den Göttern, daß sie ihre Gebete erhört hatten.

Ein Prediger in Bogota, Kolumbien, verkündete in einer Predigt, daß am 18. April 1965 die Erde explodieren werde. Nelson Omeido, der tiefgläubig war, verschleuderte in einer Nacht sein gesamtes Vermögen. Er verklagte den Prediger, nachdem am 18. April keine Explosion erfolgte.

Der dänische Führer der Sekte »Jünger von Orthon«, Anders Jensen, erklärte in einer vielgesehenen Fernsehshow, daß am Weihnachtstag 1967 der Jüngste Tag mit einer Atomexplosion anbrechen würde. Seine Anhänger bauten in der Nähe von Kopenhagen einen Bunker »mit einem 20 Tonnen schweren Bleidach, in dem 50 seiner Jünger Weihnachten verbrachten. Als sich die Atomexplosion nicht ereignete, kamen die Jünger aus dem Bunker heraus und verkauften später das Bauwerk »mit Gewinn«.

Weitere Prophezeiungen von Weltuntergängen und dem Jüngsten Gericht erfolgten 1970 durch die Sekte »Kirche Jesu des Wahren Lichts« in North Carolina. – Außerdem im September 1975 durch Mrs. Viola Walker aus Arkansas. – Ferner durch einen australischen

Geschäftsmann, John Strong, der in einem Buch »The Doomsday Globe« für 1978 oder 1979 einen sowjetischen Atomangriff prophezeite. – Für 1998 durch Propheten, die ein Jahr des Verhängnisses voraussagten, weil Christus in seiner 1998. Lebenswoche starb. Das gleiche gilt für die Behauptungen eines Hellsehers Criswell für das Jahr 1999, ebenso für das Jahr 2000 von der Laienschwester Jeanne Le Royer aus einem Kloster der Bretagne. Auch für den 5. Mai 2000, an dem, wie die Einwohner der kleinen Stadt Stelle, 160 Kilometer südwestlich von Chicago, glauben, daß die Erde zerstört werden soll. Schließlich wird auch der 25. April 2038 erwähnt. Dies aufgrund einer Prophezeiung des französischen Astrologen Nostradamus, der das Ende der Welt voraussagte, wenn Ostern auf den 25. April fällt. Dies war allerdings bereits in den Jahren 1666, 1734, 1886 und 1943 der Fall.

Die erstaunlichen Prognosen des Jules Verne

In der Zukunft liegende Ereignisse vorherzusehen, die ganz vom ›Zufall‹ abhängen und beim besten Willen nicht auf rationale Weise erschlossen werden können, das geht dem sogenannten ›gesunden Menschenverstand‹ wider den Strich.« Dies stellt der seit 1970 im Umweltschutz tätige Geophysiker Josef Giebel in seinem Buch »Morgen im Brennpunkt – Prophezeiungen und Prognosen« fest. Mitte August 1935 in Deutschlands Bergischem Land geboren, legte er sein Abitur in Wuppertal ab, studierte in Köln Geophysik und lernte viel von seinem Vater, der über eine starke paranormale Begabung verfügte. Josef Giebels naturwissenschaftliche Forschungsergebnisse waren u.a. im Zusammenhang mit Smoganlagen in Ballungsräumen von großer Bedeutung. Sowohl sein väterliches Erbe wie seine naturwissenschaftlichen Arbeiten befähigten ihn vorausschauend und dabei nüchtern festzustellen: »So sehr die Welt- und Menschenschicksal vorhersagenden Prophezeiungen faszinieren, so schlecht ist andererseits ihr Ruf: Die Ereignisse, die für bestimmte Zeitpunkte angekündigt werden, treffen nur höchst selten ein. Wenn sich einmal eine Prophezeiung erfüllt, wird viel Aufhebens davon gemacht – die anderen werden vergessen. Viele einschneidende Ereignisse sind zudem anscheinend nie vorhergesagt worden.«

Bei dieser durchaus sinnvollen, kritischen Einstellung ist es bemerkenswert, daß Josef Giebel in seinem lesenswerten Buch eine Fülle beachtlicher Prophezeiungen und Prognosen in Erinnerung ruft, wobei er in einem eigenen Kapitel: »Gelangen Schriftsteller bisweilen in paranormalen Kontakt mit der Zukunft?« Jules Verne (1828–1905) einen umfangreichen, präzise kommentierten Abschnitt widmet. In ihm stellt er fest:

»Viele Einzelheiten seines (Jules Vernes) 1866 geschriebenen Zukunftsromanes ›Die Reise zum Mond‹ stimmen mit dem hundert Jahre später tatsächlich verwirklichten Mondflugunternehmen überein:

- Bei Jules Verne startet eine wirkliche Weltraumrakete, die Amerikaner führen das Mondflugunternehmen durch, und der Ort des Startes ist die Halbinsel Florida, wo dann hundert Jahre später tatsächlich die Raketenabschußbasis gebaut wurde.
- Auf einer der Illustrationen, die der ersten französischen Gesamtausgabe beigegeben waren, ist eine Landzunge, ein Kap zu erkennen, wie auch die wirklichen Raketenabschußbasen auf einem Kap, nämlich Canaveral, installiert sind.
- In Jules Vernes Roman streiten sich Florida und Texas darum, wo die Basen errichtet werden; tatsächlich spielt auch hundert Jahre später nicht nur Florida, sondern auch Texas eine Rolle im Raumfahrtprogramm der Amerikaner, insofern nämlich, als sich das eigentliche Raumfahrtzentrum in Houston, Texas, befindet.
- Die Anzahl der Teilnehmer in dem Science-fiction-Roman stimmt mit der Anzahl der Astronauten überein, die den Mondflug tatsächlich unternommen haben.
- Es besteht eine gewisse Verwandtschaft in den Namen der Akteure. Die Teilnehmer sind bei Jules Verne Impey Barbicane, Michel Ardans und Nicholl; die Namen der Astronauten waren Neil Armstrong, Michael Collins und Edwin Aldrin. Abgesehen davon, daß ein Vorname quasi übereinstimmt, Michel und Michael, besteht eine auffällige Ähnlichkeit zwischen den Namen Ardans und Aldrin sowie Nicholl und Collins ...
- Das Mondflugunternehmen ist bei Jules Verne ähnlich wie auch in Wirklichkeit eng mit dem militärischen Bereich verbunden, und die Bereitstellung der Gelder spielt eine große Rolle.
- Das Unternehmen zieht die Aufmerksamkeit einer breiten Öffentlichkeit auf sich; der sich Ende der sechziger und Anfang der siebziger Jahre abspielende Raumfahrtrummel wird von Jules Verne treffsicher vorweggenommen. Doch wie heute in der Realität, so gibt es auch bei Jules Verne erbitterte Gegner der Raumfahrt.

ABB. 23: *Der Ausstieg aus der Mondrakete. Illustration zu Jules Vernes Roman »Die Reise zum Mond«, in dem der Autor viele Details des 100 Jahre später verwirklichten ersten Mondfluguntenehmens wirklichkeitsgetreu beschreibt.* QUELLE: *Archiv f. Kunst u. Gesch.*

- Die Weltraumfahrer gehen bei Jules Verne in eine Umlaufbahn um den Mond wie auch später in Wirklichkeit; den Mond selber betreten sie jedoch nicht. – Wenn ASW am Werk war, so ist Jules Verne entweder nur in paranormalen Kontakt mit der den Mond umkreisenden Raumkapsel gekommen, oder aber er hat die Mondlandung als utopisch nicht akzeptieren wollen. Die Wirklichkeit hat in diesem Punkt die Utopie übertroffen.
- Die Rückkehr geht bei Jules Verne vonstatten, indem Raketen gezündet werden, welche die Raumkapsel zurück zur Erde treiben, das Raumfahrzeug stürzt in den Pazifik, wo es von einem Schiff geborgen wird. Die Übereinstimmung mit der hundert Jahre später erfolgten Ziellandung der Astronauten im Pazifik ist verblüffend.
- Jules Verne beschreibt die Bergung der Raumkapsel folgendermaßen: ›Eine Boje quer vor uns unter dem Wind! rief ein Matrose der amerikanischen Korvette ›Susquehanna‹, und die Offiziere erkannten mit ihren Fernrohren, daß der besagte Gegenstand wirklich den Bojen glich, womit man das Fahrwasser der Flüsse kenntlich macht. Auf der fünf bis sechs Fuß hervorragenden Spitze flatterte eine Fahne ... Es war die amerikanische Flagge. Ein Boot näherte sich dem Projektil und legte dort an. Die Matrosen finden eine Fensterluke offen. Muntere Stimmen dringen heraus. Die Insassen des Raumschiffs spielen Domino.‹ – In dieser Beschreibung nimmt Jules Verne selbst den burschikosen Ton vorweg, in dem sich die Raumfahrer gefallen.
- Jules Verne beschreibt ausführlich den großartigen Empfang, der den Raumfahrern zuteil wird: Ein Triumphzug durch die Vereinigten Staaten findet statt, und den Heimkehrern wird ein Bankett gegeben, an dem die ganze Nation teilnimmt – ähnlich wie auch in Wirklichkeit hundert Jahre später.«

Auch weist Josef Giebel auf den 1862 erschienenen Jules-Verne-Roman »Fünf Wochen in einem Ballon« hin, in dem der Autor als »Vorgriff auf zukünftige Ereignisse« schrieb:

»›Überdies‹, sagte Kennedy, ›wenn die Industrie einmal alles in ihren Griff bekommen und für ihre eigenen Zwecke nutzen wird, so wird das nicht besonders angenehm sein. Falls die Menschen immer weiter Maschinen erfinden, so werden sie am Ende durch ihre eigenen Maschinen umkommen. Ich habe oft denken müssen, daß die Ursache für den Jüngsten Tag ein kolossaler Boiler sein wird, der, aufgeheizt auf dreitausend Atmosphären, die Welt in die Luft sprenge.‹ ›Und ich wette, daß die Yankees eine Hand darin haben werden‹, sagte Joe . . .«

Und Giebel kommentiert diese Feststellung mit den Worten: »Hier läßt sich eine Parallele zu den zuerst von den Amerikanern gebauten Atom- und Wasserstoffbomben ziehen. Durch die Explosion einer starken Wasserstoffbombe an der ›richtigen‹ Stelle soll tatsächlich die ganze Erde in die Luft fliegen können. Der amerikanische Physiker Horace C. Dudley hat die Wahrscheinlichkeit hierfür mit eins zu einer Million geschätzt. Das erscheint wenig. Die Wahrscheinlichkeit aber, im Lotto sechs Richtige zu haben, ist allerdings noch geringer; dennoch gibt es Woche für Woche Hauptgewinne. Das zeigt, daß auch das Unwahrscheinliche eintreten kann.«

Schließlich hat Jules Verne 1870 mit dem Roman »20 Meilen unter dem Meer« und 1873 mit seinem am meisten gelesenen Werk »Die Reise um die Erde in 80 Tagen« weitere Tatsachen prognostiziert, die Jahre später eingetreten sind.

Verblüffende Voraussagen – bemerkenswerte Wunschträume

Bei der Einweihung der Internationalen Bibliothek für Zukunftsfragen in Salzburg schenkte der Züricher Buchhändler Theo Pinkus dem Gründer und Leiter der Bibliothek Robert Jungk eine Rarität: das 1909 in einem Berliner Verlag erschienene Buch »Die Welt in hundert Jahren« mit seinen verblüffenden Prognosen und bemerkenswerten Wunschträumen.

Obwohl Hudson Maxim in seinem Beitrag »Das Tausendjährige Reich der Maschinen« einleitend feststellt: »Kein Mensch ist imstande, die Zukunft voraus zu verkünden, es sei denn, daß er dies aus der Kenntnis der Gegenwart tut«, stellt er bereits 1909 in seiner erstaunlichen Prognose fest: »Das Wasser wird seltener und kostbarer sein, als jetzt das Gold ist.« Und weiter: »Man kann zum Beispiel sicher voraussagen, daß das menschliche Vorwärtsstreben von jetzt ab weit schneller vonstatten gehen wird, als es jemals der Fall gewesen ist... durch das Erscheinen der Flugmaschine werden wir bald die irdische Landstraße verlassen und uns auf der unbegrenzten Himmelsbahn ergehen können.« Und weiter: »Das drahtlose Telefon wird zu jener Zeit (er denkt an 2009) die ganze Welt umfassen, und es wird dann ebenso leicht sein, mit unseren Antipoden Zwiegespräche zu halten wie wir jetzt zwischen New York und Boston, London und Paris, Berlin und Budapest sprechen ... der ›Hamlet‹, der in London gespielt wird, wird mittels Fernseher, Fernsprecher und Fernharmonium auf dem Schirm, der die Bühne in Chautauqua ersetzt, reproduziert werden.«

Auch Maxim zögert nicht, eine ganze Reihe von bemerkenswerten Wunschträumen zu entwerfen: »Sie (die Gegenwart) ist eine wissenschaftliche Epoche und eine Periode materieller Vollendung; ihr aber wird eine soziologische Zeit folgen, eine Ära der ethischen und philosophischen Vollendung und der Entwicklung einer höheren psychischen Kultur – kurz eine Reife der geistigen und moralischen Eigenschaften, die zur höchsten Blüte gelangen werden.« Er folgert: »In den alten Zeiten gab es keine Anerkennung von Dingen, wie beispielsweise unsere unveräußerlichen Menschenrechte es sind; und ein Volk, in dessen Macht es stand, ein anderes mit Erfolg zu berauben oder zu unterjochen, hielt es für eine Dummheit, ja für eine Schmach, es nicht zu tun und es nicht zu berauben und nicht in die Sklaverei zu schleppen ... man würde es heutzutage nicht nur als eine Grausamkeit, sondern geradezu als eine unverantwortliche Verschwendung von Menschenleben ansehen, wenn jemand über ein benachbartes Volk herfallen und es bis auf den letzten Mann niedermetzeln wollte.« Als Krönung erwartet Maxim: »Ein zunehmender Geist internationaler Verbrüderung ist vorhanden, und eine immer allgemeiner werdende Erkenntnis bricht sich Bahn, daß ja doch im Grunde alle Menschen an einer gemeinsamen Tafel essen und an einem gemeinschaftlichen Herdfeuer sitzen.«

Auch an konkreten Wunschträumen fehlt es Maxim nicht: »Möglicherweise erfinden wir eine Art Motor, der die Wärme nutzbar machen kann, die von den Sonnenstrahlen ausgeht ... Man wird neue Methoden erfinden, das Wachstum der Pflanzen durch elektrische Wärme und Licht zu beschleunigen. In Gärten, die in dieser Weise eingerichtet sein werden, wird es Johannisbeeren geben, so groß wie die Damaszenerpflaumen, Pflaumen in der Größe von Äpfeln, Äpfel so groß wie Melonen, Erdbeeren so groß wie Orangen, und alle werden in Form und Wohlgeschmack die besten von heute übertreffen.«

Selbst über die Kriegsführung hat er sich Gedanken gemacht: »Die Kriegsführung der Zukunft wird einem Schachturnier gleichen. Jede Bewegung wird dem Auge der ganzen Welt sichtbar sein, und Verstecke und Scheinmanöver werden unmöglich sein. Die Zeitungen werden ihre Luftkorrespondenten haben, die über allen Schlachtfeldern, über allen Lagerplätzen und allen Flotten schweben, und jede Bewegung der Seeschiffe und Landheere wird man in jedem Hause verfolgen und jeder seine Kritik üben können.« Dies klingt, als hätte Maxim die Fernsehberichterstattung in den USA über den Vietnamkrieg vorausgesehen.

Über die Stadt der Zukunft spekuliert er: »Die Stadt der Zukunft wird nicht mehr aus einzelnen getrennten Gebäuden bestehen, die eine verschiedene Architektur haben, nein, sie wird ein einziges weit ausgedehntes Gebäude sein. Die Straßen von jetzt werden nur die Zugangsstraßen zu dem untersten Stockwerk bilden, sofern wir nicht gar, was sehr wahrscheinlich ist, auch in die Tiefe der Erde unsere Häuser hineinbauen werden, die eigentlichen Geschäftsstraßen aber werden sich hoch oben in der Höhe der verschiedenen Stockwerke ziehen ... Die höchsten Wohnungen werden in Gärten liegen, die gleichsam im Himmel hängen, oder in großen Parkanlagen hoch oben in der klaren, kühlen, reinen Luft, und die Leute werden Expreß-Elevatoren nehmen, um nach mühevollem Tagewerk ihr Heim zu erreichen.«

Das drahtlose Jahrhundert

In dem Beitrag »Das drahtlose Jahrhundert« schrieb Robert Sloss unter anderem: »Alles, was wir jetzt durch den Draht senden und erreichen können, können wir auch auf drahtlosem Wege senden und erreichen.« Er folgert: »Sobald die Erwartungen der Sachverständigen auf drahtlosem Gebiet erfüllt sein werden, wird jedermann sein eigenes Taschentelephon haben, durch welches er sich, mit wem er will, wird verbinden können, einerlei, wo er auch ist, ob auf der See, ob in den Bergen, ob in seinem Zimmer oder auf dem dahinsausenden Eisenbahnzuge, dem dahinfahrendem Schiffe, dem durch die Luft gleitendem Aeroplan oder dem in der Tiefe der See dahinfahrenden Unterseeboot ... Die Bürger der drahtlosen Zeit werden überall mit ihrem ›Empfänger‹ herumgehen, der irgendwo, im Hut oder anderswo angebracht und auf eine der Myriaden von Vibrationen eingestellt sein wird, mit der er gerade Verbindung sucht ... Die Zentrale der Telharmonie wird ihn mit Paris, Wien, London und Berlin ebenso verbinden können wie mit der eigenen Stadt ... Das Senden von Bildern und Photographien an in Bewegung befindliche Schiffe, Züge, Autos und Luftschiffe wird einfach durch die Anwendung der beiden jetzt ›drahtlich‹ in Gebrauch befindlichen Methoden nunmehr ›drahtlos‹ vonstatten gehen.«

Sloss verkündet auch das »Ende von Raum und Zeit«: »Monarchen, Kanzler, Diplomaten, Bankiers, Beamte und Direktoren werden ihre Geschäfte erledigen und ihre Unterschriften geben können, wo immer sie sind ... Sie werden sich sehen, miteinander sprechen, werden ihre Akten austauschen und werden sie unterschreiben, gleichsam, als wären sie zusammen an einem Orte ... Jeder kann jeden sehen, den er will, sich mit jedem unterhalten, mit jedem Whist, Skat und Poker, mit jedem Schach und Dame spielen, und wäre der Betreffende auch tausend Meilen von ihm entfernt.«

Über das Reisen meint Sloss: »Auch das Reisen wird im drahtlosen Jahrhundert eine fabelhafte Umgestaltung erfahren. Es wird mit einer riesigen Schnelligkeit auch eine großartige Sicherheit verbinden ... Wer aber trotz alledem nicht wird reisen wollen, der wird ganz bequem in seinem eigenem Zimmer die ganze Welt bereisen können ... Die ganze Erde wird nur ein einziger Ort sein, in dem wir wohnen ... Und im Grunde ist es eigentlich nichts weiter als die geniale Kombination von Kinematograph, Teleautograph, Telephon und wie die großartigen Vorläufer-Erfindungen desselben alle heißen.«

Der Schilderer des drahtlosen Jahrhunderts zögerte auch nicht, seine bemerkenswerten Wunschträume zu formulieren: »Das drahtlose Jahrhundert wird also sehr vielen, wenn auch nicht allen Verbrechen ein Ende machen. Es wird ein Jahrhundert der Moralität sein, denn bekanntlich sind Moralität und Furcht ein und dasselbe.« Zur Landwirtschaft schreibt er: »Es ist möglich, daß der Landmann sechs- bis zehnfach so große Früchte züchten wird als jetzt. Es ist wahrscheinlich, daß er statt einer und zweier Ernten sechs- bis zehnmal im Jahre die Früchte nach Hause bringen wird.« Er schildert schließlich mit Gewißheit, woran heute zahlreiche Wissenschaftler arbeiten: »Der Wetterprophet wird nicht mehr das Wetter ansagen, sondern das Wetter machen. Sonnenschein und Regen wird nur von dem Willen der Menschen abhängen. Überall auf Erden wird man den Winter und jeden Sturm durch elektrische Wärmewellen vertreiben, die den ewigen Frühling über das Land breiten werden.« Die Folgen solcher Manipulationen untersucht Sloss aber nicht. Doch verkündet er mutig: »Und ein neuer Marconi wird vielleicht mit den

Bewohnern des Mars sich verbinden und wird die Geheimnisse der fremden Welten dadurch offenbaren.«

Ed. Bernstein macht in seinen Ausführungen über »Das soziale Leben in 100 Jahren« folgende beachtliche Prognose: »Die Technik wird auch weiterhin dazu beitragen, das Leben reichhaltiger, wechselvoller zu gestalten, das, was man den Stil des Lebens nennt, zu erhöhen, aber gerade, weil sie dies tut, ist es ziemlich zweifelhaft, ob sie das Leben wesentlich *billiger* machen, d.h. die Summe der zu verrichtenden Arbeit sehr verringern wird. Jedenfalls hat sie es bisher nicht getan!« Ferner prognostiziert er: »Die großen heutigen Vermögensunterschiede werden unbedingt verschwinden, weil die vielen Quellen arbeitslosen Erwerbs, die heute die Bildung der Riesenvermögen ermöglichen, aufhören werden, in die Reservoirs von Privaten zu fließen.« Und er fügt hinzu: »Die Bestimmung der Löhne wird in hohem Grade öffentlichen Charakter tragen. Öffentliche Lohnämter, zusammengesetzt aus Vertretern der Allgemeinheit und der Berufsgruppen, werden Mindestlöhne festsetzen und Lohntarifen, die ebenfalls als Mindestsätze zu gelten haben, gesetzliche Kraft geben. In gleicher Weise werden Bestimmungen über die Länge des Arbeitstages in öffentlichen und Privatunternehmen getroffen werden.« Es sei nochmals, gerade hier, darauf verwiesen, daß diese Prognosen bereits vor dem Ersten Weltkrieg aufgestellt wurden und in den Thesen gipfelten: »Es werden genügend Arbeitskräfte frei werden, um die Arbeitszeit für alle ermäßigen zu können, ohne daß darum die Produktion auf das bloß Notwendige beschränkt zu werden braucht ... Die Technik, die heute einseitig darauf gerichtet ist, Arbeitskosten zu ersparen, wird, ohne dies zu vernachlässigen, doch immer stärker das Ziel im Auge haben, Menschenkosten zu ersparen, die Arbeit erträglicher und zuträglicher zu machen.«

Auf nur vier Seiten gibt Professor C. Lustig einen Überblick über »Die Medizin in 100 Jahren«, wobei er unter anderem zum Teil fordernd feststellt: »Vor allem wird die Mutter in die Lage versetzt werden müssen, ihr Kind zu ernähren. In die materielle Lage. Ist das der Fall, dann wird der Tod nicht mehr drohend an der Wiege stehen, so wie jetzt, wo die Kindersterblichkeit Ziffern aufweist, die ein flammendes Dokument für den Tiefstand unserer Menschlichkeit sind.«

Er ist überzeugt, daß das Geschlecht von 2009 seine Lungen weiten wird »und die köstliche Luft einatmen, die nebstbei von keinen Millionen von Schloten entqualmenden Rauch mehr verpestet sein wird, so daß auch in den Städten die Luft schon eine andere sein wird als heute.« Den Chirurgen prophezeit Professor Lustig: »Die Chirurgie, die in unserer Zeit auch an Wunder grenzende Fortschritte gemacht hat, wird von keiner Unglaublichkeit mehr zurückschrecken. So wie wir heute schon Herzwunden vernähen können, so wie wir aus unseren Schlagadern Stücke ausschneiden und neue einsetzen können, so wie wir gewisse Organe heute schon aus unserem Körper entfernen und durch fremde ersetzen könne, so wie wir sogar gewisse Hirnteile entfernen können, ohne Schaden zu verursachen oder gar den Tod herbeizuführen, so wie wir heute schon fremde Knochenstücke mit neuen ›vernieten‹ und sie zu unseren machen können, so wie wir unserem Magen eine neue Magenhaut einnähen können, so wird man später nahezu alle Organe und Gliedmaßen umtauschen und durch andere zu ersetzen vermögen.«

Der Charakter des künftigen Krieges

Regierungsrat Rudolf Martin trifft in seiner erstaunlichen Prognose »Der Krieg in 100 Jahren« bereits vor dem Ersten Weltkrieg das, was sich Mitte unseres Jahrhunderts ereignete. Er schrieb: »Die Kriegführung in hundert Jahren wird sich von der Kriegführung der Gegenwart weit mehr unterscheiden als diese von der Kriegführung vor der Erfindung des Schießpulvers.« Konkret zeigt er auf: »Die Technik der Motorluftschiffahrt, der Unterseeboote, der drahtlosen Telephonie und Telegraphie und wahrscheinlich auch der drahtlosen Übertragung von Starkstrom wird neben der Fortbildung der Sprengmittel, der Artillerie und der Schutzvorkehrungen den Krieg vollkommen umgestalten und eine weitgehende Entwicklung auf die Politik ausüben ... Besonders aber wird die Motorluftschiffahrt die gesamte Kriegführung umgestalten ... Je mehr Motorluftfahrzeuge eine Großmacht besitzt, um so stärker ist sie ... Der größte

Unterschied, abgesehen von der Motorluftschiffahrt selbst, zwischen der heutigen Kriegführung im Jahre 2009 ist vielleicht darin zu finden, daß der Krieg nicht an den Grenzen des feindlichen Landes beginnt, sondern sofort tief in das Innere hineingetragen wird.«

Er weist bereits darauf hin: »Der Charakter des künftigen Krieges wird schon durch die Tatsache ein verändertes Aussehen haben, daß die feindlich gegenüberstehenden Kriegsmächte andere geworden sind, als wir aus der Geschichte der letzten tausend Jahre gewohnt sind.« Er spekuliert: »Sämtliche europäische Staaten, keinen ausgenommen, bilden in hundert Jahren eine Staatengemeinschaft, welche den gegenseitigen Krieg ebenso ausschließen, wie heute etwa ein Krieg zwischen dem Königreich Bayern und dem Königreich Preußen oder dem Deutschen Reiche unmöglich ist.« Seine Bilanz ist jedenfalls: »Die Marine, die Infanterie und Artillerie verloren mehr und mehr ihre Bedeutung für den Krieg, nachdem die Kavallerie schon um das Jahr 1950 fast ganz verschwunden war. Im Jahr 2009 genügt es, ein guter Aeronaut zu sein, um als tüchtiger Soldat mit Erfolg kämpfen zu können.« Der Regierungsrat hat sich nur um einige Jahrzehnte geirrt.

Die Friedensherrschaft

Seinen Ausführungen stellt die Nobelpreisträgerin Bertha von Suttner ihre Betrachtung »Der Frieden in 100 Jahren« gegenüber. Sie berichtet über einen Vortrag des »berühmten brasilianischen Geschichtsprofessors« Dr. Pedro Diaz, den dieser am 1. März 2009 unter dem Titel »Die moderne Friedensherrschaft und ihre historische Entwicklung« in der »Sorbonne von Europa« auf einem Schweizer Hochplateau hielt. In ihm sagte er: »Der Rüstungswahnsinn war um diese Zeit (wobei er auf das Jahr 1908 hinwies) schon zum Paroxismus gestiegen. Jedes Land war ein bewaffnetes Lager; was immer der menschliche Genius auf technischem Gebiet erfand, wurde in den Dienst der Massentötung gestellt; die Lasten der Heeres- und Flottenbudgets und der daraus entspringenden Steuern- und Schuldenerhöhungen waren so drückend geworden, daß man schon an der Grenze des Unerträglichen stand, und doch war die Losung immer nur: Weiterrüsten.«

ABB. 24: *Die Nobelpreisträgerin Bertha von Suttner (1843–1914) beschrieb den Weg vom »Rüstungswahnsinn« zur »Friedensherrschaft«. Ihr Beitrag findet sich unter anderen verblüffenden Prognosen und bemerkenswerten Wunschträumen in dem 1909 erschienenen Buch »Die Welt in 100 Jahren«.*

QUELLE: *Archiv f. Kunst u. Gesch.*

Bertha von Suttner läßt den brasilianischen Professor aber auch feststellen: »Dem gewissenhaften Historiker offenbart sich die Erkenntnis, daß damals unsere heutige kriegslose Weltordnung schon in Bildung begriffen war, daß alle ihre moralischen und materiellen Voraussetzungen bereits gegeben waren, von vielen erkannt, von der Masse unbemerkt; und daß tausend Kräfte – selbst die scheinbar in der entgegengesetzten Richtung tätigen – sich in der Entwicklungslinie bewegten, die zur modernen Friedensherrschaft geführt hat.«

Sie läßt ihn hinzufügen: »Immer enger knüpfte sich das Netz der internationalen Interessen. Die Mächte schlossen Ententen, um die zwischen ihnen schwebenden Streitfragen aus der Welt zu schaffen; solche Freundschaftsbündnisse, mit der Spitze gegenüber niemand – dehnten sich von einem Land zum anderen und von einem Kontinent zum anderen.« Gewiß einer der Wunschträume der Nobelpreisträgerin, die auf die selbstgestellte Frage: »Auf welchen Grundlagen beruht unser Friedensregime?« im Jahre 1909 die Antwort gibt: »Einmal auf der einfachen Unmöglichkeit, Kriege zu führen. Wir sind im Besitze von so gewaltigen Vernichtungskräften, daß jeder von zwei Gegnern geführte Kampf nur Doppelselbstmord wäre. Wenn man mit einem Druck auf einen Knopf, auf jede beliebige Distanz hin, jede beliebige Menschen- und Häusermasse pulverisieren kann, so weiß ich nicht, nach welchen taktischen und strategischen Regeln man mit solchen Mitteln ein Völkerduell austragen könnte.« Sie ergänzt diese keineswegs unaktuell gewordene Erkenntnis mit dem Hinweis: »Jahrtausendelang hat man seine Ansichten und seine Taten auf das Recht des Stärkeren gegründet und sich dabei – als man Naturwissenschaft studiert hatte – auf den ›Kampf ums Dasein‹ berufen und alle Entwicklung durch das Auffressen der Kleinen durch die Großen erklärt. Erst später ist man zu der Erkenntnis gekommen – und unter diesem Einfluß leben wir heute –, daß der eigentliche Faktor in Natur und Gesellschaft, der zu höheren Formen führt, die *gegenseitige Hilfe* ist.«

Neben diesen Beiträgen werden in dem Werk noch 22 Aufsätze mit Prognosen und Wunschträumen aufgezeichnet. Und was wir heute nicht für möglich halten, sei nochmals erwähnt: Sie wurden alle 1909 veröffentlicht ...

Jeane Dixon – die erstaunlichste Prophetin unseres Jahrhunderts

Ihre Eltern, Emma von Graffee und Frank Pinckert, waren Deutsche, die ihre Flitterwochen in den USA verbrachten, wobei sich ihr Vater so in die »Neue Welt« verliebte, daß er Sack und Pack in Deutschland verkaufte und mit Frau und seinem kurz vor dem Waffenstillstand des Ersten Weltkriegs in einem Holzfällerdörfchen der USA geborenen Kind Jeane nach Kalifornien übersiedelte.

Eine Zigeunerin entdeckte bei der achtjährigen Jeane Pinckert die medialen Fähigkeiten und eine Gabe der Prophetie, als sie die Hände der Achtjährigen umdrehte und erklärte, daß sie noch nie solche Hände gesehen habe. Die Zigeunerin übergab dem Kind eine Kristallkugel mit den Worten: »In dieser Kugel wirst du wunderbare Dinge erblicken« und nannte das Kind »eine Seherin«. Jeane nahm die Kugel in ihre Hände, sah in der Kugel, woher die Zigeunerin stammte, erzählte es ihr und warnte sie, sich vor einer Verbrühung zu schützen. Die Zigeunerin bestätigte Jeane, daß sie aus einem so fernen Land käme, und als sich die beiden nach geraumer Zeit trafen, hatte die Zigeunerin verbundene Hände und gestand, daß sie sich mit kochendem Wasser verbrannt hätte.

Jeanes Mutter nahm diese seherische Gabe mit Gleichmut zur Kenntnis und meinte nur, wenn Gott ihr eine solche Gabe verliehen habe, so müsse sie diese auch »zugunsten alles Guten auf der Erde nützen«. Sie wußte auch, daß sich Jeane von ihren sechs Geschwistern grundsätzlich unterschied, und unterstützte indirekt ihren sechsten Sinn, denn sie hatte es selbst erlebt, wie Jeane einmal als kleines Kind von ihr verlangte, »mit einem schwarz umrandeten Brief« zu spielen, den sie nicht hatte, der aber zehn Tage später bei ihr eintraf, die Todesanzeige ihres Vaters aus Deutschland. Ein anderes Mal, als Jeanes Vater in Chicago geschäftlich zu tun hatte, sagte sie ihrer Mutter, daß Vater einen schwarzweißen Hund mitbringen würde,

ABB. 25: *Jeane Dixon (geb. 1918), eine der berühmtesten Wahrsagerinnen der Welt, prophezeite u. a. die Attentate auf John und Robert Kennedy, Mahatma Gandhi und Martin Luther King.* QUELLE: *dpa*

obwohl darüber nie gesprochen wurde. Tatsächlich brachte Vater Pinckert einen schwarzweißen Collie von der Reise mit. Als die Mutter Jeane fragte, wieso sie zu dieser Behauptung gekommen sei, erklärte ihr das Kind nur: »Ich sah, wie Vater das Tier kaufte.«

Dabei betrachtete Jeane die ihr geschenkte Kristallkugel nur als ein Spielzeug. Doch als die Schauspielerin Marie Dressler die Neunjährige besuchte, um sie zu fragen, ob sie eine Pension aufmachen solle, da sie als Schauspielerin keinen Erfolg habe, nahm das Kind die Kristallkugel, sah hinein und erblickte in ihr Hundert- und Tausenddollarnoten, eine Vision, die das Kind so auslegte, daß die Schauspielerin berühmt werden und viel Geld verdienen würde. Sie empfahl Marie Dressler, den Gedanken an die Gründung einer Pension aufzugeben und alle Kraft der Schauspielerei zu widmen. Frau Dressler widersprach, meinte, als Schauspielerin würde sie eines Tages verhungern. Das Kind erklärte ihr, daß in Amerika niemand hungern würde und sie Schauspielerin bleiben müsse. So geschah es, und Marie Dressler wurde ein berühmter Kinostar. Als sie dem Kind Dank sagen wollte, lehnte Jeane den Dank ab und erklärte: Marie Dressler würde auf jeden Fall berühmt geworden sein, die Vision in ihrer Kristallkugel habe nur dazu beigetragen, ihr über eine schwierige Zeit hinwegzuhelfen.

Auch den tragischen Tod des schönen Filmstars Carole Lombard, der Frau Clark Gables, durch einen Flugzeugabsturz hat Jeane »vorausgesehen« und die Schauspielerin vorher gewarnt, in den nächsten sechs Wochen ein Flugzeug zu benutzen. Carole Lombard ließ sich durch die Warnung nicht abhalten zu fliegen, um an einer Werbetournee für die Kriegsanleihe teilzunehmen. Sie stürzte mit dem Flugzeug ab.

Nur wie sie ihren Mann James L. Dixon kennengelernt hat, daran konnte sie sich später nicht erinnern, sondern meinte nur, daß sie bereits in ihrer Kindheit für ihn geschwärmt habe. Er besaß mit einem Partner eine der ertragreichsten Chevrolet-Agenturen in Los Angeles. Auch er konnte sich nicht erinnern, wo und wie sie sich kennengelernt hatten.

Eine flüchtige Berührung der Fingerspitzen

Ihre hellseherische Prophetiebegabung wurde durch die verschiedensten Umstände ausgelöst. So genügte oft »eine flüchtige Berührung der Fingerspitzen« eines Menschen, um ihm sein Schicksal vorauszusagen, auch hat sie nach einfacher Kenntnisnahme des Geburtstags eines Menschen ihm Fakten aus der Vergangenheit und Ereignisse aus seiner Zukunft mitgeteilt, obwohl sie diese Menschen nie gesehen hatte und nichts über sie wußte. Naturgemäß benutzte sie für ihre hellseherischen Voraussagen auch die ihr von der Zigeunerin geschenkte Kristallkugel. Jeane jedoch verließ sich am liebsten auf die Visionen, die ihr »zuflogen«. Diese Visionen hatten die verschiedensten Erscheinungsformen, die sie zum Beispiel ihrem deutschen Kindermädchen »Mama Koosey« erzählte und sich von ihr deuten ließ. Sie erzählte sie als gläubige Katholikin später auch einem katholischen Priester, der ihr zu anderen Deutungen verhalf. Diese Visionen unterschieden sich vollkommen von den Bildern, die ihr die Kristallkugel erschlossen hat.

Dies alles berichtet Ruth Montgomery in ihrem Buch »Ich sehe die Zukunft – Die Voraussagen der Jeane Dixon« und erzählt auch, wie sie eine attraktive, lebenslustige Bekannte mit Jeane zusammenbrachte, die der Bekannten sofort nach einem Handschlag warnend sagte, sie hätte ein Herzleiden und sei leicht ermüdbar und solle sich nicht zuviel zumuten. Ruth Montgomery war überzeugt, daß Jeane sich irre, weil sie sich nicht vorstellten konnte, daß ihre lebenslustige, so lebhaft und aktiv erscheinende Bekannte ein Herzleiden habe. Doch die Bekannte gab Jeane recht. Die Ärzte hätten sie in gleicher Weise aufgeklärt, und manchmal sei sie so schwach, daß ihr selbst das Atmen Schwierigkeiten bereite.

Bei einer Deutung des Lebens von Rhoda Montgomery, einer Schwägerin der Autorin des Buches, die Jeane nicht kannte, konnte sie ihre Vergangenheit und Zukunft genau voraussagen. Gelegentlich benutzte sie für solche Voraussagen ein abgegriffenes Kartenspiel, obwohl sie vom Kartenlegen keine Ahnung hatte, weil die Karten für sie ganz bestimmte Ausstrahlungen hatten. Sie sah darin nichts Besonderes, wie überhaupt in ihren Gaben, sondern empfand sie als ein Geschenk Gottes, der es ihr bei der Zeugung mitgegeben habe, damit sie mit diesen Gaben Gutes vollbringe.

Jeane verfügte aber nicht nur über die erstaunliche Gabe der Prophetie. Sie sang auch mit einer wohlklingenden Mezzosopran-Stimme, die sie im Alter von 22 Jahren als Maria Magdalena in Hollywood Bowl einsetzte. Sie wurde bei ihrem Bühnendebüt mit Blumen und Anerkennung überhäuft. Nur Jimmy Dixon, den sie damals – vor ihrer Hochzeit – lange nicht gesehen hatte, kam nicht, wie erhofft, zum Debüt. Dann spielte sie unter der Regie von Max Reinhardt eine Hofdame in Shakespeares »Sommernachtstraum«. Sie war nach der Vorstellung mit Freunden in einer Loge der Hollywood-Rennbahn verabredet, zu der sie sich, ohne sich abzuschminken oder ihr Kostüm zu wechseln, eiligst begab, dabei zu dem ersten Rennen schon zu spät kam. Weil das Pferd, auf das die Freunde Jeanes gesetzt hatten, verlor, baten diese sie, im zweiten Rennen auf ein Pferd ihrer Wahl zu setzen, obwohl Jeane noch nie auf ein Pferd gesetzt hatte. Als sie sich zu den Wettannahmestellen schob, stieß sie fast mit Jimmy Dixon zusammen, der sie in ihrem Theaterkostüm anstarrte und ausgerufen haben soll: »Aus dem kleinen Mädchen ist inzwischen eine Dame geworden!« Sie konzentrierte sich auf die Abgabe ihrer Wette und beachtete den früher so stark Begehrten nicht. Er soll jedenfalls bei dem Wiedersehen seinem Begleiter bekannt haben: »Das ist die künftige Mrs. Dixon.« Er rief am gleichen Abend bei Jeane an, bekannte, daß er geschieden sei, fragte sie, ob sie mit seiner Mutter und ihm am nächsten Abend essen wolle, und erhielt die sofortige Zusage. Jimmy Dixon nützte das Wiedersehn zu einer Blitzwerbung. Es dauerte nur fünf Wochen, bis Jeane und er in San Diego heirateten.

Der Krieg in Europa hatte vor ihrer Hochzeit bereits begonnen. Er warf seine Schatten auch auf die USA, und Jeane, die mit Henry Ford befreundet war und mit ihm oft spazierenging, sagte ihm voraus, daß er seinen einzigen Sohn Edsel überleben würde und daß der Ford-Fließbandproduktion ein Stopp von mehreren Jahren bevorstände. Ford glaubte ihr nicht. Beide Voraussagen trafen aber später zu. Ihren Gatten warnte sie, einen Flug nach Chicago anzutreten, da sie in ihrer Kristallkugel gesehen habe, wie ein Flugzeug in Flammen aufging. Es gab zwar eine heftige Auseinandersetzung der Eheleute, doch folgte Mr. Dixon der Warnung seiner Frau. Das Flugzeug, das er gebucht hatte, stürzte ab; kein Passagier überlebte.

Im Krieg widmete sich Jeane Dixon der Soldatenbetreuung, insbesondere den Verwundeten, denen sie Mut zusprach. Ihre Parole lautete: »Es geht jetzt nicht darum, was euer Land für euch tut, sondern was ihr für euer Land leisten könnt.« Ihre hellseherischen Fähigkeiten sprachen sich in Washington herum. Sie wurde von zahlreichen Persönlichkeiten gebeten, das sie erwartende Schicksal vorauszusagen. Vizepräsident Harry Truman sagte sie, nachdem sie seine Fingerspitzen berührt hatte: »Sie werden Präsident durch einen göttlichen Akt.« Zur großen Überraschung in den USA und zahlreichen Ländern wurde Truman tatsächlich Präsident der USA.

Die Beraterin des Präsidenten

Jeane Dixon wurde zweimal zu einer Aussprache mit dem Präsidenten Franklin Delano Roosevelt gebeten: das erste Mal im November 1944 und das zweite Mal Mitte Januar 1945. Beide Male fragte sie der Präsident das gleiche: »Wieviel Zeit bleibt mir noch, um mein Werk zu vollenden?« und »Bleiben wir weiterhin Bündnispartner von Rußland?« Nachdem sie seine Fingerspitzen berührt hatte, antwortete sie auf die erste Frage bei der ersten Begegnung: »Sechs Monate oder weniger.« Und bei der zweiten Begegnung krümmte sie Daumen und Zeigefinger, so daß ein kleiner Zwischenraum blieb und sagte: »So viel.« Der Präsident erwiderte gefaßt: »Das ist kurz.« Er starb am 12. April 1945 an einer Gehirnblutung. – Die Frage nach der Bündnispartnerschaft mit Rußland beantwortete Jeane Dixon mit einem klaren »Nein« und ergänzte die Aussage mit dem Satz: »Später werden wir noch einmal mit Rußland alliiert sein, aber erst wenn es gegen Rotchina geht.«

Roosevelt entgegnete: »China ist nicht rot! Wir haben keinerlei Streit mit China. Aber mein Gefühl sagt mir, daß wir uns mit Rußland vereinen müssen ... um zu überleben.« Jeane Dixon erwiderte ihm, nachdem sie ihre Kristallkugel eingehend betrachtet hatte: »Ich sehe, daß China kommunistisch und damit für uns das größte Problem überhaupt werden wird; in den Auslandsbeziehungen werden wir als nächstes große Schwierigkeiten mit Afrika haben.« Der Präsident widersprach ihr und betonte: »Ernsthafte Mißhelligkeiten mit Afrika erwarte ich nicht, dafür desto mehr mit Rußland. Es erscheint mir äußerst wichtig, daß wir die Verbindung mit Rußland aufrechterhalten.«

Bei der zweiten Begegnung, bei der sie Roosevelt schmal, hager und stark gealtert, aber »ganz gelöst« fand, ergab sich wieder ein Gespräch über das amerikanisch-russische Bündnis, in dem Jeane Dixon wörtlich feststellte: »Eines Tages werden wir uns mit Rußland gegen Rotchina verbünden. Aber das dauert noch länger als eine Generation.« Der Präsident kommentierte: »Dann habe ich mich also nicht geirrt? Letzten Endes werden wir zu Rußland stehen und Rußland zu uns?« Jeane Dixon antwortete: »Ja, wenn alles hinter uns liegt.«

Nachdem sie auch die Probleme der Rassenfrage als schwierige Probleme für Amerika besprochen hatte, bewegte Jeane Dixon eine Vision, in der sie sah, wie »Onkel Sam« (als Symbol der USA) einem anderen in die Tasche griff, etwas herausnahm und es einem dritten Land weitergab. Unter dem Eindruck dieser Vision sagte sie Roosevelt: »Geben Sie niemals an andere weiter, was uns nicht gehört. Geben Sie Rußland nichts, was nicht unser eigen ist.« Jeane Dixon fühlte, daß der Präsident andere Vorstellungen hatte und verfolgte, aber »ein kranker Mann« war. Heute wissen wir, daß dieser Begegnung die Konferenz von Jalta folgte, in der Roosevelt mit Churchill und Stalin ein Geheimabkommen abschloß, in dem sie bekanntlich Rußland die Herrschaft über einen Teil Deutschlands übergaben und, wie Ruth Montgomery festgehalten hat, »außerdem einen Teil seiner Industrie und der Reparationen, den Marinestützpunkt Port Arthur, die Kurilen, den nördlichen Teil von Sachalin und alle dazugehörigen Inseln«.

Auf einem Empfang des chinesischen Botschafters Wellington Koo und seiner Gattin an einem Oktoberabend des Jahres 1946 sprachen Besucher angeregt über die politische Zukunft der Welt, wobei einer von ihnen feststellte: »Es wird der Tag kommen, an dem wir gegen Rußland antreten müssen.« Jeane Dixon, die dies gehört hatte, mischte sich in die Unterhaltung ein. »Ich widerspreche Ihnen nur ungern«, erklärte sie, »aber ich sehe Amerika in Zukunft gegen Rotchina kämpfen und nicht gegen die Sowjetunion.« Sie erklärte auch gegenüber Frau Henderson, deren Gatte im US-Außenministerium die Nahostabteilung leitete und Geschäftsträger in Rußland gewesen war: »China wird kommunistisch werden.« Auch Frau Henderson widersprach und wurde erst durch den 21. September 1949 klar eines Besseren belehrt, als Tschiang Kai-schek mit seinen Truppen das Festland verließ, wodurch China kommunistisch wurde.

Selbst die Teilung Indiens hat Jeane Dixon im Jahre 1946 auf einem der zahlreichen Botschafterempfänge dem indischen Militärattaché in Washington zwei Jahre bevor sie eintrat, vorausgesagt. Sie sagte ihm auch, daß er Indien verlassen würde und ihm »auf der anderen Seite« eine glänzende Karriere bevorstünde. Er verließ tatsächlich Indien und machte in Pakistan eine rasche Karriere. M. A. H. Ispahani, der erste pakistanische Botschafter in den USA, und M. Asaf Aris, der Botschafter Indiens in Washington, stellten ihr die Frage: »Was wird aus Kaschmir?« Sie antwortete, daß die Kaschmir-Frage ein viele Jahre sich hinziehendes Problem sei, das mit Kämpfen und Blutvergießen verbunden wäre. Sie sah auch den Krieg zwischen Indien und Pakistan voraus, der erst im Januar 1949 durch Vermittlung der USA beendet wurde.

Verblüffend bleibt, was Jeane Dixon, die sich immer als unpolitischen Menschen bezeichnete, zu zahlreichen politischen Ereignissen und Tragödien voraussagte. So meinte sie, daß der politisch-religiöse Aufruhr in Irland (wobei sie auf die wirtschaftlichen Gegebenheiten nicht hinwies) noch eine Zeitlang weiterschwelen und dann abebben würde. »Enden wird der Aufruhr erst dann, wenn der Einfluß gewisser, scheinbar aus Frömmigkeit handelnder amerikanischer Gruppen ausgeschaltet worden ist; der genaue Zeitpunkt ist mir freilich nicht bekannt.«

Zu den kriegerischen Auseinandersetzungen im Mittleren Osten erklärte sie schon vor Jahren: »Die Vereinten Nationen und andere einflußreiche Staatsmächte werden sicherlich darauf dringen, daß es endlich zu einer friedlichen Lösung zwischen Arabern und Israel kommt; ich kann indessen nur eine konstante Fortdauer der Streitigkeiten in diesem Teil der Welt erkennen. Frieden zwischen diesen beiden kriegführenden Ländern liegt noch in weiter Ferne. Die bestehenden Konflikte werden sich erst nach dem großen Erdbeben beruhigen, von dem Jerusalem eines Tages betroffen wird.«

Visionär beschrieb Jeane Dixon eine zukünftige »Bakterien-Kriegführung«, in deren Verlauf »Tausende von Vögeln ihr Leben lassen müssen«. Einen Eroberungskrieg Rotchinas sagte sie für die Jahre 2025 bis 2037 voraus, in dem eine Invasion Westeuropas nicht stattfinden würde, aber weite Teile der nördlichen Sowjetunion und der skandinavischen Länder besetzt werden dürften.

Im Sommer 1947 sagte sie ihrem Mann und einem seiner Freunde: »Mahatma Gandhi wird im Laufe der nächsten sechs Monate ermordet werden.« Ein fanatischer Hindu ermordete Gandhi knapp sechs Monate später. Den Freitod Marilyn Monroes hat Jeane Dixon bereits Anfang 1961 vorausgesagt. Das gleiche trifft für den Absturz des Flugzeugs von Dag Hammarskjöld und seinen dabei erfolgten Tod zu.

Eine erschütternde Vision

Am bekanntesten aber wurde Jeane Dixon durch ihre Voraussagen der Ermordung der beiden Kennedy-Brüder, des Präsidenten John F. Kennedy und des ehemaligen Justizministers Robert Kennedy, sowie der Ermordung Martin Luther Kings.

Bereits im Jahre 1952 – elf Jahre vor der Ermordung Präsident Kennedys – hatte sie bei ihrer Morgenandacht in der St.-Matthew-Kathedrale »eine erschütternde Vision«. Sie »sah« das Weiße Haus »in strahlendem Glanze«, darüber stand die Jahreszahl 1960, und eine dunkle Wolke löste sich aus den Zahlen. Vor dem Weißen Haus stand ein junger, hochgewachsener, blauäugiger Mann. Eine innere Stimme sagte ihr, der junge Mann gehöre der Demokratischen Partei an, würde 1960 zum Präsidenten der USA gewählt und während seiner Präsidentschaft »eines gewaltsamen Todes sterben«. Vier Jahre später wurde Jeane Dixon von zwei Journalisten der

Zeitschrift »Parade« interviewt, denen sie erklärte: »Ein blauäugiger, 1960 gewählter Präsident aus den Reihen der Demokraten wird ermordet werden.« Dieses Interview erschien am 11. März 1956. 1960 wurde John F. Kennedy, der junge Mann ihrer Vision, zum Präsidenten der Vereinigten Staaten gewählt. Die schwarze Wolke über dem Weißen Haus aber sah Jeane Dixon noch mehrfach. Als Kennedys Sohn Patrick im Sommer 1963 starb, wurde sie gefragt, ob dieser Tod wohl die schwarze Wolke über dem Weißen Haus bedeuten könne. Sie antwortete, daß dies nicht der Fall sein könne, denn sie habe einen großen Sarg gesehen, der ins Weiße Haus getragen wurde. Dies bedeute für sie, daß der Präsident woanders ermordet und aus Anlaß der Staatstrauer ins Weiße Haus gebracht wurde. Eine zweite Vision erzählte sie im Oktober des Jahres 1963 Dr. F. Regis Riesenmann, einem bekannten Psychiater und Parapsychologen bei einem Abendessen. Danach hatte sie ganz deutlich gesehen, wie zwei schwarze Hände den Namen Lyndon B. Johnson von der Tür des Vizepräsidenten entfernten. Am 17. November 1963 fuhr Jeane Dixon mit ihrer Freundin Eleanor Bumgardner zu einem Dinner in einem Außenbezirk von Washington. »Sie machte einen völlig abwesenden Eindruck, war mit ihren Gedanken offenbar ganz woanders«, erzählte später Frau Bumgardner Freunden. Auf die Frage nach dem Grund ihrer geistigen Abwesenheit habe Jeane ihr damals gesagt: »Ich bin nicht imstande, meine Gedanken vom Weißen Haus abzulenken. Wo ich gehe und stehe, überall sehe ich das Weiße Haus und darüber eine dunkle Wolke, die sich darauf niedersenkt. Es wird sich sehr bald etwas Tragisches ereignen.«

Bereits Wochen vorher, im Oktober 1963, hatte Jeane Kay Halle, eine gute Bekannte und frühere Mitarbeiterin von Präsident Kennedy, äußerst aufgeregt aufgesucht und gebeten, den Präsidenten zu warnen, eine von ihm beschlossene Reise in den Süden, nach Dallas, nicht anzutreten, da ihm diese Reise zum Verhängnis werden würde. Kay Halle kannte Jeane Dixon nur flüchtig, wußte zwar um ihren Ruf als Hellseherin, wagte es aber nicht, Kennedy eine »so mysteriöse Warnung zu unterbreiten«. Sie versprach zwar Jeane Dixon, den Präsidenten zu informieren, konnte sich aber dazu nicht entschließen, da sie überzeugt war, daß Kennedy sie nur ausgelacht hätte, wenn sie ihm die Warnung von Jeane Dixon überbracht hätte.

Drei Monate nach der Ermordung John F. Kennedys sagte Jeane Dixon sowohl Kay Halle wie ihrer Freundin Ruth Montgomery: »Die Pechsträhne, welche die Kennedys zur Zeit haben, ist noch nicht zu Ende. Ich sehe noch ein anderes Ereignis heraufziehen, das ein weiteres männliches Mitglied der Familie Kennedy betrifft.« Am Morgen des 19. Juni 1964 teilte sie ihrer Bekannten Mary Alice Stork, der Gattin eines ehemals hohen Regierungsbeamten, mit, daß das weitere tragische Ereignis in der Familie Kennedy »unmittelbar bevorstehe«. Sie sagte Mrs. Stork auch, daß es sich um Senator (Teddy) Edward Kennedy handele, der in den nächsten zwei Wochen kein Privatflugzeug besteigen solle. Am nächsten Morgen meldeten die Zeitungen, daß der Senator bei einem Flugzeugunglück schwer verletzt worden sei.

Zu den spektakulären Voraussagen Jeane Dixons gehört die Ermordung Martin Luther Kings am 4. April 1968. Bereits im Jahre 1960 sagte sie Freunden und ihrem Mann: »Sein Wirken ist 1968 beendet.« In dem Buch von René Noorbergen – in dem noch über zahlreiche andere Vorhersagen berichtet wird – wird sie selbst mit folgender Äußerung zitiert: »Meine Kenntnis über den Fall Martin Luther King empfing ich nicht durch eine Offenbarung, sondern durch telepathische Übermittlung.« Am Montag der schicksalhaften Aprilwoche war sie bei Frank W. Boykin, dem ehemaligen Kongreßmitglied aus Alabama im Dachrestaurant des Washington Hotels zum Lunch eingeladen. Er hat die Gespräche in einem Bericht festgehalten, weil er sehr beunruhigt war, daß Martin Luther King sein Kommen nach Washington angesagt hatte und Boykin befürchtete, daß King wieder Protestmärsche von Tausenden Menschen organisieren würde. Diese Sorgen teilte er auch Jeane Dixon mit. Sie aber berührte nur seine Hand und sagte: »Machen Sie sich keine Gedanken, Frank, Martin Luther King wird nicht in Washington einziehen . . . er wird einem Attentat zum Opfer fallen, bevor er hierher kommt. Man wird ihn mit einem Genickschuß niederstrekken.« Ungläubig und erschrocken widersprach Frank Boykin. Sie aber wiederholte tief bewegt: »Nach Washington wird er nicht mehr kommen. Er wird vorher erschossen werden – und der nächste ist Robert Kennedy!« Am 4. April hat sich die Vorhersage von Jeane Dixon über die Ermordung Martin Luther Kings bestätigt.

Auch Robert Kennedy wollte nicht auf sie hören

Die Ermordung Robert F. Kennedys wurde Jeane Dixon in »mancherlei Visionen« angekündigt. Sie erklärte: »Ich ›sah‹ förmlich, daß er sterben würde ... Trotz alledem wurde mir Klarheit darüber gegeben, daß er selbst sein Leben hätte verlängern können, wenn er auf mich gehört hätte ...« Sie bewertete die mögliche Ermordung des zweiten prominenten Kennedys als tragische Fortsetzung der Geschichte des biblischen Hiob. Sie wollte bereits am 13. September 1967 – also lange bevor sie den Ausspruch gegenüber Frank Boykin machte – Robert Kennedy über die Gefahr, in der er sich befand, warnen. Sie bat James Fahey, den Verfasser des »Kriegstagebuch aus dem Pazifik«, dem sie ihr Buch »Ich sehe die Zukunft« mit einer Widmung für Kennedy mitgab, ihr ein Gespräch mit Kennedy, den er gut kannte, zu vermitteln. Fahey berichtet, was sich bei dem Vermittlungsbesuch abspielte. Als Kennedy ihn fragte: »Liegt irgend etwas Besonderes vor, was ich für dich tun kann?«, antwortete er unter anderem: »Jeane Dixon bittet mich, dir ihr Buch mit Widmung zu überbringen; ich soll dir sagen, daß sie dich unbedingt sprechen muß!« Dieser Satz schlug bei Robert Kennedy »wie eine Bombe ein«. Die Nachricht hatte ihn tief getroffen. Er gab keine Antwort, bis Fahey ihn verließ und Jeane Dixon über die Reaktion Kennedys informierte. Sie gab aber keinen Kommentar dazu ab.

Im Januar 1968 hielt Jeane Dixon einen Vortrag in Miami Beach. An seinem Ende wurde sie von Zuhörern gefragt: »Wird Robert Kennedy Präsident der Vereinigten Staaten?« Sie antwortete klar und deutlich: »Nein, er wird nie Präsident der Vereinigten Staaten werden.« Am Abend fanden sich bei ihr eine Reihe von Bekannten und Freunden ein. Unter ihnen war Jim Matthews, der Präsident der Tropps-Drive-in-Restaurants von Washington, der später einen Bericht über diesen Abend niederschrieb. Darin schildert er, daß Jeane

Dixon u. a. sagte: »Ich gebe Ihnen jetzt mehr Einzelheiten über meine Vorhersage für Senator Kennedy bekannt. Er wird nicht Präsident, weil er im Juni dieses Jahres in Kalifornien Opfer eines Attentats wird. Ihn erreicht das gleiche Schicksal wie seinen Bruder John.«

Die Morgenausgabe der Zeitung »Mobil« in Alabama brachte am 20. Februar 1968 einen Artikel mit der Schlagzeile: *Jeane Dixons Vorhersagen sind selten positiv! Bobby abgemeldet*, in dem es hieß: »Washingtons Seherin Jeane Dixon prophezeite vor einer ergriffenen Menge – es waren über 5000 Leute erschienen – am Montagabend, Senator Robert Kennedy werde niemals zum Präsidenten gewählt werden.« Dabei ist bemerkenswert, daß Kennedy seine Präsidentschaftskandidatur erst im März 1968 bekanntgab.

Jeane Dixon wiederholte am 29. März 1968 ihre Vorhersage gegenüber ihrer Freundin Mia Whitehead anläßlich eines Vortrages in Fort Worth: »Man wird ihn niederschießen, wenn er nach Kalifornien kommt.«

Jeane versuchte auch mehrfach, Frank Boykin mit dem Hinweis auf die Ermordung Robert Kennedys zu warnen. Boykin mußte feststellen: »Er (Robert Kennedy) aber hörte auf keinen Menschen. Er tat allein das, was er für richtig hielt.«

Als Jeane Dixon am 28. Mai 1968 im großen Festsaal des Ambassador-Hotels in Los Angeles einen Vortrag hielt, spürte sie »die Gewißheit«, daß Robert Kennedys Ermordung in diesem Hotel erfolgen würde, und sagte es auch mehreren ihrer Besucher. Als sie den Durchgang zur Küche betrat, erklärte sie sogar: »Hier ist der Ort, wo man ihn niederstrecken wird – Robert Kennedy! Ich sehe ihn, wie er blutüberströmt zu Boden fällt.« All ihre Vorhersagen trafen am 5. Juni 1968 ein.

Auch für Ereignisse in ihrem privaten Bereich verfügte Jeane Dixon über ein kaum glaubliches Sensorium. So spürte sie den Tod ihrer Mutter, die sie völlig gesund verlassen hatte, und den Tod ihres Vaters, der fern von ihr in Kalifornien lebte, unmittelbar, als sich die tragischen Ereignisse vollzogen, und teilte sie ihrem Mann mit.

»Alles hängt von eurer Beziehung zu Gott ab«

Besonders bemerkenswert an Jeane ist aber wohl, daß sie niemals Geld oder Geschenke für ihre Voraussagen annahm. Sie war sogar überzeugt, daß sie ihre Fähigkeiten verlieren würde, wenn sie etwas annähme. Sie sorgte für arme, alte Menschen, brachte ihnen Essen, und wenn sie in einem Testament bedacht wurde, gab sie das Erbe anderen. Honorare, die ihr aufgedrängt wurden, spendete sie der Gesellschaft »Kinder für Kinder«, einer Vereinigung, die sich um die materielle Unterstützung vor allem bedürftiger Kinder bemüht, oder auch anderen Wohlfahrtseinrichtungen. Der Journalist René Noorbergen zeichnete in dem Buch »Leben und Prophezeiungen der Jeane Dixon« auf, was Jeane ihm wörtlich gesagt hat: »Vor allem aber tue ich alles, Menschen in der Weise zu helfen, daß sie sich selbst helfen können. Ein jeder von uns muß von sich aus seine persönlichen Gaben entdecken und sie zu entfalten versuchen.« In diesem Werk wird auch ausführlich dokumentiert, daß Jeane Dixon zu den besonders gläubigen Menschen gehört, insbesondere wenn sie in einem eigenem Kapitel »Beten« u.a. erklärt: »Alles hängt von eurer Beziehung zu Gott ab« und: »Gott ist dort, wo immer wir ihn suchen.« Über die Bedeutung des Gebets sagte sie: »Beten ist Leben der Seele: Im Gebet läßt sich der Sinn für die Heiligkeit und Güte Gottes verfeinern, und mit dem Beten ist über unser persönliches Gebet hinaus auch das Gemeinschaftsgebet in Gottesstätten und Tempeln gemeint.«

Jeane Dixon betonte immer wieder, daß sie ihre einzigartigen Fähigkeiten allein Gott zu verdanken habe. Sie bekannte schließlich: »Ich tue ausgesprochen gern, wozu Gott mich erschaffen hat, und so ermuntere ich auch meine Mitmenschen dazu, ihrerseits zu entdekken, wozu Gott sie erschaffen hat.«

Bei aller tiefen Gläubigkeit befaßte sich Jeane Dixon durchaus mit sehr weltlichen Fragen und Problemen. So war sie unter anderem überzeugt, daß eines Tages eine Frau Präsidentin der USA werden würde. Für die Welt der Materie sagte sie ein Jahrzehnt des Fortschritts voraus, das sich auch darin manifestieren würde, »ein umfassender Durchbruch auf dem Gebiet der Triebkraft – wobei man sich magnetische und kosmische Kräfte nutzbar machen wird – es uns ermöglichen wird, ohne Schwierigkeiten weit entfernte Planeten anzusteuern«, daß ferner »Meeresfrüchte und -nahrung positiven Einfluß auf unsere Ernährungsweise« haben werden. Ferner, daß sich die Elektronik »weit über kühnste Vorstellungen hinaus« entwickeln werde, daß die Herstellung von Material »künftig unter weit verbesserten physikalischen Gegebenheiten, besonders auf dem Gebiet der Leitwissenschaften, der Isoliertechnik, der Magnetwissenschaft und der Bautechnik« erfolgen werde und daß die Fortbildungsinstitutionen ihre Studienpläne auf Steigerung der Qualität ausrichten werden, »so daß sich auch die Kapazität des menschlichen Hirns auf die neuartige technologische Wissenschaft einstellen kann«.

Allerdings betonte sie im gleichen Zusammenhang für alle Voraussagen, daß sie sich »nicht unabdingbar« so abspielen müßten – »vorausgesetzt, die Menschheit wendet sich wieder Gott zu«. Sie forderte und analysierte konsequent: »Ein Großteil der Gefahren wird einmal durch unser Streben nach materialistischen Zielen heraufbeschworen, andererseits durch die Indolenzen gegenüber der Gefahr ... Es ist unsere Pflicht, einmal innezuhalten und uns darauf zu besinnen, wozu wir im Grund geboren sind und wohin der Weg führt; nur auf diese Weise können wir Positives erdenken, mit dem Ziel eines besseren allgemeinen Aufbaus und eines weiteren Horizonts. Wenn wir diesen Vorsatz nicht fassen, sind wir verloren.«

Ihre Freundin Ruth Montgomery, die ihr erst sehr kritisch gegenüberstand, vermerkt im Nachwort ihres Buches, daß Jeane »vereinzelt Vorhersagen machte, die nicht eintrafen«, zum Beispiel daß Rotchina 1958 einen Weltkrieg entfachen oder daß der amerikanische Gewerkschaftsführer Walter Reuter sich 1964 um die Präsidentschaft bewerben würde. Sie kommentiert diesen Tatbestand mit den Worten: »Die Schuld an diesen Irrtümern gibt sie sich selbst, da sie überzeugt ist, daß die Zeichen, die ihr erschienen, richtig waren, sie diese jedoch falsch gedeutet hat.«

Probleme der Prognosen

Seit vielen Jahren ist die Problematik von Prognosen zur Entwicklung der Politik, Wirtschaft oder auch des Klimas bekannt. Trotzdem wurden und werden immer wieder Prognosen aufgestellt, an die zu erinnern sich lohnt. So soll der kanadische Politiker und Wissenschaftler L. B. Pearson bereits in den dreißiger Jahren unseres Jahrhunderts die Erschöpfung aller Erdölquellen für das Jahr 1945 vorausgesagt haben. Heute wissen wir, daß neuentdeckte Erdölvorkommen ein genau datierbares Ende der Erdölvorräte nicht prognostizieren lassen.

Die Sehnsucht der Menschen, mehr von dem zu wissen, was kommen wird, ist uralt. Wir brauchen nur an die griechischen Orakel und die römischen Auguren zu denken, die aus den Eingeweiden geschlachteter Tiere die Zukunft vorauszusagen versuchten. Inwieweit im Altertum oder auch noch im Mittelalter Prognosen zutrafen oder sich als falsch erwiesen, ist kaum bekannt. Hingegen wissen wir über das Schicksal verschiedener, insbesondere wirtschaftlicher Prognosen aus dem 20. Jahrhundert Genaueres. Das Institut der deutschen Wirtschaft hat die Prognostik sogar als »seriöses Geschäft« bezeichnet und erklärt: »Ratio statt Okkultismus heißt ihre Devise.« Der Europarat hat ein 685 Seiten umfassendes Verzeichnis herausgegeben, in dem die Namen von privaten, öffentlichen, gemeinnützigen oder gewinnorientierten Instituten und internationalen Organisationen aufgeführt sind, die sich in Europa mit Langzeit-Prognostik befassen.

Besonderes Aufsehen erregte die vom Club of Rome 1972 veröffentlichte Prognose über die »Grenzen des Wachstums«. Sie wurde vom renommierten Massachusetts Institute of Technology (MIT) erstellt, und eine ihrer Prognosen lautete, daß zahlreiche Rohstoffe bald erschöpft sein würden und allein dadurch dem Wachstum der

Wirtschaft deutliche Grenzen gesetzt wären. So sollte Zinn nur noch maximal 15 Jahre, Kupfer 21 Jahre, Nickel 53 Jahre und Chrom 95 Jahre reichen. Dabei wurde die Entdeckung neuer Rohstoffquellen, die mögliche Einsparung von Rohstoffen und die weltweite Entwicklung des Recyclings weitgehend übersehen.

Der Wiener Industrielle Dr. Wolfgang Berger konnte bereits im März 1987 darauf verweisen, daß sich die Reichweiten der Weltmetallvorräte erheblich verlängert haben, bei Zinn von 15 auf 41 Jahre, bei Zink von 18 auf 39 Jahre, bei Nickel von 51 auf 110 Jahre und bei Chrom sogar von 95 auf 364 Jahre. Er wies auch darauf hin, daß die Recycling-Quoten für Nickel 20 Prozent, für Kupfer 30 Prozent, für Aluminium 33 Prozent und für Blei 40 Prozent betragen. Diese Zahlen berücksichtigen noch nicht, daß auch die Zuwachsraten im Verbrauch einiger Metalle gesenkt werden konnten. So betrug der Nickelverbrauch in der zweiten Hälfte der sechziger und Anfang der siebziger Jahre jährlich 6 Prozent der Weltvorräte. Er sank jedoch bereits Ende 1973 und in den weiteren Jahren auf 1 bis 2 Prozent jährlich. Auch hat die Club-of-Rome-Prognose den Ölschock von 1973 und die mit ihm verbundene Preiserhöhung von Rohöl und Benzin ebensowenig vorausgesehen wie die zahlreichen Maßnahmen zur Einsparung des Erdöls, als die OPEC die Preise weiter in die Höhe trieb. Jedenfalls stellte der Wirtschaftsjournalist Michael Jungblut zur Prognose des Club of Rome fest: »Der Weltuntergang findet nicht statt«, und der Präsident der Weltbank McNamara schloß sich diesem Urteil an.

Allerdings wollen wir nicht übersehen, daß die Prognosen des Club of Rome vielleicht dazu beigetragen haben, daß nicht eingetreten ist, wovor die Prognosen warnten: Die Rohstoffanbieter änderten ihr Verhalten, ebenso die Rohstoffverbraucher, und die Erforschung und Erschließung mineralischer Rohstoffe erlebte einen regelrechten Boom. Schließlich vollzog sich in den Industrieländern die Wandlung von der Industriegesellschaft zur Dienstleistungsgesellschaft. Dies hatte unter anderem zur Folge, daß die Bedeutung der materialintensiven Branchen gegenüber den nicht materialintensiven Bereichen zurückging und so das wirtschaftliche Wachstum nicht allein vom Wachstum des Rohstoffverbrauchs abhing.

Walter Sies, der Generalbevollmächtigte der Frankfurter Metallgesellschaft, erklärte in den achtziger Jahren: »Wir sind schon längst keine Zeit der Materialhuber und der großen Schwungräder aus schwerem Messing mehr ... Im Zuge der Mikroelektronik und der Kunststoffe wird die gesamte Produktion immer lockerer, leichter und kleiner.« Besonders deutlich erweist sich dies beim Automobilbau, bei dem die US-Produzenten bis 1990 ein Viertel des Gewichts einsparen wollen. Es zeigt sich aber auch im Druckereigewerbe, wo der Fotosatz den Bleisatz ersetzt oder in der Nachrichten- und Datenübertragung, wo die Glasfaser das Kupferkabel verdrängt. In anderen Wirtschaftsbereichen ist es ganz ähnlich.

Nicht vergessen werden soll, daß diese Umstellungen für die Wirtschaft der Entwicklungsländer schwierige Probleme schaffen. Ihre Lösung und Entwicklung zu prognostizieren scheint kaum möglich. Hier zeigt sich, wo die Grenzen weltwirtschaftlicher Prognosen liegen und wie recht Prof. Vester hat, wenn er verlangt, bei der Lösung von wirtschaftlichen Aufgaben in Systemen und kybernetisch zu denken. Auch ist es zu hoffen, daß der Metallexperte Walter Sies mit seinem Optimismus recht behält, wenn er sagt: »Die Menschheit löst ihre Probleme nie lange im voraus, sondern immer erst dann, wenn sie auftreten. Und jetzt treten sie auf.«

Eine weitere Prognose des Hudson-Instituts, für die ihr Chef Herman Kahn Auftrag und Verantwortung übernahm, hat 1973 in Europa erhebliches Aufsehen erregt und Diskussionen ausgelöst. Es war eine mehr als 300 Seiten umfassende Langzeitstudie über die wirtschaftliche Entwicklung Frankreichs. In ihr wurde behauptet und prognostiziert, daß Frankreich bereits dynamischer als seine Nachbarn sei und der Franzose reicher wäre als der Deutsche. Außerdem verfüge Frankreich – abgesehen von Japan – über die zukunftsträchtigste Wirtschaft, sie sei in den letzten dreizehn Jahren um 20 Prozent schneller gewachsen als die deutsche, in den letzten sieben Jahren um 35 Prozent und in den letzten drei Jahren sogar um »weit mehr als 50 Prozent«. Konkret wurde prognostiziert, daß Frankreich 1980 den derzeitigen Lebensstandard der USA erreichen und zu den vier reichsten Staaten Europas gehören werde (die andern wären Schweden, die Schweiz und Dänemark). 1985 würde Frankreich

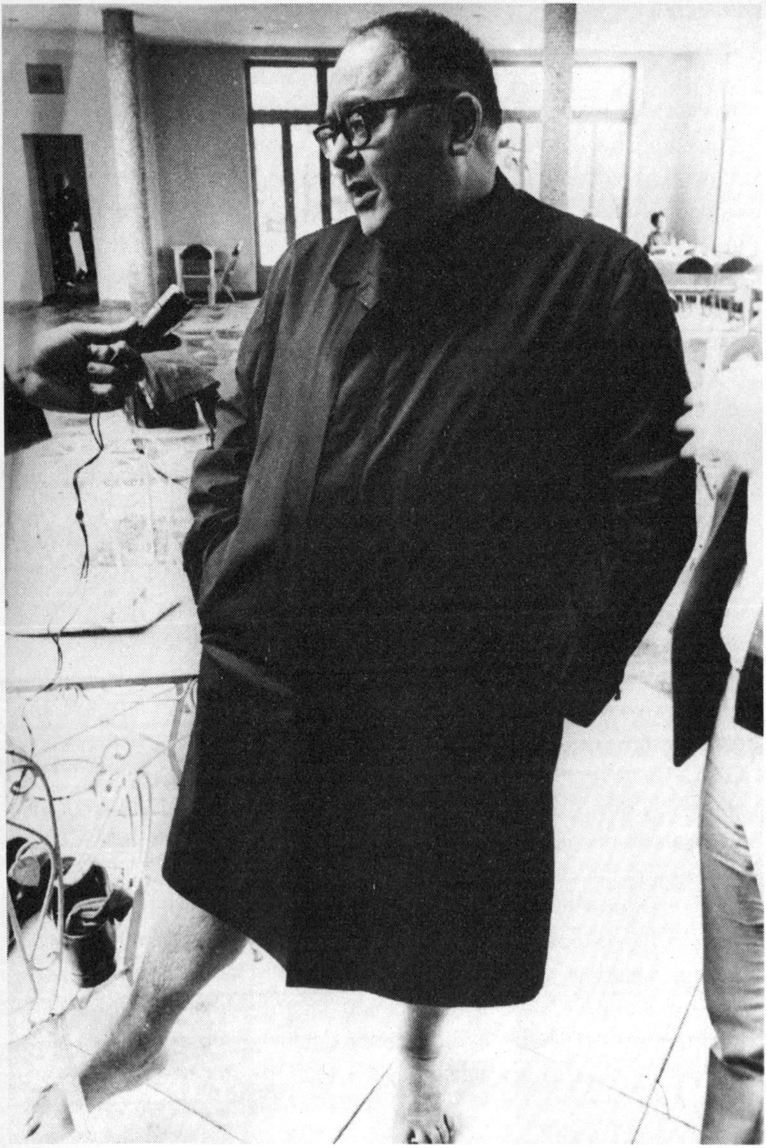

ABB. 26: *Herman Kahn (1922–1983), amerikanischer Futurologe. Seine Langzeitstudie über die wirtschaftliche Entwicklung Frankreichs erwies sich als »schlichter Unfug«.*

QUELLE: *Keystone*

auch in den absoluten Zahlen des Bruttosozialprodukts die Wirtschaft der Bundesrepublik übertroffen haben.

Herman Kahn galt als der Mensch mit dem höchsten Intelligenzquotienten. Er erregte in den fünfziger Jahren durch seine Prognose vom kometenhaften Aufstieg der japanischen Wirtschaft weltweites Aufsehen. Die Prognose über die wirtschaftliche Entwicklung Frankreichs wurde erheblich kritisiert, sogar in französischen Zeitungen. Im Kieler Institut für Weltwirtschaft erklärte der Wachstumsforscher Klaus-Werner Schatz, die Prognose sei »schlicht Unfug«. Die Tageszeitung »Die Welt« kommentierte die Prognose am 3. Februar 1973 mit den Worten: »Emissäre der deutschen Industrie haben in Paris ermittelt, daß die Untersuchung der Amerikaner vom französischen Kabinett in Auftrag gegeben und finanziert worden ist. Präsident Pompidou geht im März in eine Parlamentswahl, bei der ihm von seinen sozialistischen Gegnern nicht zuletzt auch soziale Versäumnisse vorgeworfen werden; wie schön unter diesen Umständen, wenn festgestellt ist, daß die Deutschen letztlich doch schlechter leben als Pompidous Landsleute.«

Prof. Karl Steinbuch, Nachrichtentechniker und Informationstheoretiker in Karlsruhe, hat die Schwierigkeit von Voraussagen an drei technischen Beispielen aufgezeigt: 1. 1876 hätte niemand eine treffende Voraussage über die Auswirkungen der Erfindung des Benzinmotors durch N. A. Otto in Köln machen können. 2. Das gleiche gilt für Prognosen im Jahre 1938 über die Entdeckung der Kernspaltung durch Otto Hahn und Fritz Straßmann. 3. Niemand konnte voraussehen, welche Folgen die 1941 erfolgte Konstruktion eines Computers durch Konrad Zuse haben würde. Steinbuch zog die Konsequenz: »Der Mensch wird immer außerstande sein, die Überfülle an Informationen aufzunehmen oder verständig auszuwerten. Deshalb muß er in aller Zukunft mit der Überraschung und dem Risiko leben.« Und er stellte weiter fest: »Man sollte sich eigentlich gar nicht mit ihnen (den Voraussagen) beschäftigen – nur: Man ist ständig auf sie angeweisen und muß trotz aller Bedenken mit ihnen arbeiten.« Und Rainer Nahrendorf, der stellvertretende Chefredakteur des Düsseldorfer »Handelsblatts«, zog bereits 1980 in einem Artikel »Prognosen – Glanz der Irrlichter« die Konsequenz:

»Häufig ist die Projektion, die sich selbst zerstört, die sich im nachhinein als Fehlprojektion erweist, die beste Projektion.« Er begründete das mit der Tatsache, daß sie Warnsignale für den Staat und die Tarifparteien enthalte, die sie zu vernünftigem Handeln veranlassen könne, was gewiß für die Veröffentlichung des Club of Rome zutraf.

Bleiben uns noch 100 Jahre?

Die Naturkatastrophen häufen sich: Vulkan-Ausbrüche, Erd- und Seebeben, Flutwellen und Hurrikane bisher unbekannter Stärke. Das Klima zeigt erratische Ausschläge: Dürre und Überschwemmungen, Schneemassen und Hitzeperioden.

Der Wald ist in vielen Regionen krank. Tierart auf Tierart stirbt aus. Öko-Systeme werden zerstört. Flüsse und Seen kippen um. Smog-Tote in London und Los Angeles. Ölpest in Nordsee und Mittelmeer. Fisch-Schwärme sind mit Krebs überwuchert. Vögel fallen tot vom Himmel. Der Kölner Dom zerbröselt. Jeder Tag ein neuer Umweltskandal in einer neuen Stadt.

Lange Zeit war der Mensch mit Blindheit geschlagen. Denn wie die Bevölkerungs-Explosion vollzog sich die Vergiftung des Planeten jenseits der optischen Wahrnehmungsgrenze des Menschen.« Mit diesen Feststellungen leitet Claus Jacobi das Kapitel »Übervölkerungs-Folge – Umweltzerstörung« seines faktenreichen Buches »Uns bleiben 100 Jahre« ein, das im gleichen Jahr fünf Auflagen erreichte.

Er ergänzt diese Feststellungen mit den uns immer mehr bewußt werdenden und doch kaum zu glaubenden Tatsachen: »Die Erde, die uns ernährt, ist weithin verdorben. Die Ozeane, in denen sich fast drei Viertel der irdischen Sauerstoffproduktionen vollziehen, sind zur Mülldeponie geworden – Atomabfälle eingeschlossen. Die Luft, die wir atmen, ist verschmutzt; das New York erreichende Sonnenlicht ist oft um 25 Prozent reduziert. Selbst auf dem Mond ließ der Mensch Abfall zurück, kaum daß er den fremden Himmelskörper betreten hatte.« Er erinnert daran, daß Thor Heyerdahl erzählte: »Beim Überqueren des Atlantiks segelten wird an 43 von 57 Tagen durch Öllachen.« Schließlich weist er darauf hin, daß Amerikas Industrie jedes Jahre etwa 200 Millionen Schadstoffe in die Luft bläst. »Und jeder Amerikaner produziert im Jahr eine weitere Tonne Müll – vom ausrangierten Auto bis zum Kleenex. Lungenemphyseme wurden bei Zigarettenrauchern des unter Smog leidenden St. Louis viermal so häufig festgestellt wie bei denen des smogfreien Winnipeg in Kanada.«

All diese Gefährdungen des Menschen, ja, die Überlebensgefahr führt Jacobi im wesentlichen auf die Bevölkerungsexplosion zurück, weil »jede Sekunde, jede Stunde, jeden Tag fast dreimal mehr Menschen geboren werden als sterben.« Er nennt dies ein übermächtiges Unheil, »gegen das niemand protestiert, demonstriert und randaliert.« Aldous Huxley sagte: »Ungelöst wird dieses Problem alle unsere anderen Probleme unlösbar machen.« Über diese Probleme berichtet Jacobi im Kapitel »Die Explosion in den Städten«, von denen laut Weltbankliste im Jahr 2000 bereits 25 über 11 Millionen Einwohner haben werden. Unter ihnen werden Mexico City mit 31 Millionen, São Paulo mit 25,8 Millionen, Tokio mit 24,2 Millionen und New York mit 22,8 Millionen Menschen sein. Selbst Delhi, Paris, Teheran, Istanbul und Osaka dürften mehr als 11 Millionen Bewohner beherbergen. Sie werden als Ballungszentren »nicht mehr Metropolen einer Hochkultur sein, sondern Brutstätten von Elend und Brutalität, Verzweifelung und Verbrechen«. Auch die weiteren Kapitel, die der Armut, dem Hunger, der Gewalt und der Atomkriegsgefahr gewidmet sind, zeigen Übervölkerungsfolgen auf, wobei erinnert werden soll, daß die WHO, die Weltgesundheitsorganisation der UNO, die Folgen eines Atomkrieges mit 1,1 Milliarden Toten geschätzt hat. Auch Rohstoffmangel, Umweltzerstörung, selbst die Schwierigkeiten des Regierens sind Auswirkungen der Übervölkerung, von der Jacobi schreibt: »Übervölkerung muß die Menschheit Zug um Zug entmenschlichen.«

Diesen Ausführungen stellt Jacobi Beobachtungen über die Lehren der Natur und die Bevölkerungspolitik im Tierreich gegenüber. So berichtet er unter anderem, daß bei 20 Paar Wanderratten, die in einem tausend Quadratmeter großen Rattenparadies lebten, kein Mangel, keine Feindschaft herrschten und nach zwei Jahren und drei Monaten nicht, wie zu erwarten war, 5000, sondern nur 150 Ratten das Paradies bevölkerten. Etwas anderes sah es bei einer Reiherkolo-

ABB. 27: *Mexico City, eine der am schnellsten wachsenden Städte der Welt. Laut Weltbankstudie soll sie im Jahr 2000 bereits 31 Millionen Einwohner haben.*

QUELLE: *Keystone*

nie und bei Kaninchen aus, die Thomas Austin 1859 aussetzte und von denen der französische Naturforscher Jean Dorst feststellte: »Eine glänzende Zukunft scheint den Nagetieren, den Ratten, den Kaninchen bevorzustehen, wenn ihre Fortpflanzung sich beschleunigt, wenn die Würfe in kürzeren Intervallen aufeinanderfolgen und ihre Völker in geometrischer Progression zunehmen. Dennoch erscheinen bald die ersten Symptome der Degeneration. Keine regelrechten Krankheiten, sondern gewisse Anzeichen einer tiefgreifenden physiologischen Störung, die möglicherweise mit dem Streß verbunden ist, den Übervölkerung an sich schon bedeutet. Die Bevölkerungszahl geht dann oft sehr schnell und auf dramatische Weise zurück: Nur einige wenige Einzeltiere überleben, um mühsam die Art zu erhalten.«

Als weiteres Beispiel zitiert Jacobi den Verhaltensforscher Vitus B. Dröscher, der bei seinen Arbeiten über »Bevölkerungspolitik in Tierstaaten« zwischen der »Normalphase« mit geringer Bevölkerungsdichte und der »Entartungsphase« der Übervölkerung eine Zwischenphase entdeckte, die er »Friodenphase« nennt. Dazu ein Beispiel: »Ein Höckerschwan-Paar beansprucht bei geringer Bevölkerungsdichte einen Uferstreifen von etwa 250 bis 500 Meter. Er wird vom Schwan notfalls mit Mord und Totschlag gegen jeden Eindringling verteidigt. Wird jedoch nicht nur ein Fremder, sondern werden gleich mehrere Eindringlinge in das Revier gesetzt, unterbleibt jeder Kampf. Alle brüten friedlich in einer Kommune. Wenn dann allerdings die Bevölkerungszahl noch weiter ansteigt, so folgt dieser Friedenphase die aggressive »Entartungsphase« der Übervölkerung. Das bis dahin vorbildliche Eheleben der Schwäne degeneriert. Untreue und Vergewaltigung, Inzest und Vernachlässigung der Brut dezimieren die Kolonie.« Jacobis Kommentar: »Erst Kampf um Privatbesitz, dann Frieden im Sozialismus, schließlich die Katastrophe? Was für Höckerschwäne gilt, muß nicht unbedingt für Menschen gelten.«

Jedenfalls verhalten sich die Tiere in ihrer Bevölkerungspolitik ungleich klüger als der Mensch. Durch innere Mechanismen verhindern Tiere ihre uferlose Vermehrung. So frißt der »Killerfisch« Guppy Millionen seiner Nachkommen, läßt aber genug übrig, um die

Art zu erhalten. Dröscher weist darauf hin, daß zum Beispiel Amseln ihre Bevölkerungspolitik bereits beim Eierlegen beginnen. Bei günstigen Umweltbedingungen legen sie bis zu fünf Eier, in Stadtvororten, die von Amseln übervölkert sind, jedoch nur zwei. Wenn man Vögeln gelegte Eier wegnimmt, legen sie weitere Eier und brüten sie aus, um die der Umwelt angemessene Eizahl wieder zu erreichen. Ähnlich wie bei der Fütterung der Nestlinge von Vögeln verhält es sich bei den Robben. Die Vögel füttern überwiegend das Jüngste und Schwächste, damit es beim ersten Ausfliegen mit den früher Geborenen mithalten kann. Wenn die Nahrung aber zu knapp ist, dann wird das Schwächste nicht hochgepäppelt, sondern dem Hungertod überlassen. Bei den Robben werden die Jungen nur auf einer der sechs fast gleich großen Inseln geboren und infolge der Dichte oft erdrückt, oder sie verlieren ihre Mütter im Gewimmel. Trotzdem gehen die Robbenmütter auf keine der anderen fünf Inseln, weil der Fischbestand auf der einen Insel, auf der die Robben geboren werden, ausreicht, um ihren Bestand zu erhalten. Bei bestimmten Fröschen und Fischen, sogar bei Mäusen vermindern gewisse Duftstoffe die Fruchtbarkeit. Bei Heuschrecken können sich Tausende von Tonnen schwere Schwärme entwickeln, die bisher kaum zu bekämpfen sind, aber als Massenheere in die Wüste fliegen, wo ihre ausschlüpfenden Larven keine Nahrung finden. Nur wenige Larven überleben, um die Art zu erhalten. Es ist bei all diesen Tieren, wie bei den Lemmingen, eine bemerkenswerte Selbstregulierung der Nachwuchsexplosion festzustellen.

Ausführlich schildert Jacobi die Probleme des Landes, in dem seit Beginn der Geschichte etwa ein Viertel der Menschheit wohnt, das bereits 1985 über eine Milliarde Menschen zählte und in dem das Bevölkerungswachstum am deutlichsten Schwierigkeiten auslöst: China. Dabei merkt er an: »Würden in einem Konflikt jeden Monat eine Million Chinesen fallen, dann lebten am Ende des ersten Kriegsjahres immer noch mehr Chinesen auf Erden als zu dessen Beginn ... In keinem anderen Reich haben sich Drama und Tragödie der Bevölkerungs-Explosion so eindrucksvoll entfaltet wie in China, in keinem anderen Land aber auch sind einer Regierung schließlich so eindrucksvolle Erfolge im Kampf gegen die Übervölkerung gelungen. China hat seine jährliche Zuwachsrate in einem Jahrzehnt von 2,4 auf 1,2 Prozent halbiert.«

Allerdings ist die Geburtenrate nach den siebziger Jahren wieder gestiegen. 40 Prozent der Frauen – insbesondere auf dem Lande – haben drei oder mehr Kinder zur Welt gebracht. Deshalb hat die Geburtenrate 1986 einen neuen Höchststand erreicht. Es wird damit gerechnet, daß die Bevölkerung Chinas Ende der achtziger Jahre sich auf 1,06 Milliarden Menschen erhöht haben wird. Dies bedeutet eine Verdoppelung in den letzten 30 Jahren.

Ursache dieser Entwicklung ist die Reformpolitik in China, die den Bauern gestattet, wieder Privatparzellen zu bearbeiten und einen bescheidenen Wohlstand zu erlangen. Sie können nun die Strafen bezahlen, die für mehr als ein Kind verhängt werden. Kinder sind für die Bauern auf den Feldern als Hilfskräfte nützlich, sie können auch auf dem Markt die landwirtschaftlichen Produkte verkaufen. Hinzu kommt, daß auf dem Lande – zumindest in einigen Provinzen – die Eltern, deren erstes Kind ein Mädchen ist, sich um einen männlichen Nachkommen bemühen können, da dieser als »wertvoller« als ein Mädchen angesehen wird. So wächst die chinesische Bevölkerung täglich nunmehr um 45000 Menschen. Hinzu kommt, daß die chinesischen Erzieher die Meinung vertreten, Einzelkinder wären nicht gut »für die Gesundheit der Erwachsenen«. Die Jungen hätten sich überdies »vielfach zu verwöhnten, egoistischen, bequemen und launischen Kindern entwickelt«, wie Peter Seidlitz aus Peking berichtet.

Es sind oft harte Eingriffe, mit denen der chinesische Staat die Geburtenregelung durchführt. Er verkündet deshalb autoritär, daß die Geburtenregelung nach Anweisungen des Staates mit der Freiwilligkeit der Bevölkerung verbunden werden soll. »Das Ziel der Regierung ist die Ein-Kind-Familie«, schreibt Jacobi und stellt die Frage: »Ist das der Ausweg aus der Übervölkerungskrise?«

Er weist aber auch mit Nachdruck darauf hin, daß eine globale Ära angebrochen ist, die vor wenigen Jahrzehnten kaum zu glaubende Lebensbedingungen schuf: »Die modernen Kommunikationsmedien machen uns zu Ohren- und Augenzeugen der jenseits des Horizonts abrollenden Geschichte ... die Menschen sterben in

Farbe auf unseren Mattscheiben.« Auch macht er uns klar, wie sehr die Distanz zwischen den Kontinenten durch die menschliche Fortbewegung mit Überschallgeschwindigkeit verringert worden ist, wie Moden nicht mehr auf einen Kulturkreis beschränkt sind, wie sehr Rassen und Klassen, Erdteile und Kulturen »aneinandergerückt und wechselseitig voneinander abhängig« wurden. Er zieht daraus die Konsequenz: »Alle Dämme, die Industrie-Nationen errichten könnten, um die Gefahren der menschlichen Springflut in den Entwicklungsländern zurückzustauen, würden darum nicht halten und brechen, so wie Limes, Chinesische Mauer und Maginot-Linie unter dem Ansturm der Barbaren zerbrachen.« Und er zitiert John F. Kennedys Worte: »Wenn eine freie Gesellschaft nicht den vielen helfen kann, die arm sind, kann sie auch nicht die wenigen retten, die reich sind.«

Die Schlußfolgerung ist: »Ob wir es wollen oder nicht: Wir werden die Entwicklungsländer retten müssen, um uns selbst zu retten. Nie hat die Menschheit vor einer größeren Aufgabe gestanden.«

Der Verhaltenswissenschaftler Konrad Lorenz hat einmal mahnend gesagt: »Der Mensch ist gar nicht böse von Jugend auf. Er ist nur nicht ganz gut genug für die Anforderungen des modernen Gesellschaftslebens.« Um diesen Anforderungen doch noch gerecht zu werden, bleiben uns laut Jacobi noch 100 Jahre Galgenfrist. Dabei sieht er eine Hoffnung der Menschheit in dem zunehmenden Tempo unserer Geschichte. Er meint sogar: »Und völlig unvorstellbar ist, wie sie sich – bei weiter zunehmendem Tempo – in den nächsten 100 Jahren verändern wird, in jenen 100 Jahren, in denen die Versorgung und Ernährung einer verdoppelten Menschheit möglich scheint. Denn nicht nur die Menschheit explodiert, auch ihr Geist.« Und nüchtern stellt er fest: »Wenn der Mensch so wenig taugte, wie manche seiner Gattung meinen, hätte er es kaum so weit gebracht. Wenn er so gottähnlich wäre, wie andere glaubten, säße er nicht so tief in der Klemme.« Claus Jacobi glaubt: »100 Jahre Galgenfrist, um eine neue Welt zu bauen – das wäre eine faire Chance.« Wir sollten es für möglich halten und anstreben, was Frederic Vester uns im nächsten Kapitel an Möglichkeiten aufzeigt.

Chancen im »Neuland des Denkens«

In fünf ebenso umfang- wie faktenreichen Abschnitten – 1. Organisation, 2. belebte Materie, 3. Nahrung und Lebensraum, 4. Energie und Stoff, 5. Bewußtsein – schildert Frederic Vester in seinem Buch »Neuland des Denkens. Vom technokratischen zum kybernetischen Zeitalter« die kaum zu glaubenden »logisch begründbaren Irrtümer und Fehlentwicklungen, denen wir unterliegen und die unser Überleben gefährden«, sowie die Lehren, die wir heute aus bereits erkennbaren positiven Entwicklungen ziehen müssen und die uns ein ebenfalls kaum zu glaubendes Leben, ja Glück bescheren können, wie dies mit unserem rein technokratischen Wissen nicht möglich ist.

Vester geht von einer optimistischen evolutionären Grundeinstellung aus: »Ich habe ein unbeirrbares Vertrauen in die Macht der Information, das durch die Reaktion vieler Menschen bestätigt ist, sich einsichtigen Argumenten doch nicht verschließen zu können.« So verfaßte er ein optimistisches, aber keineswegs positivistisches Werk, das ausführlich am Schluß dieses Buches zu zitieren auch meinem Optimismus, der nicht in Positivismus abgleiten soll, entspricht.

Ein neues Verständnis der Wirklichkeit

Gleich am Anfang seines Werkes weist Vester auf die Notwendigkeit hin, »ein neues Verständnis der Wirklichkeit« zu gewinnen, weil die Welt zwar aus einer Menge von Einzeldingen besteht, aber viele von ihnen über unsichtbare Fäden zu Systemen vernetzt sind, die in ihrer vielgestaltigen Abhängigkeit bei allen Entscheidungen, die wir treffen, zu beachten sind. Er geht von der Erkenntnis aus, daß »wir noch nie so viele Daten über die Welt zur Verfügung hatten wie heute«, daß aber trotzdem »unsere Zukunft immer undurchsichtiger« wird. So wendet er sich »nur an diejenigen, die vor den wachsenden Problemen noch nicht resigniert haben, die der Lethargie ein aktives Tun und Gestalten vorziehen«.

Er weist nach, warum »unsere Zivilisationsgesellschaft als Teilsystem der Biosphäre in eine Krise geraten ist, die nicht mehr als vorübergehende Wirtschaftskrise gesehen werden kann ... Es ist eine globale Krise, die sich äußerlich durch Bevölkerungsexplosion, rapide Rohstoffverknappung und eine lawinenartige Verseuchung unserer Umwelt, mit der wir in Symbiose leben, immer deutlicher abzeichnet.«

Zu den tieferen Ursachen dieser Entwicklung gehört der »vordergründige Glaube an die Unbegrenztheit des technisch Machbaren und auch an die Unbegrenztheit einer alles ausgleichenden Umwelt mit ›unendlichen‹ Reserven an Luft, Boden und Wasser ... In das gut funktionierende System unserer Biosphäre setzen wir eine immer größer werdende Zahl künstlicher Einzelsysteme hinein, wie Fabriken, Kraftwerke und landwirtschaftliche Großbetriebe, Siedlungen, Stauseen, Verkehrsnetze, Brücken und Häfen. Aus ehemaligen Urlandschaften wurden, oft in wenigen Jahrzehnten, riesige Ballungsgebiete ... Und ähnlich wie bei den meisten *Einzeleingriffen* haben wir uns auch bei diesen künstlich geschaffenen *Systemen* weder darum gekümmert, ob diese selber überlebensfähig sind, noch ob sie mit den übrigen Systemen zu einer funktionierenden Einheit verbunden werden können.«

Die nicht überlegten Folgen werden von Vester in fünf Hauptaspekten zusammengefaßt: 1. Unverantwortliche Energieabhängigkeit. 2. Abhängigkeit von unwiederbringlichen Rohstoffen, die wir nach Gebrauch auf den Müll werfen. 3. Willkürliche Veränderung von Landschaften, die Klima und Bodenstruktur verändern. 4. Aufbau von Siedlungs- und Verkehrssystemen, die nicht den biologischen Erfordernissen von Mensch und Natur entsprechen. 5. In der Medizin und Psychologie entwickeln wir ein kostspieliges Reparaturdienstverhalten, statt uns um eine weit nützlichere Krankheitsvorbeugung zu bemühen.

Es fehlen uns – nach Vester – die Erfahrungen, »wie sich Probleme in komplexen Systemen lösen lassen«, und »viele Menschen sind sich nicht bewußt, daß alles, was sie tun, Auswirkungen auf die Umwelt hat«. Auch ist er überzeugt: »Weder die komplexen Probleme technisch hochentwickelter Zivilisationen noch solche der Entwicklungsländer werden wir je verstehen lernen, wenn wir weiterhin wie hypnotisierte Kaninchen auf die unübersehbare Fülle von Daten, Statistiken und daraus entwickelten Trendkurven einzelner Bereiche starren. Erst wenn wir die Gesamtbedingungen für stabile Fließgleichgewichte, allein schon im Hinblick auf den Energie- und Materialkreislauf, aufstellen, beginnen wir etwas über das Verhalten solcher Systeme zu erfahren und können einen vorbeugenden Krisenschutz skizzieren.« Dabei müßten wir lernen, biokybernetisch zu denken und ein richtiges Systemverhalten zu entwickeln, um den Erfordernissen der jeweiligen Wirklichkeit der Probleme zu entsprechen sowie Gesamtkonstellationen zu erkennen. Ein Beispiel lieferte der Politologe G. Ziebura 1978, als er darauf hinwies, daß trotz des erheblichen Datenmaterials, das die Geheimdienste über die Stellung des Schah-Regimes in Persien zusammengetragen hatten, die westliche Welt von der Gesamtkonstellation im Lande praktisch nichts wußte. Auch gilt es, eine »profitable Symbiose mit der Biosphäre« zu entwickeln, nicht ein »Zurück zur Natur« oder gar zur Steinzeit, sondern es gilt, fortschrittliche, das heißt kybernetische Technologien zu finden, die eine sinnvolle Gestaltung unserer Umwelt gewährleisten.

Dazu gehört auch die Mehrfachnutzung und das Prinzip des Recycling, was im Grunde der asiatischen Denkweise entspricht, die sich zum Beispiel in der chinesischen Wirtschaft zeigt, in der »Perfektion kybernetischer Kreisprozesse«, von der Vester meint, daß sie uns »immer noch weit voraus ist«. Als Beispiele nennt er die staatliche Brauerei in Peking, die »seit Jahren aus den flüssigen und gasförmigen Abfällen der Bierproduktion über ein Dutzend Nebenprodukte, wie Arzneien, Elektronikbauteile und Pestizide« erzeugt, ebenso die Stahlindustrie in Wuhan, in der aus Abfällen 100 Artikel produziert werden, so daß eine Tonne Stahlschlacke den gleichen Wert hat wie das Hauptprodukt, die Tonne Stahl. Auch verweist er auf das Che-

ABB. 28: *Frederic Vester (geb. 1925), Biochemiker, Umweltforscher und Autor des Buches »Neuland des Denkens«.* QUELLE: *Kösel – H. Koelbl*

miekombinat Kyrin, wo Abgase, Abwässer und Abfälle in Kleinstfabriken zur Herstellung mehrerer hundert verschiedener Produkte genutzt werden und zusätzlichen Gewinn ermöglichen.

Das Prinzip der Symbiose

Tatsächlich führt das Prinzip der Mehrfachnutzung auch zu dem Prinzip der Symbiose, von der Vester sagt: »Die Symbiose als effizienteste Form zukünftigen Wirtschaftens ist mit Sicherheit eine Urform überlebensfähiger Systeme.« Und er erinnert daran: »Erst das Zusammenspiel von energieproduzierenden selbständigen Partikeln (den Mitochondrien in unseren Zellen) ermöglichte die Entwicklung der ersten vielzelligen Lebewesen und damit der höheren Lebensformen wie uns selbst.« In der Tat leben wir in einer Welt »voller Symbiosen«. Ob diese sich zwischen Termiten und Mikroben, Seeanemone und Einsiedlerkrebs abspielen, »bis hin zu der großen Symbiose zwischen Tieren und Pflanzen durch Austausch von Sauerstoff und Kohlendioxyd«, immer gilt es, von diesem Prinzip zu profitieren. Dazu merkt Vester an: »Besonders der wirtschaftliche Sektor dürfte ohne dieses Prinzip bei unserem immer dichteren Zusammenleben in Zukunft hoffnungslos zum Scheitern verurteilt sein. Denn große gleichförmige Bereiche, also Monokulturen in bezug auf Landwirtschaft, Industriezweige und Produktherstellung, können ja von den Vorteilen symbiotischer Beziehungen, d. h. ihrer beträchtlichen Rohstoff-, Energie- und Transportersparnis und anderer stabilisierender Effekte, nicht profitieren und sind daher letztlich weniger effizient. Das gleiche gilt für eine zentrale Energieversorgung, für die Monostruktur reiner Schlafstädte, reiner Bürostädte usw. Von Symbiosen profitieren heißt daher, bei Neuplanungen Kleinräumigkeit anstreben, bei bestehenden Einrichtungen sinnvolle Koppelungen, z. B. unterschiedlicher Fabrikationsbetriebe, finden, die weit über Abfallbörsen hinausgehen.« Er verweist auf die Hoerner Waldorf Corp. in Michigan, USA, die Siedlungsabwässer mit der Pulpe von Papierfabriken kombiniert, »wodurch wichtige Chemikalien und 80 Prozent der Energie zurückgewonnen werden, wodurch die Gemeinde den Bau einer Kläranlage annullieren und dem Steuerzahler 1,5 Millionen Dollar ersparen konnte«. In einem anschließenden Abschnitt »Die Wirtschaft und die Biosphäre« fordert Vester nachdrücklich »das Schaffen von Konstellationen anstelle von Eingriffen«. So, meint er, könne das Teilsystem »Menschheit« die ihm entsprechende innere Gesetzmäßigkeit im Gesamtgeschehen der Biosphäre finden. Auch ist er überzeugt, daß die nötige Innovation in Technologie, Funktion und Organisation dann aus der privaten Initiative kommen werde, wobei die kleineren und mittleren Unternehmen »die hoffnungsvollsten Pioniere sein könnten, was die jüngste Entwicklung in manchen Industrieländern beweist«.

Er zitiert auch ausführlich seine Unesco-Studie »Ballungsgebiete in der Krise«: »Die Biosphäre, dieses Supersystem aus Mikroben, Algen, Plankton, verletzlichen Tieren und zarten Pflänzchen, macht immerhin einen Jahresumsatz von 200 Milliarden Tonnen Kohlenstoff und organischem Material. Er produziert über seine subtilen Funktionsformen allein 100 Milliarden Tonnen Sauerstoff und verarbeitet selbst an Schwer- und Leichtmetallen wie Eisen, Vanadium und Kobalt, Magnesium, Natrium und Kalium Jahr für Jahr zusammengenommen viele Milliarden Tonnen, ohne je Rohstoff- oder Abfallsorgen zu kennen. So haben wir es auf der einen Seite mit einem Energie- und Stoffumsatz gewaltigen Ausmaßes zu tun, auf der anderen Seite jedoch mit einem System, das mit einem traumhaften Wirkungsgrad von bis zu 98 Prozent arbeitet, das trotz dieses Umsatzes weder Energie- noch Abfallsorgen hat (für jedes Abfallprodukt stehen Organismen und Enzyme bereit, die es gleich wieder in ein neues Ausgangsprodukt verwandeln), ein System, das eine wahre Fundgrube an technischen Raffinessen, an energiesparenden Tricks und eleganten Kombinationen der verschiedenartigsten Technologien darstellt. Wollte der Mensch mit seiner heutigen Technik die Funktionen dieser globalen Superfabrik voll ersetzen, so brauchte er dazu sicher ein Tausendfaches der von ihr verbrauchten Energie und maschinell wahrscheinlich mehr Platz, als auf allen Planeten unseres Sonnensystems zusammengenommen vorhanden ist.«

Die Natur als Vorbild

Trotzdem ist Vester überzeugt, daß wir mit unserer heutigen Intelligenz und den heutigen technologischen Fähigkeiten »zu einer weit wirksameren Nachahmung der dort waltenden Prinzipien in der Lage sind, als es bisher der Fall war«. In dem Abschnitt »Bionik« seines Buches weist er nachdrücklich darauf hin, wie stark die Natur als Quelle aller Technik zu werten ist und wie sehr sie in ihrem »biologischen Design« unser Lehrmeister sein könnte – was aber wir Menschen in unserer zunehmenden Loslösung von der Natur nicht erkannt haben, ja wir kennen nicht einmal »all die erprobten technischen Vorbilder der Natur«, von denen daher eine Menge noch brachliegen.

In der Bauwirtschaft werden bereits seit geraumer Zeit bionische Strukturen übernommen, zum Beispiel bei bodenfreien Netz- und Überdachungskonstruktionen, wie die Nachahmung des Bauprinzips von Schneckenhäusern, Eierschalen und Insektenpanzern durch riesige Kuppeldächer von Sportpalästen und Bahnhofshallen. »Die neuen bionischen Raumstrukturen sind heute z. T. billiger als solche auf Säulen und ersetzen nach und nach die alte Bauweise«, meint Vester und weist darauf hin, daß »die Übertragung biologischer Funktionen auf außerbiologische Bereiche noch sehr wenig erforscht ist«. Dabei verspricht eine solche Erforschung und Nutzung, weil sie sich »als ungeheuer rationell erweisen werden«, erhebliche technische und materielle Vorteile. Erkenntnisse aus der Beobachtung der Fische, ob es sich um den pfeilschnellen Raubfisch Barracuda handelt oder um Delphine, werden heute bereits beim Bau von Unterwasserfahrzeugen und der Konstruktion von Schiffen genutzt. Die Technik der Flugtiere wird beim Flugzeugbau genutzt, wie zum Beispiel auch die Sägezahnkante an den Schwungfedern der Eulen bei den Jetschaufeln und Rotorblättern. Trotzdem besteht noch eine »krasse Diskrepanz« zwischen unseren Techniken und den Technikern der Natur, bei den Vester noch »ungeheure Ideereserven« sieht, insbesondere »aus der Struktur und Funktion des Bewegungsapparates biologischer Vorbilder«. Auch betont er: »Ähnlich verblüffende Möglichkeiten bietet uns das Studium spezieller Sinnesorgane. Analog dem Bau kleinster Horchantennen der Stechmücke wurde inzwischen ein neuartiges, äußerst wirksames akustisches Peilgerät entwickelt. Mit ihrer zwischen den Augen hervorragenden Antennenanlage filtern und orten die Stechmückenmännchen den Summton selbst weit entfernter Weibchen aus einer Vielfalt weit stärkerer Nebengeräusche, wobei der eigene Störschall auf noch ungeklärte Weise unterdrückt wird.«

Das Auge der Hufeisenkrabbe verfügt über ein Kollektorsystem mit einer Lichtsammelfähigkeit, die eine hohe Ausnutzung der Sonnenenergie ermöglicht. Bestimmte Insekten können unabhängig von Wind und Höhe ihre Grundgeschwindigkeit über dem Boden messen. Der afrikanische Mehlkäfer sammelt sogar in trockener Wüstenluft Feuchtigkeit, Knöllchenbakterien verfügen über die Fähigkeit der Stickstoffassimilation, alles bionische Eigenschaften oder Fähigkeiten, die zu neuen Techniken führen können, an denen bereits in manchen Universitäten und Firmen gearbeitet wird, um sie wirtschaftlich zu nutzen. Die Zeitschrift »New Scientist« gab bereits 1973 bekannt, daß US-Firmen ein neuartiges Notlicht, dem System der Glühwürmchen und Feuerfliegen folgend, herausgebracht haben, das kurz nach seiner Markteinführung einen Umsatz von einer Million Dollar erzielte.

Zu Recht weist Vester darauf hin: »Alles, was uns die Lebewelt vorexerziert, sollten wir zunächst als wertfreie Hinweise und vor allem als Quelle für neue Ideen nutzen, auf die wir von alleine vielleicht überhaupt nicht oder erst viel später gekommen wären, sie dann aber natürlich wie alles andere in der richtigen Kombination und entsprechend ihrem Stellenwert im Gesamtsystem einsetzen.«

Neben den Chancen, die biologischen Strukturen und Funktionen zu nutzen, gilt es auch, Erkenntnisse aus der *Organisation* unserer Umwelt praktisch einzusetzen, zum Beispiel im Städtebau. Der griechische Architekt C. A. Doxiades hat darüber in einem Aufsatz »Die antihumane Stadt« bereits 1971 geschrieben. Vester betont in diesem Zusammenhang: »Unser Organismus braucht eine Architektur nach Menschenmaß, die nicht durch starre Geometrie und Gigantismus beeindruckt, sondern biologische Vertrautheit und Wohlgefühl erzeugt.« Er weiß: »Zur Zeit steht das zukünftige Weltdorf jedoch immer noch aus ... ein Öko-Dorf, das, als Zeile begonnen, zur Stadtlandschaft werden kann. Ein humanes Ökosystem, das einerseits die modernsten Technologien, andererseits die ältesten Gegebenheiten in der biologisch-genetischen Struktur des Menschen einbezieht.« Selbst bei der Gründung und Entwicklung von Unternehmen kann der Aufbau eines betrieblichen Organismus in ähnlicher Weise wie bei einer Stadt entweder bionisch oder in den bisher herkömmlichen Formen erfolgen.

Als Konsequenz sieht Vester: »Im Lichte dieser Bionik stellt sich unsere technische und organisatorische Welt auf einmal auf eine gänzlich andere Weise dar, als wir es einerseits von der Museumsphilosophie des ›wie herrlich weit haben wir es gebracht‹ und andererseits von der Naturphilosophie einer emotionalen Technikfeindlichkeit her gewohnt sind. Nämlich als eine *Technik des Überlebens*, die Mensch und Biosphäre auf einem neuen Niveau wieder integriert.«

Revitalisierung des Bodens

Dies allein aber würde das Überleben der Menschen auf unserem Planeten nicht sichern. Entscheidend ist auch die Sicherung der Nahrung und des Lebensraums. Wir müssen uns bewußt sein, daß unsere Zivilisationsgesellschaft »um ein Vielfaches intensiver in die Umwelt eingreift als je zuvor, sie vergewaltigt und vergiftet«, daß jahrelange Monokulturen, die Versalzung der Böden, Erosionserscheinungen, Intensivwirtschaft, Bebauungen der verschiedensten Formen die landwirtschaftlichen Nutzflächen mindern und von uns als »Alarmzeichen einer sich weltweit anbahnenden ökologischen Katastrophe« erkannt werden sollten. Sie ist zu vermeiden, wenn es uns gelingt, eine Revitalisierung des kostbaren Bodens und seiner Bewirtschaftung im Rahmen eines funktionierenden Ökosystems sowohl in den Industrie- wie in den Entwicklungsländern durchzuführen, wobei Kreisprozesse von Produktion und Abfallverwertung eine zentrale Rolle spielen werden.

Obwohl heute für jeden Menschen mehr Nahrung zur Verfügung steht – trotz der größeren Bevölkerungsdichte – als je zuvor, dürfen wir nicht vergessen, daß rund 400 Millionen Menschen unterernährt sind und Millionen bitteren Hunger leiden, daß in Afrika die Menschen Saatgetreide essen, das für zukünftige Ernten vorgesehen ist, daß in Indien oft ein Drittel aller Erntevorräte von den Ratten gefressen wird, während Millionen oder oft sogar Milliardenbeträge allein in der EG aufgewendet werden, um die Überschußproduktion von Nahrungsmitteln zu subventionieren und die Preise stabil zu halten. Insgesamt bietet der Nahrungsmittelanbau und die Nahrungsmittelverteilung »ein deprimierendes Bild von Verworrenheit, Widersprüchen und einer aus den Fugen geratenen Ökonomie – von der Ökologie ganz zu schweigen«. Sicherlich gelang es Kenia, das 1970 noch einer der größten Getreideimporteure der Welt war, bereits 1977 sowohl in der Getreide- wie in der Düngerproduktion, die in zahlreichen Kleinbetrieben erfolgte, praktisch autark zu werden. Doch weitere Entwicklungshilfe brachte es fertig, das Land in den achtziger Jahren in eine weit größere Abhängigkeit als vorher zu treiben.

Im Anbau und in der Nahrungsmittelversorgung der Weltbevölkerung sollte ein neuer Denkprozeß einsetzen, um die nötigen Bewässerungssysteme, die sinnvolle Verteilung der Nahrungsmittel, die unentbehrlichen nährstoffreichen Böden und die genetische Basis zu schaffen, die nicht zu einer einseitigen Veränderung innerhalb des ökologischen Systems und schließlich zu einer Monokultur führt, der ein einziger Schädling den Garaus machen kann.

Bemerkenswert ist in diesem Zusammenhang, daß Untersuchungen der National Science Foundation in den USA bei 32 größeren Farmen des gleichen Getreidegürtels, von denen 16 mit konventionellen und 16 mit neuen ökologischen Anbaumethoden arbeiteten, ergaben, »daß die ökologische Gruppe den gleichen Ertrag und den gleichen Marktwert pro Hektar erzielen konnte wie die konventionelle Gruppe – ein Intensivanbau also auch auf ökologische Weise möglich war«. Dabei war die konventionelle Gruppe mit ihrem hohen Einsatz von Pestiziden, Industriedünger und Maschinen dreimal so energieintensiv wie die ökologische und lag in den Gesamtbetriebskosten pro Hektar um 50 Prozent höher. Hinzu kam bei den »organisch« wirtschaftenden Farmen die erhöhte Wasserhaltefähigkeit der Böden, die verringerte Gewässerbelastung, die gesparten Klärwerke, die Vitalisierung der Böden und schließlich die verhinderte Erosion, mit der wir uns in Europa auch immer mehr auseinandersetzen müssen.

Vester weist nach, »daß selbst bei der bisher immer ins Feld geführten primitiven Input-Output-Rechnung eine weitere Industrialisierung der Landwirtschaft ein ökonomischer Unsinn ist: von 1950 bis 1970 stieg zum Beispiel im amerikanischen Maisanbau der Einsatz von Stickstoffdünger auf das Siebenfache, von Insektiziden auf das Zehnfache, von Herbiziden auf das Zwanzigfache, und auch der Stromverbrauch war sechsmal so hoch wie zwanzig Jahre zuvor. Die Maisernte hatte sich lediglich verdoppelt.« Und er stellt ferner fest: »Die gleiche unökologische hohe Steigerung des Energieverbrauchs finden wir auch bei uns. Seit dem Ersten Weltkrieg hat sich die Getreideerzeugung pro Hektar Anbaufläche zwar verdoppelt, die dafür hineingesteckte Energie in Form von Kunstdünger, Maschinen usw. jedoch verzwanzigfacht.«

Bei der Nutzung biologischer Systeme stehen wir tatsächlich erst am Anfang einer sinnvollen Entwicklung. Die Erkenntnis setzt sich in den USA, in England und in Westeuropa immer mehr durch, aber auch in Afrika und anderen tropischen Ländern, wo die Landwirte immer mehr begreifen, daß die billigste und sinnvollste Schädlingsbekämpfung in einem ausgewogenen Mischanbau unter Bewahrung intakter Ökosysteme liegt.

1972 wurden zum Beispiel viele Millionen Mistkäfer für etwa eine halbe Million DM von Moçambique nach Australien exportiert, um die unverrotteten Kuhfladen importierter Rinderrassen zu zersetzen und die sich darauf ungehemmt vermehrenden Fliegen zu vermindern. Ähnlich wirkte sich die Einführung von Marienkäfern in Getreideanbaugebieten aus, die etwa 3000 Blattläuse pro Tag fressen können, oder der Einsatz von Plattwürmern in den kalifornischen Anbaugebieten, die den Mücken- und Mottenlarvenbestand auf einen »ungefährlichen Restbestand« reduzieren konnten.

Andererseits schützen auch bestimmte Pflanzen andere Pflanzen vor Schädlingen, zum Beispiel die Tagetes die Tomatenpflanzen vor schädlichen Nematoden oder die Wildkartoffeln sich selbst und ihre

Nachbarn vor Blattläusen. Mikropilze, Bakterien und Viren können erfolgreich als natürliche Bekämpfungsmittel zur Schädlingsbekämpfung eingesetzt werden. Doch muß auch die »Biohilfe« in all ihren Auswirkungen analysiert werden, denn ohne Rücksicht auf den Systemzusammenhang könnte sie ebenfalls zu negativen Entwicklungen führen.

Auf der Suche nach neuen Nahrungsquellen

Auch für die Ernährung der Menschen gilt immer mehr, was Vester in dem Abschnitt »Regelkreis der inneren Umwelt« mit den einleitenden Worten als Forderung erhebt: »Allmähliche Gewinnung wertvoller Nährstoffe durch ›Direktnahrung‹ und Recycling-Verfahren, Übergang auf eine neue schadstofffreie Nahrungsvielfalt und Abkehr von dem Unsinn einer bloßen Kalorienrechnung.« Konkret fordert er eine Nahrungsumstellung, durch welche die Welternährungslage von dem jetzigen Mangel in einen Überfluß gewandelt werden könnte. Das erfordert vor allem eine »Abkürzung der Nahrungskette, wo immer dies möglich ist«. Allein »durch den Übergang auf einen höheren Anteil an proteinreicher Pflanzennahrung, unter Verringerung unseres ohnehin ungesunden überhöhten Fleischkonsums, könnten wir auf der gleichen Anbaufläche ... die pro Kopf zur Verfügung stehende Nahrung gleich um das Fünf- bis Zehnfache erhöhen – ohne den gewaltigen Aufwand, den wir auf dem bisherigen Weg betreiben müssen.« Er erinnert daran, daß »bei der Schweinemast 70 Prozent, bei der Eiererzeugung 86 Prozent, bei der Hähnchenmast 94 Prozent der Nahrungskalorien verlorengehen, die dafür ursprünglich an Primärnahrung geerntet wurden«.

M. Slesser hat schon 1977 in der Zeitschrift »Food Policy« darauf hingewiesen, daß »für den Hunger in der Welt bereits die Milcherzeugung drei- bis viermal ökonomischer ist als die Rindviehmast. Beides jedoch (bezogen auf das zur Viehwirtschaft dienende Land wie Weide, Futterpflanzenanbau) ist zehnmal unergiebiger als reine Pflanzennahrung, z. B. als Kartoffeln, ja sechzigmal unergiebiger als die proteinreiche Sojabohne – und bis zu mehreren tausendmal unergiebiger als der direkte Einsatz von Mikroorganismen, zum Beispiel Hefen oder Algen.«

Vester ist sogar überzeugt: »Auf der Suche nach neuen Nahrungsquellen werden wir an diesen untersten Gliedern der Nahrungskette, den Bakterien, Pilzen, Algen und Hefen nicht mehr vorbeikommen.« Er sieht darin einen »Anlaß zu großer Hoffnung«, weil er überzeugt ist, daß die »Bakteriennahrung zunächst hauptsächlich als Viehfutter, Algen und Hefen auch für den Menschen, als hochwertige Proteinnahrung, die durchaus Fleisch ersetzen kann«, in Frage kommen. Sowohl große Erdölkonzerne als auch verschiedene Staaten haben die Produktion von Bakterienprotein aufgenommen. In der Sowjetunion soll sie bereits über 300000 Tonnen jährlich betragen. Ein Nahrungsausschuß der UNO hat überdies die »Unbedenklichkeit der Bakterien- und Algennahrung für den Menschen und für Tiere erklärt. Das japanische Mikroalgeninstitut in Kyoto erntet seit über 20 Jahren pro Hektar 30 Tonnen der Chlorella-Alge, die normalerweise 50 Prozent Protein ergibt, etwa 30 Prozent Kohlehydrate und 20 Prozent Fett, Vitamine und Spurenelemente.«

Schließlich gilt es, die vielfältigen biologischen Kreisprozesse auf unserem »Raumschiff Erde« zu nutzen, was bereits bei den längeren Planetenflügen in der Raumfahrt geschieht oder bei der Direktumwandlung des Dungs von Viehherden mit Hilfe hitzebeständiger Bakterienstämme, wie dies die Firma General Electric in Arizona (USA) durchführt.

Unabhängig davon vermerkt Vester in seinem Buch »Neuland des Denkens«: »Unter den rund 400000 bekannten Pflanzensorten auf der Erde gibt es mit Sicherheit noch viele, die, ohne daß wir es wissen, unseren Speisezettel auf interessante Art bereichern könnten. So hat der amerikanische ›National Reserarch Council‹ neben den 100 im Anbau gebräuchlichen Arten weitere 400 Pflanzen beschrieben, die sich ebenfalls für den Anbau eignen und von denen 36 sogar einen ganz ungewöhnlich hohen Nährwert besitzen.« Darunter befinden sich 200 Hülsenfruchtarten, die für den Anbau in den Tropen zur Verfügung stehen, sowie Getreidearten, aus denen mehr Protein und Stärke gewonnen werden könnte als etwa aus Reis.

Neben diesen erst in den letzten Jahren untersuchten Pflanzenarten gibt es noch »eine breite Ausgangsbasis zur Gen-Kombination im Hinblick auf völlig neue Nahrungspflanzen«. So ist zum Beispiel bereits durch »Kreuzung einer Gerstenart mit salzverträglichen Pflanzen« eine neuartige Körnerfrucht »Salzgerste« entstanden, »die kein Süßwasser benötigt ... auf Brackwasser und versalzten Böden gedeiht«. So gibt es die »Tomatoffel«, die gleichzeitig oben Tomaten und unten Kartoffeln ernten läßt, die »Tabakmöhre«, die oben Tabak und unten eine Möhre ergibt, zudem auch den »Erbsenweizen«, eine Rübe mit nadelartigen Blättern und manche andere Kreuzung mehr, an denen sowohl in New York wie am Max-Planck-Institut für Biologie in Tübingen gearbeitet wird.

Anders als künstliche Mutationen durch die Gentechnik bleiben Genkombinationen und -kreuzungen im Rahmen des natürlichen genetischen Codes. An solchen Kreuzungsversuchen wird gewiß auch noch in zahlreichen anderen Ländern gearbeitet, wobei man sich bewußt sein muß, was Vester mahnend vermerkt: »Sie werden nur dann über einen kurzfristigen Produktionsrausch hinausgehen und eine echte Milderung der Welternährungskrise herbeiführen, wenn man die Wechselwirkungen der neuen Pflanzenarten mit den existierenden Symbiosen berücksichtigt. Wechselwirkungen, die ... in einem Ökosystem mit Tausenden anderen Lebensformen und darüber hinaus mit der Bodenstruktur und seiner Mikroflora, mit Wasserkreislauf, Wind, Wetter und ihrer speziellen Verteilung im Raum in einem Gleichgewicht stehen müssen.« Er ist auch überzeugt, daß auf dem Nahrungssektor noch eine Menge machbarer und dauerhafter Lösungen möglich sind, wenn wir erst richtig kybernetisch denken werden. Dazu gehören zum Beispiel Warmwasser-Fischzuchten in der Nähe von Kraftwerken, bei denen die Abwärme genutzt wird, ferner das Heizen von Gewächshäusern für »südliche Ernten«, eventuell sogar – was noch im Systemzusammenhang zu klären wäre – die Entwicklung reiner Hydrokulturen oder gar drei Meter hoher Erdbeerbeete usw., was der Wiener Professor O. Ruthner in seiner Schrift: »Energiekette Sonne-Pflanzen-Mensch/Tier im Recycling im Rahmen eines kontinuierlichen Pflanzenbaus« eingehend beschrieben hat.

Das Wasser – unser wichtigstes Lebenselement

Nicht minder wichtig, vielleicht sogar noch wichtiger ist es, daß wir das Wasser – unser wahrscheinlich wichtigstes Lebenselement – nicht mehr vergewaltigen. Ausführlich schildert Professor Vester in einem eigenen Abschnitt »den Mißbrauch des Wassers als Transportmittel der Industriegesellschaft bis zu seiner Erschöpfung, das Anzapfen seiner noch unausgebauten Reserven, des Meerwassers und des Polareises, und die zunehmende Besinnung auf seine Selbstregeneration durch ein lebendiges Recycling«. Inzwischen ist aus diesem Abschnitt ein eigenes Buch geworden – ein »Fensterbuch« mit fünf Kreisläufen (auf Drehscheiben) unter dem Titel »Wasser = Leben«.

Vester unterstreicht, daß »für die menschliche Gesellschaft das Wasserproblem zunächst ein Problem der Verteilung« ist, wobei die »sich dramatisch zuspitzende Wassersituation« wahrscheinlich ohne die unkalkulierbaren Auswirkungen von Wetterbeeinflussungsprogrammen weit besser zu bewältigen wäre als durch solche Programme.

In der Tat sind wir uns kaum bewußt, daß »wir unter Umständen vor einem Wasserbankrott« auch in den gemäßigten Zonen stehen und das Wasser auch unserer Wachstumsgesellschaft Grenzen setzt. Nur wenige Menschen wissen zum Beispiel, daß »die Erzeugung von einer Tonne Stahl 300 Kubikmeter, einer Tonne Kunstseide 500 Kubikmeter, eines Mittelklassewagens 1000 Kubikmeter Süßwasser« beansprucht und der Wasserverbrauch der wachsenden Bevölkerung, der chemischen Industie sowie der Elektrizitätswirtschaft in zwanzig Jahren sich sogar verdoppeln könnte, während die Niederschlagsmenge sicherlich gleich bleiben dürfte. Es gilt also, uns der *Endlichkeit* der Ressource Wasser bewußt zu werden und die Grundwasserausbeute, die an ihre Grenzen gestoßen scheint, nicht rigoros weiterzutreiben. Auch hier die Mahnung: »Es unterliegt keinem Zweifel, daß die bis aufs äußerste belasteten Ökosysteme unseres heutigen Lebensraumes bei weiterer Belastung zusammenbrechen werden – und wir nach und nach mit ihnen.«

In der Zeitschrift »Science« Nr. 194 hat W. E. Wright schon 1976 darauf hingewiesen, daß wir uns Gedanken machen müssen, in den Tundren, Polargebieten und vor allem Wüsten – was lange Zeit nicht für möglich gehalten wurde – neuen Lebensraum zu gewinnen. Das gleiche gilt für die sogenannten Trockengebiete in zahlreichen Ländern, in denen ihr an sich äußerst fruchtbarer Boden nutzbar gemacht werden könnte. Auch gilt dies für das vor einigen Jahren unter der Oberfläche der Sahara entdeckte »gewaltige Wasserreservoir«. Doch müßten hierbei bereits eingetretene Rückschläge verhindert werden. »Es gelingt nur dann, wenn mit äußerster Sorgfalt und unter Nutzung der vorhandenen ökologischen Regelkreise vorgegangen wird, was immer noch die Ausnahme ist«, urteilt Vester. In der Zeitschrift »Umschau« stellten H. Mensching 1978 und D. Klaus 1980 bereits fest, daß die Wüsten und Trockenzonen dagegen immer mehr im Vordringen sind und bereits 45 Prozent der Landfläche der Erde erreicht haben. Ein Fünftel von Indien wird zum Beispiel von der Wüste Thar eingenommen, die Sahara breitet sich an ihren Randgebieten jährlich immer noch um 20000 Quadratkilometer aus. Die Verantwortung dafür tragen »unüberlegte menschliche Eingriffe«, oft auch weit entfernte Abholzungen von Wäldern, Pestizideinsatz und eine völlig falsche Bewässerungstechnik.

Bei der Beachtung eines »subtilen Zusammenspiels« aller ökologischen Faktoren, zum Beispiel durch die Einbringung kleiner Lebewesen für die Bodendurchlüftung sowie von Humusstoffen usw. könnte – wie Vester in seinem neuen Wasserbuch eingehend aufzeigt – sogar das Wasserproblem im großen gelöst werden, wozu Gewaltoperationen sicherlich völlig ungeeignet wären. In der Eisschmelze und der Meerwasserentsalzung sieht er jedenfalls nur »letzte Reserven«. Hingegen weist er auch darauf hin, daß nicht nur das quantitative, sondern auch das qualitative Problem unserer Wasserversorgung gelöst werden muß. Hierbei gilt es unter anderem, die »Zupflasterung der Rhône-Ufer mit Kernkraftwerken« in ihren Auswirkungen zu erkennen, wie die Giftbelastung unserer Fließgewässer sowie das Umkippen der Oberflächengewässer und die Auswirkungen der Industrie- und Verkehrsabgase zu verhindern. Auch dem Recycling des Wasser müßte immer größere Beachtung geschenkt werden, ebenso wie der kybernetischen Abwasserreinigung, der Einrichtung getrennter Leitungssysteme für Trinkwasser, WC-Spülung, Feuerhydranten, Straßenreinigung und Industriezwecke, wobei für letztere allein für die Bundesrepublik Deutschland eine Investitionssumme von sieben Milliarden DM erforderlich wäre.

Verwüstungen in Neptuns Reich

In einem eigenen Kapitel unterstreicht Vester die Bedeutung der Ozeane: »Je enger wir uns mit der Meereswelt verbinden, um so mehr sehen wir unser Interesse darin, daß wir sie nicht weiter zur Kloake machen, durch Raubbau zerstören, sondern ihre lebendige Kraft hegen und pflegen.«

Wenn wir die Ozeane als Lebensraum erhalten wollen, müßten wir allerdings bedenken: Erstens müßte über einen internationalen Gerichtshof erreicht werden, daß »ein radikaler Verzicht auf jegliche Atombombenversuche eingehalten wird«. Auf diese Weise wäre zu sichern, daß alles Meeresleben »vom Plankton bis zum Wal« weniger radioaktiv kontaminiert wird. Zweitens gilt es, eine weitere Verschmutzung »der Ozeane mit Öl, Schwefelsäure, Pestiziden, Schwermetallen und anderen gefährlichen Abfallstoffen« zu verhindern. Drittens müßten die Fischbestände und ein intaktes Meeresleben weltweit kontrolliert werden. Viertens wäre eine übernationale Organisation zu schaffen, welche die Schürfrechte am Meeresboden »nach gesamtökologischen Überlegungen« vergibt. Selbst Vester meint, daß dies »eine Liste frommer Wünsche« sei, doch auch er hofft: »Über eine kurzsichtige und für die Beteiligten nie sonderlich ergiebige Goldsuchermentalität hinaus sollte es vielleicht doch der Menschheit einmal möglich sein, momentane Profitgier hinter langfristige Vernunft zu stellen.« Auch schildert er die Schwerpunktprogramme, welche die jahrzehntelang vernachlässigte Meeresforschung inzwischen entwickelt und für die Eroberung der Meereswelt »nicht nur in greifbare Nähe gerückt ... sondern längst intensiv begonnen hat«. So wurde die Tiefengrenze für freies Tauchen auf 650 Meter erweitert. Selbst ohne zusätzliche Sauerstoffzufuhr könnten Menschen »in einem Käfig mit 0,02 Millimeter dünnen Wänden aus einem neuentwickelten ›semipermeablen Silikon-Kautschuk‹ beliebig lange wie durch ›künstliche Kiemen‹ atmen.« Dies hat J. Kylstra von der Duke-Universität in Durham, North Carolina, entdeckt. Selbst der Bau einer Tiefseestadt in 3500 Meter Tiefe unter dem Atlantik wird bereits von mehreren amerikanischen Konzernen geprüft.

Diesen und weiteren positiven Aspekten stehen noch immer kaum glaubliche »Verwüstungen in Neptuns Reich« entgegen. Die Öl- und Teerverschmutzung der Meere hat erheblich zugenommen. Dabei ist die Verrottung der ausgelaufenen und anderweitig ins Meer geratenen Ölmengen längst auf verschiedene ungefährliche Weise gelungen, doch wird für die bereits bekannten Verfahren kaum ausreichend Geld investiert. Ähnliches gilt für die im Meer gelösten giftigen Schwermetalle wie Arsen, Quecksilber, Cadmium, Zink und Blei. Auch wurde in Kanada schon 1971 darauf hingewiesen, daß die Flußmündungen »zu wahren Depots von Pestiziden geworden sind, von denen viele vor allen den Vermehrungsmechanismus kleiner Meeresorganismen unterbrechen«. Andere Schadstoffe, wie zum Beispiel der Rotschlamm aus der Aluminiumverhüttung, schädigen auf andere Weise die Weltmeere und die Ernährung der Meerestiere, wobei diese Abfallstoffe ja andererseits auch Rohstoffe sind, die durch Kreisprozesse wieder genutzt oder durch andere Stoffe ersetzt werden könnten.

Vester zitiert dazu das in den »Environmental Studies« 12.180 im Jahre 1978 veröffentlichte von der UNEP koordinierte Programm: »Das Mittelmeer ist so verseucht, daß seine Sanierung einen 5-Milliarden-Dollar-Plan verlangen würde, wovon die 18 Anliegerstaaten jedoch zunächst nur 6,4 Millionen, also lediglich etwas mehr als ein Tausendstel, zusammenbrachten.« So fordert er zu Recht einen »Umschwung vom Raubbau zur Pflege« auch des Meeres.

Lösungsvorschlag für das Energieproblem

Ein weiterer wichtiger Abschnitt ist der Energie- und Stoffversorgung der Zukunft gewidmet. Hier wird deutlich, daß der Kohlenstoff als »zentraler Baustein alles Lebens« immer sehr mißbraucht wird, »verbrannt in einem Teufelskreis von Energieverbrauch, Konsum und Wachstum«. Dabei könnten wir ihn als idealen Baustein nutzen. »Wir müssen uns entscheiden, wofür wir die letzten Reserven an Kohle, Öl und Gas verwenden«, meint Vester und weist darauf hin, daß die »Materialschlacht der Industriegesellschaft ihren Kulminationspunkt überschritten hat«. Er schildert, warum »besonders die Kunststoffe, bisher vielfach verteufelt, für die Zukunft Materialien mit fast biologischen Eigenschaften« erwarten lassen. Er berichtet über »Werkstoffe mit neuen Eigenschaften« und analysiert die Chancen von Metallen durch neuartige Legierungen, die über unerwartete Eigenschaften verfügen. Er weist auch auf das vielseitige, reichlich vorhandene und wenig genutzte Bor hin und zeigt, wie Holz wesentlich besser genutzt werden könnte, als es heute noch der Fall ist.

Das Kapitel »Kerntechnik« steht unter dem Motto »Scheinlösungen mit stürmischer, aber kurzer Zukunft«, weil »der faszinierende Aspekt der Kernspaltung längst einem Trauma gewichen ist – politisch wie wirtschaftlich«. Deshalb hat Vester ein eigenes Kapitel »Energielösungen« an den Schluß dieses Abschnitts gestellt, in dem er die »Fülle der uns umgebenden Energielösungen aufzeigt«. Er geht dabei von der Grunderkenntnis aus: »Wir verbrauchen heute (1984) pro Kopf das Doppelte (an Energie) wie vor 15 Jahren und lebten damals auch nicht schlecht.« Dabei lag der Pro-Kopf-Verbrauch in den USA noch einmal doppelt so hoch wie in der Bundesrepublik Deutschland und dreimal so hoch wie in Österreich, ohne daß die Amerikaner glücklicher, gesunder und zufriedener wären als die Deutschen oder Österreicher. Auch erinnert er daran, »daß die westliche Welt mit 19 Prozent der Weltbevölkerung 63 Prozent aller Energie verbraucht, während die Entwicklungsländer mit 50 Prozent der Weltbevölkerung nur 8 Prozent verbrauchen«. Hierzu ist bemerkenswert, daß die Energiedirektion der EG-Kommission offiziell erklärt hat, »daß wir im Hinblick auf eine gesicherte Energieversorgung in erster Linie der Energievergeudung Einhalt gebieten sollten und daß Energieeinsparungen das Wirtschaftswachstum nicht verlangsamen, sondern im Gegenteil eine belebende Wirkung haben können«. Nach der Katastrophe von Tschernobyl hat Vester auch diesem Punkt ein eigenes Buch gewidmet: »Bilanz einer Ver(w)irrung«, worin er die unerträgliche Manipulation durch die Atomlobby aufs Korn nimmt.

Innerhalb der Fülle von möglichen Energielösungen – vom Solarmotor bis zur kybernetischen Klimatisierung und der Ausbeutung der Wärme aus dem Erdinneren – räumt er der Eindämmung der Energievergeudung einen Spitzenplatz ein.

Gewiß sind Wind und Sonnenschein »unzuverlässige Genossen« für die Energiegewinnung in weiten Gebieten der Erde. Trotzdem meint Vester: »Jedenfalls wird die Energieerzeugung aus Wind als eine unter vielen Quellen in Zukunft einen der Wasserkraft vergleichbaren Stellenwert haben, zumal sie praktisch keine Umweltbelastung mit sich bringt.« Und er verweist auch auf die zuverlässigen Energielieferanten Ebbe, Flut und Wellen, also zum Beispiel das Gezeitenkraftwerk, die »Energiebojen«, die die unter einer Kuppel eingefangenen Wellenbewegungen von 10 bis 100 Kubikmeter Wasser in Strom umwandeln, und die Nutzung des Temperaturunterschieds zwischen warmen und kalten Wasserschichten zur Energiegewinnung.

Das große Angebot der Sonne

Das große Angebot der Sonne, schreibt Vester, wurde »bis in dieses Jahrhundert nicht ernsthaft« genutzt. Er betont: »Obwohl der erste Sonnenkraftmotor wahrscheinlich schon 1913 in Ägypten gebaut wurde, glaubte man selbst dann noch, als Anfang der sechziger Jahre bei Odeillo in den Pyrenäen das erste französische Sonnenkraftwerk mit seinen 63 terrassenförmig angeordneten Planspiegeln und dem riesigen 40 mal 50 Meter großen Hohlspiegel entstand, der die gesammelte Strahlungsenergie auf einem 3800° C heißen Brennfleck konzentrierte, nicht an eine derartige stürmische Entwicklung, wie sie gegen Ende der siebziger Jahre im Großen wie im Kleinen stattfand.« Diesem sonnenbetriebenen gigantischen Schmelzofen folgten weitere Projekte in Italien und Spanien, in der EG und in den USA. Allerdings warnt Vester in bezug auf die Nutzung der Sonnenenergie davor, dem »unangebrachten Denken in großtechnischen Dimensionen« zu folgen. Er meint, »daß in der vielseitigen Solartechnologie«, insbesondere in dezentralen Lösungen »zur Warmwasserbereitung und Raumheizung« weit mehr steckt als in solchen großtechnologischen Projekten. »In wie rascher Entwicklung dieses Gebiet ist, sehen wir an der sich ständig nach unten bewegenden Preiskurve der Solarzellen«, vermerkt er und verweist auf die »auffällige Parallelen zur Mikroelektronik«. In den sechziger Jahren kosteten die in der Raumfahrt genutzten Solarzellen noch 700 DM pro Watt, in den siebziger Jahren bereits nur noch 50 DM, und heute liegen die Preise schon unter 10 DM. Sie sollen nach R. Dahlberg von der Firma Telefunken auf ca. 50 Pfennig/Watt sinken. Vester stützt sich auf US-Artikel, wenn er feststellt: »Besonders billige Zellen aus amorphem Siliziumfluorid, aber auch aus weit einfacherem organischem Material mit hoher Photoleitfähigkeit und einer Lebensdauer von 20 Jahren versprechen einen Watt-Preis von weniger als 10 Pfennig.« Wichtig ist ferner, daß bei den Solarzellen die Sonneneinstrahlung weit höher ist, als es die Meteorologen gemessen haben, und daß die Zellen bei diffusem Licht oder Dunst manchmal sogar mehr Energie liefern als bei strahlender Sonne und blauem Himmel.

Solardächer sind bereits entwickelt worden, die den Energieverbrauch eines Haushalts halbieren, Energiedächer gibt es, die auch bei schlechtestem Wetter noch Energie liefern, und in der Praxis wurde sogar bewiesen, »daß der Energiebedarf eines Gebäudes bei geschickter Kombination zu 80 Prozent allein durch Solarenergie gedeckt werden kann«. Der Milliardenmarkt der Solartechnik soll nach konservationen Schätzungen bis zum Jahr 2000 etwa 600 000 zusätzliche Arbeitsplätze schaffen können, während eine etwas weiter gehende Studie in den USA die Schaffung von 2,9 Millionen Arbeitsplätzen vorsieht, wenn nur 15 Prozent des Energieverbrauchs durch den Einsatz von Alternativtechnologien gedeckt werden könnten.

Ein solcher Einsatz ist keineswegs nur für tropische Sonnenländer anstrebenswert. Selbst in Schweden wird bis zum Jahr 2015 angestrebt, den »gesamten Energiebedarf aus direkt oder indirekt genutzter Solarenergie« zu decken. In seinen Büchern »Unsere Welt ein vernetztes System« und »Bilanz einer Ver(w)irrung« hat Frederic Vester nachgewiesen, warum wir uns heute hüten müssen, wesentliche Probleme unserer Zeit immer nur mit *einer* Methode lösen zu wollen. Dies wäre eine Folge unseres »simplen Ursache-Wirkung-Denkens, welches für komplexe Systeme noch keine Antenne hat«. Auch greift er immer wieder den Konsumfetischismus an, indem er die Senkung des Energieverbrauchs sowie die Vermeidung von Energieverlusten nachdrücklich propagiert. In »Neuland des Denkens« schildert er eingehend, welche Möglichkeiten und weitgehenden Chancen sich durch eine Energie im Verbund, eine kybernetische Klimatisierung, die Speicherung und den Transport durch Wasserstoff und die anscheinend unerschöpfliche Bioenergie bieten. Er tritt dem Schlagwort »Volk ohne Energie« entgegen und weist auf die Verpflichtung hin, »die soziale Verträglichkeit« bei allen Maßnahmen und Planungen der Industriegesellschaft zu beachten. Er bekennt auch: »In meinen häufigen Diskussionen mit Politikern, Industriellen und Wirtschaftsmanagern traf ich bei vielen auf ein offenes Ohr, während für andere das Zeitalter der Großtechnologie überhaupt erst zu beginnen schien. Ich jedenfalls glaube, daß es vorbei ist. Gemessen am tatsächlichen Bedürfnis des einzelnen ist mit Supertankern, Großsiedlungen, Großkraftwerken, Mammutstahlwerken, Massentierhaltung, Großfarmen, Atompraxis und einer Überschall-Luftflotte kein Blumentopf mehr zu gewinnen, auch wenn es uns immer wieder eingeredet wird.«

Der Weg ins kybernetische Zeitalter

Abschließend schildert Vester den vor uns liegenden Weg ins kybernetische Zeitalter; welchen Denkmodellen wir folgen sollten, um den ungeheueren Ballast an Traditionen und Tabus, an Lehrmeinungen und Dogmen zu überwinden; welche verheerenden Parallelen zum Wirtschaftswachstum sich im Wettrüsten ergeben können; wie und was wir eigentlich lernen sollten, um die Stoff-Fülle zu bewältigen und sinnvolle Fähigkeiten zu erwerben; und schließlich welches Wissen geeignet ist, »uns aus den Problemen der heutigen Situation herauszuführen«. Wie wir dieses Wissen erwerben könnten, schildert der Wissenschaftler Frederic Vester in seinen preisgekrönten Fernsehfilmen »Denken, Lernen, Vergessen«, aus denen der gleichnamige Bestseller entstand. Sicher ist Vester ein Mann, auf den das Wort des Regisseurs Fellini zutrifft, der einmal gesagt hat: »Der einzig wahre Realist ist der Visionär.«

Anhang

Quellenverzeichnis und Literaturhinweise

Allgemeines:

»Aktuell – Das Lexikon der Gegenwart«, Chronik Verlag, Dortmund 1984 (erscheint mit Zusatzjahresbänden ab 1986)

Marianne Bernhard: »Aberglauben. Von der schwarzen Katze bis Freitag den 13.«, Heyne Verlag, München 1984

»Guinness Buch der Rekorde«, erscheint jährlich im Ullstein Verlag, Berlin

Robert Jungk/Lutz Rüdiger/Norbert R. Müller/Bernhard Ziegler (Hrsg.): »Enzyklopädie der Zukunft«, iva Verlag, Tübingen 1978

G. Prause/Th. v. Randow: »Der Teufel in der Wissenschaft«, Rasch und Röhring Verlag, Hamburg–Zürich 1985

Helmut Schmidt: »Menschen und Mächte«, Siedler Verlag, Berlin 1987

D. Wallechinsky/A. und I. Wallace: »Rowohlts Bunte Liste«, Rowohlt Verlag, Reinbek 1983

Die Potemkinschen Dörfer, die keine waren

Gerhard Prause: »Niemand hat Kolumbus ausgelacht. Fälschungen und Legenden der Geschichte richtiggestellt«, Econ Verlag, Düsseldorf/Wien 1966

Des Außenminister Sewards Torheit

Clarence C. Hulley: »Alaska: Past and Present«, 3. Aufl., New York 1970

Ronald J. Jensen: »The Alaska Purchase and Russian-American Relations«, Univ. of Washington Press 1975

Zwei Präsidentenmorde

Friedrich Torberg: »Pegasus im Joch« Langen Müller Verlag, München 1983

Dr. John Lattimer: »Kennedy and Lincoln – Medical and Ballistics Comparisons of their Assassination«, Hartcourt Brace Jovanovich Verlag, New York 1980

Der Mord im Garten

Gisela Bonn: »Die indische Herausforderung«, Burg Verlag, Stuttgart–Bonn ca. 1985

Mahnende Bilanzen

Pitrim A. Sorokin: »Die Krise unserer Zeit. Ihre Entstehung und Überwindung«, Joachim Heinrich-Verlag, Frankfurt a. M. 1950

Ernst Günther Schenck: »Das menschliche Elend im 20. Jahrhundert«, Nicolaische Verlagsbuchhaltung, Herford 1965

Martin Gilbert: »Endlos«, Rowohlt Verlag, Reinbek 1982

Helmut Swoboda: »Propheten und Prognosen. Hellseher und Schwarzseher von Delphi bis zum Club of Rome«, Droemersche Verlagsanstalt, München/Zürich 1979

Mitteilung des »Volksbundes Deutscher Kriegsgräberfürsorge e. V.« nach »Zahlenmaterial der Deutschen Dienststelle in Berlin der früheren Wehrmachtsauskunftsstelle WAST 1986«

Helmut Schmidt: »Menschen und Mächte«, Siedler Verlag

Die unglaublich geringe Akzeptanz bedeutender Dichtung

Siegfried Unseld: »Der Autor und sein Verleger«, Suhrkamp Verlag, Frankfurt a. M. 1986 (Suhrkamp Taschenbuch Nr. 1204)

Der unverkäufliche Bestseller

Bermann Fischer: »Bedroht, bewahrt. Wege eines Verlegers«, Fischer Verlag, Frankfurt a. M. 1971

Peter de Mendelssohn: »S. Fischer und sein Verlag«, Fischer Verlag, Frankfurt a. M. 1970

Die Explosion auf dem Kunstmarkt

Thomas E. Norton: »100 Years of Collecting in America. The Story of Sotheby Parke Bernet«, Harry N. Abrams Publ., New York 1984

Das Phänomen Zensur

R. Drewa/A. Kantorowicz: »verboten und verbrannt. Deutsche Literatur – 12 Jahre unterdrückt«, Kindler Verlag, München, Neuauflage 1983

Werner Haftmann: »Verfemte Kunst – Malerei der inneren und äußeren Emigration«, Dumont Verlag, Köln 1986

C. Glossy/A. Sauer (Hrsg.): »Grillparzers Briefe und Tagebücher – Zweiter Band«, Cotta'sche Buchhandlung Nachf., Stuttgart und Berlin (o. J.)

H. H. Houben: »Der polizeiwidrige Goethe«, G. Grote Verlag, Berlin 1932

Heinrich Lackmann: »Die kirchliche Bücherzensur nach geltendem kanonischem Recht«, Greven Verlag, Köln 1962

T. O'Neill: »Censorship – Opposing Viewpoints Series«, Greenhaven Press, St. Paul, Minnesota 1985

F. W. Peter: »Report des Börsenvereins des Deutschen Buchhandels e.V. zu Fragen der Zensur«, Frankfurt a.M. 1986
H. Riehl-Heyse: »Muß der Staatsanwalt den Leser vor Büchern schützen?«, »Süddeutsche Zeitung«, 14. 6. 1986
G. Sauder (Hrsg.): »Die Bücherverbrennung 10. Mai 1933«, Ullstein Taschenbuch, Frankfurt a.M., Wien, Berlin 1985
Wolfgang Speyer: »Büchervernichtung und Zensur des Geistes bei Heiden, Juden und Christen«, Anton Hiersemann Verlag, Stuttgart 1981 (Bibliothek des Buchwesens, Bd. 7)
Andreas Streicher: »Schillers Flucht von Stuttgart und Aufenthalt in Mannheim von 1782 bis 1785«, Hrsg. v. Paul Raabe, Philipp Redom Jun., Stuttgart
L. B. Woods: »A Decade of Censorship in America – The threat to classrooms and libraries 1966–1975«, The Scarecrow Press, Methuen, N. J. 1979
William Zeisel (Hrsg.): »Censorship. 500 Years of Conflict«, The New York Public Library, 1984 (erschienen anläßlich der gleichnamigen Ausstellung in New York)
Zentner/Bedürftig (Hrsg.): »Das große Lexikon des Dritten Reiches«, Südwest Verlag, München 1985

Das glücklichste Volk der Welt

Hermann Schaefer: »Hunza – Ein Volk ohne Krankheit«, Diederichs Verlag, Düsseldorf–Köln 1978
Renée Taylor: »Die Gesundheitsgeheimnisse der Hunza – und ihre Kunst, ein langes glückliches Leben zu führen«, Bauer Verlag, Freiburg i. Br. 1980
Dr. Ralph Bircher: »Hunsa – Das Volk, das keine Krankheit kannte«, Edition Wendepunkt, Bircher-Brenner Verlag, Bad Homburg 1980

Wie Werner Keller als Todeskandidat überlebte

Dietrich Güstrow: »Tödlicher Alltag. Strafverteidiger im Dritten Reich«, Verlag Severin und Siedler, Berlin (o.J.)

Erstaunliches aus der Welt des Sports

Heribert Fassbender (Hrsg.): »Sporttagebuch des 20. Jahrhunderts«, Econ Verlag, Düsseldorf/Wien 1984
Bodo Harenberg: »Die Sportler des Jahrhunderts«, Econ Verlag, Düsseldorf/Wien 1968
Hans Günter Winkler: »Halla. Die Olympia-Diva«, Ahnert Verlag, Echzell 1981

Ein einzigartiges Denkmal

H. Holthusen, H. Meyer und W. Molineus (Hrsg.): »Ehrenbuch der Röntgenologen und Radiologen aller Nationen«, Verlag von Urban und Schwarzenberg, München und Berlin, 2. Aufl. 1959

Dr. Kurt M. Walther: »Guido Holzknecht – Der große Wiener Röntgenarzt«, Leer–Wien 1975

Die verblüffende Gentechnologie

Kurt Bayertz: »GenEthik – Probleme der Technisierung menschlicher Fortpflanzung«, Rowohlt, Reinbek bei Hamburg 1987

Erwin Chargaff: »Das Feuer des Heraklit – Skizzen aus einem Leben von der Natur«, Klett-Cotta, Stuttgart 1980

John Elkington: »Gene – Von Erbgutmanipulationen und dem Geschäft mit der Genforschung«, SV international/Schweizer Verlagshaus AG, Zürich 1987

Theo Löbsack: »Das manipulierte Leben – Gen-Technologie zwischen Fortschritt und Frevel«, Deutscher Taschenbuch Verlag, München 1986

Der Weltuntergang von 1524/1525

»Das Buch der 1000 Wunder«, Ullstein Verlag, Berlin 1913

Weltuntergangsprophetie aufgrund von Bibelkenntnissen

Daniel Cohen: »Weltuntergang? Eine Analyse der Möglichkeiten«, Gustav Lübbe Verlag, Bergisch Gladbach 1974

Friedrich Otto: »The End of the World«, Fromm Int. Publ. Corp., New York 1986

Wie oft ging die Welt schon unter?

S. Oppenheim/K. Ziegler: »Weltuntergang in Sage und Wissenschaft«, Teubner Verlag, Leipzig und Berlin 1921

D. Wallechinsky/A. und I. Wallace: »Rowohlts Liste der Weissagungen und Prognosen«, Rowohlt Verlag, Reinbek 1983

Die erstaunlichen Prognosen des Jules Verne

Josef Giebel: »Morgen im Brennpunkt – Prophezeiungen und Prognosen«, Ariston Verlag, Bern 1985

Verblüffende Voraussagen – bemerkenswerte Wunschträume

Quelle: »Die Welt in hundert Jahren«, herausgegeben von Arthur Brehmer mit Illustrationen von Ernst Lübbert, Verlagsanstalt Buntdruck, Berlin 1909

Jeane Dixon – die erstaunlichste Prophetin unseres Jahrhunderts
Ruth Montgomery: »Ich sehe die Zukunft – Die Voraussagen der Jeane Dixon«, Mosaik Verlag, Hamburg 1965
René Noorbergen: »Leben und Prophezeiungen der Jeane Dixon«, Turm-Verlag, Bietigheim 1969

Bleiben uns noch 100 Jahre?
Claus Jacobi: »Uns bleiben 100 Jahre. Ursachen und Auswirkungen der Bevölkerungsexplosion«, Ullstein Verlag, Frankfurt–Berlin 1986

Chancen im »Neuland des Denkens«
Frederic Vester: »Denken, Lernen, Vergessen«, Deutsche Verlagsanstalt, Stuttgart 1975
– : »Neuland des Denkens. Vom technokratischen zum kybernetischen Zeitalter«, Deutsche Verlagsanstalt, Stuttgart 1980 (dtv Sachbuch, 2. Aufl. 1984)
– : »Unsere Welt – ein vernetztes System«, Klett-Cotta-Verlag, Stuttgart 1978 (dtv Sachbuch 1983)
– : »Wasser = Leben«, Ravensburger Verlag, Ravensburg 1987
– : »Bilanz einer Ver(w)irrung«, Heyne-Verlag, München 1987
Environm. Studies 12.180 (1978): »Das UNEP-koordinierte Programm«

Außerdem dienten folgende Zeitungen und Zeitschriften als Quellen:

Astro – Zeitschrift für Weltraumfahrt und Erderkundung, Köln; Basta, Wien; Bild der Wissenschaft, Stuttgart; Frankfurter Allgemeine Zeitung, Frankfurt a. M.; Handelsblatt, Düsseldorf; Indo-Asia, Sachsenheim; Neue Zürcher Zeitung, Zürich; Die Presse, Wien; Profil, Wien; Salzburger Nachrichten, Salzburg; Schweizerische Handelszeitung, Zürich; Der Spiegel, Hamburg; Süddeutsche Zeitung, München; Südkurier, Konstanz; Umschau, Frankfurt a. M.; Die Welt, Hamburg–Bonn; Die Welt am Sonntag, Hamburg; Weltwoche, Zürich; Wirtschaftswoche, Düsseldorf; Die Zeit, Hamburg

The Christian Science Monitor, Boston; Daily News, New York; Los Angeles Times, Los Angeles; Le Monde, Paris; New York Times, New York; Science, Washington; Times and Times Literary Supplement, London; U.S. News and World Report, Washington; The Wallstreet Journal, New York; The Washington Post, Washington

Personen- und Sachregister